清史論集

(士)

莊吉發著

文史哲學集成
文史哲出版社印行

國家圖書館出版品預行編目資料

清史論集 / 莊吉發著. -- 初版. -- 臺北市：文
　史哲，民 86 –
　　冊；　公分. -- (文史哲學集成；388–)
　含參考書目
　ISBN 957-549-110-6(第一冊：平裝) .--ISBN957-549-
111-4(第二冊：平裝) .--ISBN957-549-166-1 (第三冊：
平裝) .--ISBN957-549-271-4 (第四冊：平裝) .-- ISBN
957-549-272-2(第五冊：平裝) .--ISBN957-549-325-7
(第六冊：平裝) .--ISBN957-549-326-5(第七冊：平裝)
.--ISBN957-549-331-1(第八冊：平裝) .--ISBN957-
549- 421-0(第九冊：平裝) .--ISBN957-549-422-9(第十
冊:平裝).--ISBN957-549-512-8(第十一冊:平裝).-- ISBN
957-549-513-6(第十二冊：平裝) .--ISBN957-549-551-9 (
第十三冊:平裝) .--ISBN957-549-576-4(第十四冊：平裝) --
ISBN957-549-605-1(第十五冊：平裝)

1.中國-歷史-清(1644-1912) -論文，講詞等

627.007　　　　　　　　　　　86015915

文 史 哲 學 集 成　503

清 史 論 集 (宝)

著　　者：莊　　　吉　　　發
出 版 者：文 史 哲 出 版 社
http://www.lapen.com.tw
登記證字號：行政院新聞局版臺業字五三三七號
發 行 人：彭　　　正　　　雄
發 行 所：文 史 哲 出 版 社
印 刷 者：文 史 哲 出 版 社
臺北市羅斯福路一段七十二巷四號
郵政劃撥帳號：一六一八○一七五
電話 886-2-23511028・傳真 886-2-23965656

實價新臺幣四五○元

中華民國九十四年 (2005) 六月初版

清史論集

(圭)

目 次

清史論集

出版說明

　　我國歷代以來，就是一個多民族的國家，各民族的社會、經濟及文化等方面，雖然存在著多樣性及差異性的特徵，但各兄弟民族對我國歷史文化的締造，都有直接或間接的貢獻。滿族以邊疆部族入主中原，建立清朝，一方面接受儒家傳統的政治理念，一方面又具有滿族特有的統治方式，在多民族統一國家發展過程中有其重要地位。在清朝長期的統治下，邊疆與內地逐漸打成一片，文治武功之盛，不僅堪與漢唐相比，同時在我國傳統社會、政治、經濟、文化的發展過程中亦處於承先啓後的發展階段。蕭一山先生著《清代通史》敘例中已指出原書所述，爲清代社會的變遷，而非愛新一朝的興亡。換言之，所述爲清國史，亦即清代的中國史，而非清室史。同書導言分析清朝享國長久的原因時，歸納爲二方面：一方面是君主多賢明；一方面是政策獲成功。《清史稿》十二朝本紀論贊，尤多溢美之辭。清朝政權被推翻以後，政治上的禁忌，雖然已經解除，但是反滿的情緒，仍然十分高昂，應否爲清人修史，成爲爭論的焦點。清朝政府的功過及是非論斷，人言嘖嘖。然而一朝掌故，文獻足徵，可爲後世殷鑒，筆則筆，削則削，不可從闕，亦即孔子作《春秋》之意。孟森先生著《清代史》指出，「近日淺學之士，承革命時期之態度，對清或作仇敵之詞，既認爲仇敵，即無代爲修史之任務。若已認爲應代修史，即認爲現代所繼承之前代。尊重現代，必並不厭薄於

所繼承之前代，而後覺承統之有自。清一代武功文治、幅員人材，皆有可觀。明初代元，以胡俗為厭，天下既定，即表章元世祖之治，惜其子孫不能遵守。後代於前代，評量政治之得失以為法戒，乃所以為史學。革命時之鼓煽種族以作敵愾之氣，乃軍旅之事，非學問之事也。故史學上之清史，自當占中國累朝史中較盛之一朝，不應故為貶抑，自失學者態度。」錢穆先生著《國史大綱》亦稱，我國為世界上歷史體裁最完備的國家，悠久、無間斷、詳密，就是我國歷史的三大特點。我國歷史所包地域最廣大，所含民族分子最複雜。因此，益形成其繁富。有清一代，能統一國土，能治理人民，能行使政權，能綿歷年歲，其文治武功，幅員人材，既有可觀，清代歷史確實有其地位，貶抑清代史，無異自形縮短中國歷史。《清史稿》的既修而復禁，反映清代史是非論定的紛歧。

歷史學並非單純史料的堆砌，也不僅是史事的整理。史學研究者和檔案工作者，都應當儘可能重視理論研究，但不能以論代史，無視原始檔案資料的存在，不尊重客觀的歷史事實。治古史之難，難於在會通，主要原因就是由於文獻不足；治清史之難，難在審辨，主要原因就是由於史料氾濫。有清一代，史料浩如煙海，私家收藏，固不待論，即官方歷史檔案，可謂汗牛充棟。近人討論纂修清代史，曾鑒於清史範圍既廣，其材料尤夥，若用紀、志、表、傳舊體裁，則卷帙必多，重見牴牾之病，勢必難免，而事蹟反不能備載，於是主張採用通史體裁，以期達到文省事增之目的。但是一方面由於海峽兩岸現藏清代滿漢文檔案資料，數量龐大，整理公佈，尚需時日；一方面由於清史專題研究，在質量上仍不夠深入。因此，纂修大型清代通史的條件，還不十分具備。近年以來，因出席國際學術研討會，所發表的論

文，多涉及清代的歷史人物、文獻檔案、滿洲語文、宗教信仰、族群關係、人口流動、地方吏治等範圍，俱屬專題研究，題為《清史論集》。雖然只是清史的片羽鱗爪，缺乏系統，不能成一家之言。然而每篇都充分利用原始資料，尊重客觀的歷史事實，認真撰寫，不作空論。所愧的是學養不足，研究仍不夠深入，錯謬疏漏，在所難免，尚祈讀者不吝教正。

二〇〇五年五月　莊吉發

參漢酌金－從家譜的纂修論清代滿族文化的變遷與適應

一、前　言

　　中國歷代以來，就是一個多民族的國家。所謂「漢族」，其實是由許多民族所構成的泛漢民族，而通稱的「漢文化」，也是在許多民族的文化激盪下揉合而成的泛漢民族文化，亦即中國文化的同意語。五胡亂華，亂了以漢族為中華的舊秩序，衝破了夷狄不能入主中原的老觀念。

　　滿洲原來是一個古地名，在明朝所設立的建州衛境內，朝鮮史籍中的「蔓遮」，便是滿洲的同音異譯，居住在滿洲地區的主體民族，就是建州女眞族。十六世紀九十年代，建州女眞族裡出現了一支武力強大的努爾哈齊勢力，先後征服了女眞諸部，並於明神宗萬曆四十四年（1616）在赫圖阿拉（hetu ala）自稱金國汗。努爾哈齊以歷史上金朝的後繼者自居，有凝聚各部女眞人的政治意義。由於滿文的創制，使女眞諸部獲得一種統一的、規範的民族共同語文，對於形成民族共同體的共同心理，起了很大的作用。皇太極繼承汗位後，開始調整民族政策。天聰九年（1635），他宣佈廢除泛稱女眞諸部的「諸申」舊稱，而以地名「滿洲」為民族共同體的新族名，滿洲就是泛指居住在滿洲地區的民族共同體，簡稱滿族，其中以建州女眞族為主體民族。八旗制度是滿族共同生活的社會組織形式，由於蒙古八旗、漢軍八旗的成立，在八旗組織中，除了建州女眞族外，還包括黑龍江、烏

蘇里江、蒙古、遼東地區的女眞、蒙古、漢人等民族，使八旗組織的民族成分更加擴大，滿族終於由小變大，由弱轉強。

　　文化是一系列的規範，多民族反映的是文化的多元性，各民族的文化，有它的民族性、地域性和相互影響性①。文化也是學得的，我國各民族在歷史上曾經不斷吸收、融合了各民族的文化。探討滿族文化的發展，不能忽略外部文化對滿族的影響，同時也不能忽略滿族對外部文化因素的選擇與改造。在滿漢文化的同化過程中，滿族吸收了泛漢文化的許多因素，但它是經過選擇和改造而成爲適合滿族社會需要的規範或準則，同化不是漢化。參將寧完我建議變通《大明會典》設六部，根據金國的實際情況，參漢酌金，斟酌損益，以制定金國的政治體制。參漢酌金，是文化的選擇與改造，不能過於強調「漢化」，而忽略滿族文化的濃厚色彩。

　　家譜或族譜是宗族或家族的譜系，古代女眞社會對於家族的源流世系，主要是靠家薩滿或穆昆達（mukūn da）一代一代口頭傳述，沒有文字記載。「喜里媽媽」故事反映的是使用文字以前，使用結繩記錄生兒育女的家譜原始形態。滿族使用滿文或漢文按照姓氏分別立譜，根據滿族社會的實際情況，採取了泛漢民族的修譜體例，參漢酌金，是滿族文化的變遷與適應，充分表現滿族在文化同化過程中的高度選擇和改造。從家譜的起源與發展有助於了解滿族文化的變遷與適應。

二、歷史記憶──從喜里媽媽故事
看滿族早期家譜的形態

　　歷史記載屬於一種集體記憶，其符合歷史事實的記載，始可稱爲信史。乾隆年間，清軍平定準部和回部後，即派遣平亂重兵

駐守。乾隆二十七年（1762），設伊犁將軍。同年十月，以明瑞
爲伊犁將軍，伊犁成爲新疆政治、軍事中心。爲加強邊防，清朝
政府陸續由內地調派大批八旗兵丁進駐天山南北各地。以伊犁地
區而言，包括滿洲兵、索倫兵、達呼爾兵、察哈爾兵、錫伯兵、
厄魯特兵及綠營兵等。這些士兵，可以分爲換防兵和駐防兵兩
類。前者屬於臨時性的駐防，定期輪換，不能攜眷；後者是長期
性的駐防，常年駐守，准許攜眷。

　　駐守伊犁的錫伯兵，主要是從東三省抽調移駐的。乾隆二十
九年（1764）正月二十日，因伊犁參贊大臣愛隆阿奏陳攜眷駐防
伊犁錫伯兵一千名，所有借給烏里雅蘇台馬五百匹，駝五百隻，
其馬匹不必收回，以備來歲耕地等，奉旨准行②。錫伯兵及其眷
屬移駐伊犁的經過，在今日察布查爾的錫伯族，仍然記憶猶新，
還編成教材，代代相傳。爲說明錫伯移駐伊犁的經過，特將新疆
教育出版社出版六年制錫伯文小學課本描述錫伯族西遷前夕的活
動內容，影印課文於後③，並譯出漢文以便對照。

ᠮᠠᠨᠵᡠ ᠪᡳᡨᡥᡝ

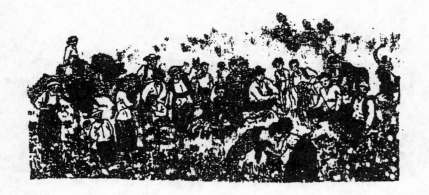

"duin biyai juwan jakūn"－"sibe uksurai sainggi"

juwe tanggū dulere aniya i onggolo, cing gurun dasan yamun ningge, sinjiyang i ujan jecen be seremšeme tuwakiyara hūsun be etuhulere jalin 1764 ci aniya dung bei ilan golo i juwan nadan hoton deri emu minggan juwan jakūn niyalma, boigon anggala i suwaliyame uheri ilan minggan juwe tanggū nadanju sunja niyalma anggala be tomilafi, ili i baru jecen be tuwakiyabume unggihe.

"四月十八"－錫伯族的節日

二百多年以前，清朝政府為了加強新疆邊陲的力量，於一七六四年從東北三省十七城抽調一千零一十八人，合併家口共三千二百七十五人口，派往伊犁守邊。

ᠪᡝ᠂ ᠰᡝᠮᠪᡳ᠂ ᠴᠠᠮᠪᡳ
ᠪᡝ᠂ ᠪᡝ ᠰᡝᠮᠪᡳ
ᠴᠠᠮᠪᡳ᠂ ᠪᠠ
ᠨᠠᠨᠠᠮᠪᡳ

in li duin biyai juwan jakūn inenggi, sinjiyang ci gurire sibe jai da gašan de tutara emu ubu haha hehe sakda asihan sibesa, ne i šen yang hoton i sibe juktehen——elhe taifin juktehen de isafi, mafari de dobome hisalame, uhei embade budalame, ishunde torombume, ishunde jombume huwekiyembuhe. Jai inenggi, desi gurire sibe uksurai hafan cooha boigon anggala, ceni ama eme giranggi yali ci niyaman meijere be katunjame fakcafi ili baru juraka. jugūn unduri se asihan ningge yafahangga yabume, sengge sakdasa 、 hehesi jai eihun jusesa ihan

陰曆四月十八日，遷往新疆的錫伯和留在故鄉的一部分男女老少錫伯人，聚集在現在瀋陽城的錫伯廟——太平廟，祭奠祖先，一同進餐，相互安慰，彼此勉勵。第二天，西遷的錫伯族官兵家眷，忍痛告別他們的父母親戚向伊犁出發。沿途年輕的步行，年長的老人以及婦女和幼小的孩子們

ᡳᠯᠠᠨ᠂ ᠠᠮᠪᠠ ᠪᠣᠣ ᠴᠢᠩ ᡳ ᡴᠣᠣᠯᡳ᠂ ᠨᡳᠩᡤᡠᠨ ᠮᡠᠵᡳᠯᡝᠨ ᡳ ᠪᠠᡳᡨᠠ᠂

ᠨᡳᠩᡤᡠᠨ ᠴᠢᠩ ᡳ ᠪᠠᡳᡨᠠ᠂ ᠰᡠᡵᠠ ᡳ ᠪᠠᡳᡨᠠ᠂ ᠵᡠᠸᡝ ᡥᠠᠯᠠᠨ ᡳ

ᠮᡝᠨᡝᡝᠨᡝ ᠪᠠᡳᡨᠠ᠂ ᡴᡝᠰᡳᡴᡝ ᠮᡠᠨᡳᡠᠨ᠂ ᠨᠠᡩᠠᠨ ᡥᡝᠸᠠᠨ

ᠪᠠᡳᡨᠠ᠂ ᡠᠶᡠᠨ ᠠᠴᠠᠨ᠂ ᠵᡠᠸᠠᠨ ᠠᠨᠠᠨ᠂ ᡠᡠ

sejen de tefi, mohome cukume, geren hacin mangga gosihon be alime, ergen beyede isiname, emu aniya duleme yabufi, ili bade isiname jihebi. Tereci, ili de gurime jihe sibesa, mafa gurun i ujan jecen be karmatame tuwakiyame, bana be suksalame, mukei aisi be yendebume, mafa gurun i ujan jecen be karmara jai iliburan de yooni oyonggo alibun buhebi. ne i sinjiyang de bisire sibe niyalma, uthai tesei amga enec inu. Juwe tanggū aniya ci ebsi, ili de gurime jihe sibe okini, dung bei de bisire sibe okini, gemu ishunde kidume gūnime,

乘坐牛車，備受困苦，歷盡艱難，以至於生命，走了一年多，來到了伊犁地方。從此，遷來伊犁的錫伯人，防守祖國的邊疆，開墾地方，與修水利，為祖國的邊疆保衛和建設都作出了重要的貢獻。現在在新疆的錫伯人，就是他們的後裔。二百年以來，無論是遷來伊犁的錫伯人，還是在東北的錫伯人，都彼此懷念，

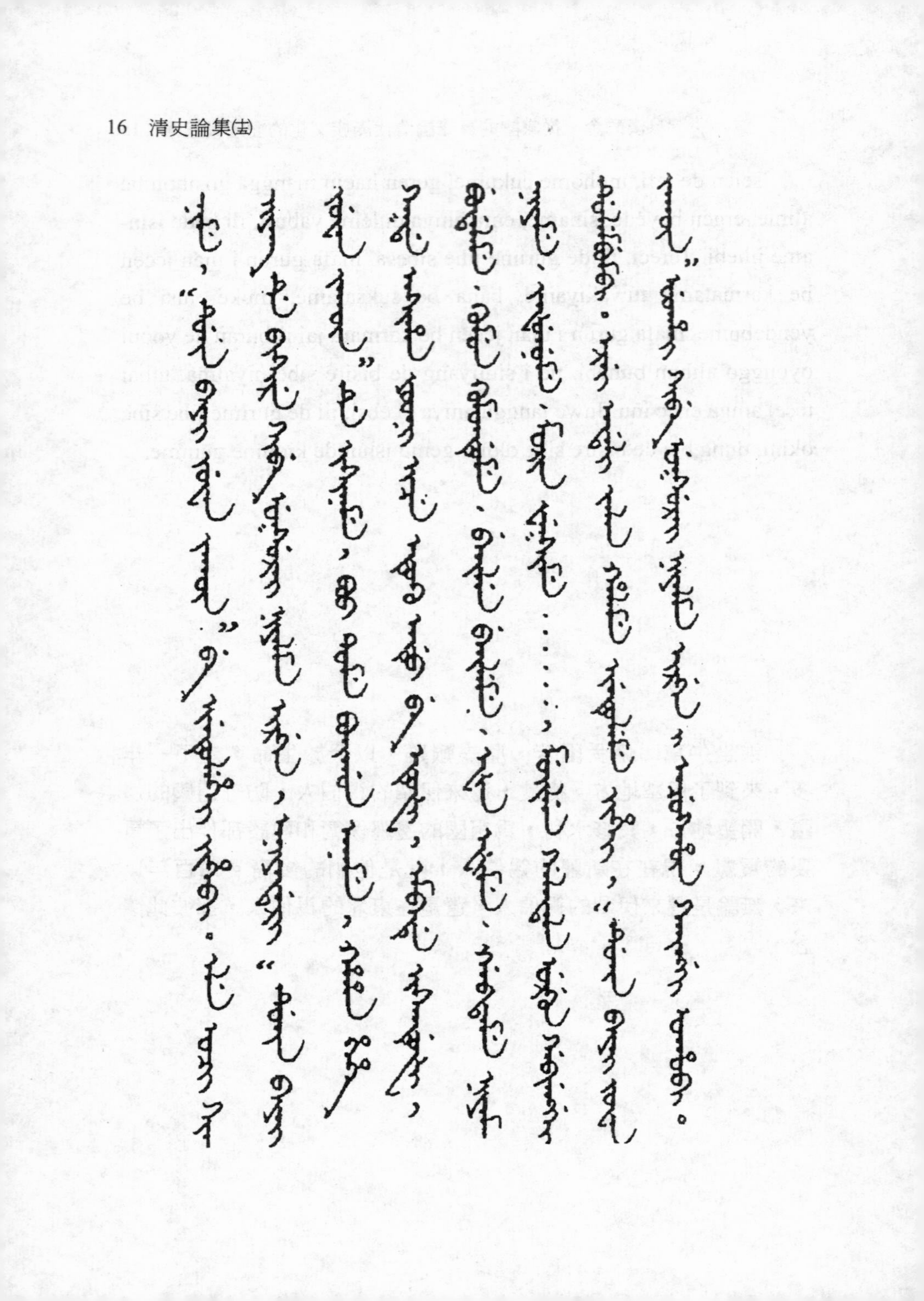

"duin biyai juwan jakūn" be ejetulehei jihebi. ele oci sinjiyang de bisire sibe uksurai niyalma irgen, aniyadari "duin biyai juwan jakūn" de isiname, boo tome boigon aname, haha hehe sakda asihan yooni ice etuku adu be etufi, embade isandufi, budalame、kumun kumundu-me、beilen beileme、efin efime、gabtame niyamniyame、jafunu-me、morin feksime……, mujilen selatala urgun sebjenggei dulem-bumbi. erei adali jalan halame ejetuleme jihei, "duin biyai juwan jakūn" uthai sibe uksurai niyalma irgen i encushūn sainggi ohobi.

一向紀念 "四月十八日"。尤其是在新疆的錫伯族人民，每年到了 "四月十八日"，每家每戶，男女老少都穿上新衣服，聚在一起就餐、演奏樂器、跳貝倫舞、玩遊戲、射箭、摔跤、賽馬……，盡情歡樂地度過。如此世世代代的來紀念， "四月十八日" 就成了錫伯放人民特別的節日。

　　由前引教材可以說明陰曆每年四月十八日是伊犁錫族西遷節的由來，與東北錫伯族西遷有密切的關係。乾隆二十九年（1764）四月十八日，西遷錫伯族在瀋陽太平寺祭告祖先，與留在故鄉的錫伯族共同聚會餐敘，翌日便啓程，前往伊犁守邊。當時西遷的錫伯兵是從東北三省十七城抽調出來的，共一千零十八人，連同眷屬，合計爲三千二百七十五人。根據較精確的數字，各處所挑選的官兵包括：瀋陽兵丁 404 名；鳳城官 1 員，兵丁 45 名；遼陽官 1 名，兵丁 66 名；開原官 1 員，兵丁 94 名；廣寧官 1 員，兵丁 60 名；熊岳官 1 員，兵丁 51 名；復州官 1 員，兵丁 52 名；岫岩官 1 員，兵丁 28 名；金州官 1 員，兵丁 44 名；蓋州官 1 員，兵丁 15 名；錦州兵丁 24 名；義州官 1 員，兵丁 61 名；牛莊兵丁 23 名；興京兵丁 23 名；撫順兵丁 10 名，總計官共 10 員，兵丁 1000 名，連同眷屬合計三千二百七十五名④。對照這些數字，可以說明前引教材內容所列西遷錫伯族官兵及其眷屬的人數是可信的。

　　錫伯兵丁到達新疆後，在伊犁河南岸一帶屯墾戍邊，編爲八個牛彔，組成錫伯營。嘉慶七年（1802），在察布查爾山口開鑿大渠，引進伊犁河水灌漑。嘉慶十三年（1808），大渠竣工，長達一百八十里，命名爲察布查爾大渠，開墾了七萬八千多畝的良田。錫伯族的口語，與滿語雖然有不少差異，但其書面語與滿語基本相似，錫伯文與滿文更是差異不大。錫伯族具有注重文化教育及保存習俗的優良傳統。乾隆年間西遷的錫伯族及其後裔，繼續使用母語，同時對滿文的保存作出了重要的貢獻。光緒八年（1882），在察布查爾錫伯營的八個牛彔，都先後開辦了義學。民國二年（1913），又開始普遍興辦了學校。一九五四年三月，成立自治縣，廢除寧西舊稱，改用錫伯族喜愛的察布查爾渠名作

自治縣的名稱，定名爲察布查爾錫伯自治縣，各小學所採用的六年制錫伯文課本，基本上就是滿文教材。其中含有頗多的民間故事，保存了豐富的東北亞文化特色。一九九七年六月，何文勤先生編六年制錫伯文小學課本第六冊，收錄喜里媽媽的故事（siren mama i jube），對研究錫伯族及滿族等少數民族譜牒的早期形式提供了珍貴的資料，爲了便於說明，先將原文影印並轉寫羅馬拼音，譯出漢文如下：

siren mama i jube

ajigan erinde, ice aniya emgeri isinjime, boo tome gemu "siren
mama" be sarambi. ere an tacin be, gašan toksoi ememu bade netele
kemuni sabumi. "siren mama" oci, sibe uksurai nenehe juktehe "boig-
on anggalai elhe taifin be aisime karmatara enduri mama" inu. terei
wecere soorin be dergi giyalan i cin i booi da hošo (dergi amargi hošo)
de ilibuhabi, uthai emu dasin juwe jang funcere golmin sijin tonggo
de ajige niru beri、bosoi subehe、anja、hadufun、sabu、jiha jergi
jaka be hūwaitame arahabi. an i

喜里媽媽的故事

小時候，新年一到，每家都展開「喜里媽媽」。這種習俗，
在村莊有些地方至今還能看見。「喜里媽媽」是錫伯族從前祭祀
的「保佑家口平安的神仙奶奶」。祂的神位設在西隔間正房的首
角，即西北角，一條二丈餘長細線繫上小弓箭、布條、犁、鐮
刀、鞋子、錢等物。

ucuri ere sijin tonggo be boso i wadan dolo uhume tebufi, wecere soorin i dele lakiyafi asarambi. yaya emu in li ice aniyai dosire onggolo, uthai jorgon biyai orin ilan i amala, boo hūwa be emu jergi ambarame erime geterebuhe manggi. tesu boo i sengge mama "siren mama" be ebubume gaifi, nahan ninggude sarame sindafi, giyan i nonggici acara jaka be nonggime hūwaitafi, tere be dergi amargi hošo deri wargi julergi hošo ci tatame lakiyafi, hiyan dabume hengkileme wecembi. juwe biyai ice juwe oho manggi, teni tere be bargiyame tebufi, da bade bederebume lakiyambi. yargiyan de gisureci, "siren mama" umai da tacihiyan waka, inu umai enduri weceku waka, uthai yaya emu boo boigon i niyalma

平時這條細線是捲著裝到布袋裡面，掛在神位上保存，每進入一個陰曆新年以前，就是十二月二十三日以後，房屋庭院一陣大清掃後，本家年老的奶奶把「喜里媽媽」取下來，展開放在炕上，把該繫的東西加上，把祂從西北角拉到東南角，懸掛起來，點香拜祭。到二月初二日以後，才把祂收拾裝起來，掛回原處。說實話，「喜里媽媽」並非宗教，也不是神衹，只是把每一個家庭

anggalai taksime fuseke arbun muru be mampime ejehe boo du-
rugan inu. tebici sijin de hūwaitaha yayamu ulgiyan honin i galcukū,
gemu emu ice jalan i deribuhe serebe iletulembi; hahajui banjici, uthai
emu yohi ajige niru beri be hūwaitambi; sarganjui ujici, uthai emu
dasin bosoi subehe hūwaitambi; urun gaici, uthai emu ajige duri be la-
kiyafi, omolo omosi banjikini seme erembi. uttu ofi, galcukū i sidende
hūwaitaha niru beri i ton, uthai ere emu boo i emu jalan ursei dorgi ha-
hajui i ton ombi; boconggo subehei ton oci, uthai sarganjui i ton ombi;
ajige duri i ton oci, inu gaiha urun i ton ombi. tereci gūwa: ajige sabu
fomoci be lakiyarangge.

人口滋生繁衍情形打結作記號的家譜。譬如線上繫的每一個
豬羊的背式骨，都是表示一個新輩的開始：若是生男孩，就繫上
一副小弓箭；生女兒時，就繫上一塊布條；娶媳婦時，就掛上一
個小搖籃，希望生育子孫。因此，在背式骨之間所繫弓箭的數
目，就是這家同輩人內男孩的數目；彩色布條的數目，就是所生
女孩的數目；小搖籃的數目，是所娶媳婦的數目。此外；所掛小
鞋、襪子

oci, juse omosi tanggin i ijalu okini sere gūnin; sirdan i jumanggi be hūwaitarangge oci, juse enen be gabtara niyamniyara mangga niyalma okini sere gūnin; mooi anja、mooi undefun、gūlin jiha……jergi jaka be lakiyarangge oci, bele jeku cabin jalu、ulin nadan guisei jalu、banjire werengge bayan elgiyen okini seme ererengge kai. aika boo boigon delhere ohode, delheme tucike niyalma urunakū encu emu "siren mama" ilibumbi. terei ele hacin baitalara jaka be, wacihiyame niyalma anggala fuseme yendehe booderi isabufi, kemuni gašan falgai emu se baha jalafun golmin sakda mama be solime gamafi arabumbi. mini ajigen fonde, ere giyan be sarkū ofi, emu aniyai

是希望子孫滿堂的意思；所繫撒袋是指望子嗣成為擅長馬步箭的人的意思；懸木犂、木板、銅錢……等東西，是希望米穀滿倉，貨財滿櫃，生活富裕。如果要分家，分出去的人一定要另立一個「喜里媽媽」。把他所用各種物品全部齊集到人口滋興的家裡，還要請來鄉里中一位長壽的老奶奶集齊製作。我小的時候，因為不知道這個道理，

gūnsin yamjishūn, bi mama de aisilame "siren mama" be la-kiyaha baderi ebubume gaifi, nahan ninggude sarame sindafi, mama i nonggire jaka be tuwame bihei, hercun akū amtan banjinafi, beyei tan-dame efire emu galcuku be fulgiyan tonggoi hūwaitafi, "siren mama" i sijin be tabuki sere sidende, mama mimbe nakabume hendume: "uttu ojorakū, si mini alame bure be donji!"·sefi, uthai galcukū i niyalmai jalan be iletulere giyan be neileme donjifi, geli ere aniya sinde emu mukūn deo nonggibuhabi, giyan i niru beri nonggici acambi sefi, aifini arame belhehe narhūn sain niru heri be tucibufi sijin dele la-kiyaha, kemuni gulin jiha、usin agura ai ai jaka be nonggiha.

在一個年三十的傍晚，我幫助奶奶把「喜里媽媽」從懸掛在地方取下來，展開放在炕上，看著奶奶要加的東西，無意中產生了興緻，把自己打著玩的一個背式骨繫了紅線，正想套在「喜里媽媽」細線上的時候，奶奶阻止我說：“不可以這樣，聽我告訴你吧！”就把背式骨表現人間的道理開導給我聽，又說今年你增加了一個族弟，應該增加弓箭，拿出早已做好的精美弓箭掛在細線上，還加上了銅錢、農具等等各種東西。

ᡝᠮᡠ ᠠᠮᠪᠠ ᠪᠠ᠂

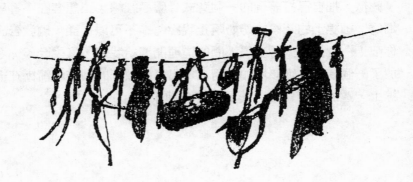

bi terei turgun giyan be saha manggi, mama de geli "siren mama" i jihe sekiyen be fujurulame fonjiha de, mama emgeri golmin sejilefi alame deribuhe: sangkan julgei fonde, niyalma hergen bithe be takara-kū turgunde, inu beyei booi siren sudala be ejere arga akū bihebi. tere erinde, emu sure mergen hehe tucifi, tere dolori,

　　我知道了其中的情理後，又向奶奶探尋「喜里媽媽」的來源時，奶奶長歎了一口氣後開始告訴我說：上古時候，因爲人們不認識文字，所以也無法記錄自家的宗系。那個時候，出了一位聰明的婦人，

ᠪᡳᡨᡥᡝ ᡝᠮᡠ ᠰᡳᡵᡝᠨ ᠶᠠᠩ ᡧᠠᠨ

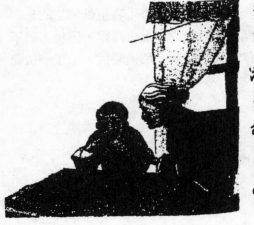

cibsime bodohoi, emu sijin tonggo de temgetu jaka be hūwaitafi ejere arga be bodome bahafi, juse dasui baru hendume: "bi gūnici, niyalmasui suduri uthai emu dasin golmin sijin tonggoi adali, nenemei emu jalan be amalai emu jalan sirame, jalan jalan lakca akū sirabumbi. niyalmai emu jalan i banjn, inu ere golmin sijin i emu semiku i gese. niyalmasa juse dasu banjiha de, uthai tobgiya i fejile jalan be sirara enen bi ohobi seme ishunde urgun arambi. tobgiya be tob seme galcukūi giranggi bimbi, ainu tere be emu dasin golmin sijin de hūwaitame, niyalmai emu jalan be iletulefi, banjiha juse dasu be geli niru beri、bosoi subehe be baitalame terei hahajui、sarganjui be ilgarkū ni?

　　她在心裡深思，想到了在一條細線上繫上有記號的東西，於是對子女說道：" 我想，人類歷史就像一根細線一樣，後一代承襲前一代，世世代代延續不斷，人一輩子的生活也就像這長線的一個紐頭。人們生育子女時，就是因為膝下有接續的子嗣而互相祝賀。膝蓋上正好有背式骨，為什麼不把它繫在一根長線上表示人的一代，所生的子女又用弓箭、布條來區分男孩女孩呢？ "

sehe. ere mergen hehei juse dasu emei gisun be donjiha manggi, ambula giyan bisire be tengkime safi, uthai ere arga be baitalame beyei booi durugan be ejeme deribuhebi. ere futa de mampime baita be ejere arga, ineku jalan jalan ulabuhai, emgeri ulabume enenggi de isinjihabi. amga i urse tere sure mergen hehe be ferguweme, uthai siren mama seme wesihuleme juktehebi. Siren mama serengge sibe gisun, uthai "jalan siren i mama" sere gisun. gebu be donjime terei jurgan be cibsibumbi, ere sijin tonggo inu tere sure mergen mama be fundelehebi kai.

這個聰明婦人的子女聽了母親的話後，深知大有道理，就用這個辦法開始記錄自己家的家譜，這種在繩上打結記錄事情的辦法，還世世代代流傳，已經流傳到今天。後人頌揚那位聰明的婦人，就尊她爲「喜里媽媽」而加以祭祀。「喜里媽媽」就是錫伯語"世代綿延的世系奶奶"。聽到名字探究其宗旨，這根細線也就是那位聰明奶奶的代名詞啊⑤！

前引錫伯文教材，基本上就是滿文教材，喜里媽媽是滿文
"siren mama" 的 音 譯，滿 文 "siren" 意 即「絲 線」，
"mama"，意即「奶奶」，是供在正廳西北角的女神，其形狀
是一條長二丈餘的細線，線上繫著小弓箭、布條、犁、鎌、刀、
鞋子等物，是表示繁衍後代子孫的女神，其由來與族譜的起源有
密切的關係。錫伯文教材的內容已指出，喜里媽媽原來是指把家
族人口繁衍打結作記號的家譜。在上古時候，因爲沒有文字，無
法記錄自己家族的宗系。有一位聰明的老奶奶發明結繩記事的方
法，人類歷史就像一條細線一樣，世代綿延不斷，以骨牌表示世
代，長線上繫了背式骨，表示一個新生代的開始，這一代若是生
男孩，就在線上繫上一副小弓箭；若是生女兒時，就繫上一塊布
條；若是娶媳婦時，就掛上一小搖籃，希望生育子孫。在兩個背
式骨之間所繫小弓箭的數目，就是這個家族同一輩人內所生男孩
的人數；所掛小搖籃的數目，就是所娶媳婦的人數。所以，喜里
媽媽就是世代綿延的世系奶奶，而把它放在神位上加以供奉。喜
里媽媽故事中所描述的錫伯族家譜，就是使用文字以前早期家譜
的原始形式。

何少文先生從東北、內蒙古地區搜集整理的〈喜利媽媽的傳
說〉一文指出，錫伯族的祖先是活動於大興安嶺下，呼倫貝爾草
原上的拓跋鮮卑。原文對喜里媽媽傳說的意義作了總結說：

> 在繩上掛上男人們的弓箭，拴上女人們的頭巾和搖孩子們
> 的搖車，來紀念喜利姑娘。後來，許多錫伯人把它作爲家
> 庭傳宗、生兒育女的記事方式，比如生男孩掛弓箭或皮鞋
> 子，生女孩掛彩色布條或搖車，兩輩人相交中間則掛上一
> 枚嘎拉哈，以表示輩數。平時用羊皮包好，供在本家的西
> 屋西北角上，尊稱它爲 "喜利媽媽"。每年臘月三十，將

　　　　喜利媽媽請下來，把天地繩的另一端，拴在東南墻角上，
　　　　待到二月二日，就請喜利媽媽回歸原位。按年節燒香上
　　　　供，拜謝這位喜利媽媽繁衍後代昌盛的女神⑥。

　　引文中的「喜利媽媽」，就是喜里媽媽（siren mama）的同
音異譯，故事內容，大同小異。由於錫伯族的西遷，流傳於東北
及內蒙古地區的喜里媽媽故事也傳播到伊犁。

　　在滿族社會裡，保存著生兒育女的一種習俗，如生男孩，即
在大門的門楣上懸掛一張小弓和三支小箭。其箭射向門外，俗稱
公子箭，它是生子的標誌。如果生了女孩，則在門楣上懸掛一條
紅布⑦。楊國才先生編著《少數民族生活方式》一書亦稱，滿族
認為生育是傳宗接代，後繼有人的大事。如果是男孩，就在門上
掛一個木製的小弓箭；如果是女孩，就掛紅布或藍布條在門上。
小孩滿月這天，長輩從家裡墻上拿下索線繩，把一頭繫在祖宗神
位的支架上，另一頭拉到門外，拴在柳枝上，然後率全家族人向
祖宗神位叩拜，接著就往索線繩上綁木製小弓箭，或綁紅綠布條
⑧。在古代的漢族社會裡，也有類似的習俗。《禮記‧內則》記
載：「子生男子，設弧於門左；女子，設帨於門右。」⑨句中的
「弧」，就是木弓，生男，懸掛木弓於門左；「帨」，就是佩
巾，生女懸掛佩巾於門右。滿族社會的「懸弓掛帛」習俗，與古
代漢族社會的「懸弧設帨」的習俗，其含義大致相近。從錫伯族
喜里媽媽故事，可以解釋滿族「懸弓掛帛」與漢族「懸弧設帨」
的古俗，就是發明文字以前，使用結繩記錄生兒育女的方法，都
是不同形式的早期家譜片斷紀錄，禮失求諸野，在錫伯族傳承的
喜里媽媽故事裡，較完整的保存起來，成為珍貴的歷史記憶。簡
單地說，錫伯族的「喜里媽媽故事」與滿族「懸弓掛帛」的習
俗，是屬於同源的歷史記憶。

三、接觸與吸收——從家譜的體例看滿族文化的變遷

　　文化的發展，雖然具有地域性、民族性，但是同時又具有交叉性、影響性。滿族和蒙古的文化背景相近，都屬於北亞文化圈的範圍。滿族文化有其地域性、民族性，有它的特色，但是滿族文化，並非孤立發展的，不能忽視外部文化的影響。滿族是滿洲地區的民族共同體，其主體民族是女眞族。蒙古滅金後，女眞各部散處於混同江流域，開元城以北，東濱海，西接兀良哈，南鄰朝鮮。由於元代蒙古對東北女眞各部的統治，以及地緣的便利，在滿族崛起以前，女眞與蒙古文化的接觸，已極密切，蒙古文化對女眞社會產生了很大的影響。在女眞地區除了使用漢文外，同時也使用蒙古語文。明朝後期，滿族崛起以後，爲了文移往來以及適應新興滿族凝聚共識的需要，於明神宗萬曆二十七年（1599）二月，努爾哈齊命巴克什額爾德尼仿照老蒙文創制滿文，亦即以老蒙文字母爲基礎，拼寫女眞語音，聯綴成句。這種由老蒙文脫胎而來的初期滿文，在字旁未置圈點，不能充分表達女眞語言，無從區別人名、地名的讀音。天聰六年（1632）三月，皇太極命巴克什達海將初期滿文在字旁加置圈點，並增添新字母，使滿文的語音、形體，更臻完善，區別了原來容易混淆的語音。努爾哈齊時期的初創滿文，稱爲無圈點滿文，習稱老滿文。巴克什達海奉皇太極之命改進的滿文，稱爲加圈點滿文，習稱新滿文。女眞社會使用蒙古語文，是女眞族對蒙古文化的接觸和吸收，老滿文與新滿文的創制與改進，是滿文對外部文化的改造和適應，在歷史上產生了新的文字符號。從滿文的起源和發展，可以說明文化是學得的，可以了解北亞或東亞文化圈的文化變遷過程。

　　努爾哈齊、皇太極時期，滿族記注政事及抄錄往來文書的舊滿洲檔冊，主要就是以初創時期無圈點老滿文及加圈點新滿文記載的老檔，可稱之爲《滿文原檔》，屬於編年體的記載，臺北故宮博物院典藏的《滿文原檔》，共記四十巨冊，其記事內容，始自萬曆三十五年（1607），迄崇德元年（1636）。《滿文原檔》的記載內容，範圍很廣，舉凡滿族先世發祥傳說、八旗制度、戰績紀錄、部族紛爭、社會習俗、經濟生活以及與明朝、蒙古、朝鮮等關係的發展，記載翔實，對探討清朝入關前的歷史，提供了珍貴的第一手史料。彭勃先生著《滿族》一書中含有《龍虎年修譜書》等節，略謂：

> 明萬曆二十七年（1599），努爾哈赤正揮師白山黑水統一女眞各部，當努爾哈赤接過萬曆皇帝賜給的「龍虎將軍」桂冠後，不久，便將額爾德尼找到宮廷，命其用剛剛創制的滿文，記錄重大的事件。額爾德尼是個勤勉，謹慎聰明，記性好的人，從此他便把努爾哈赤一切善政，包括政治措施、軍事行動、宮廷生活一一記載下來。這就是滿族最早的檔子，也是愛新覺羅家族最早的譜書⑩。

　　引文中所稱「滿族最早的檔子」，似指現存最早的《滿文原檔》或《舊海洲檔》，但其內容、性質、形式及體例，都不同於家譜，將《滿文原檔》或《舊滿洲檔》作爲愛新覺羅家族最早的譜書，是有待商榷的。滿族雖有龍虎年修譜的習慣，但明廷賜封努爾哈齊虎將軍，似乎不宜產生聯想。

　　滿族重視家譜的纂修，不僅受到漢族的影響，同時也受到蒙古的影響。《蒙古秘史》可以說是現存蒙古文獻中較早使用蒙古文字所寫成的典籍，在原書的開端，就有很長一段相當詳盡類似家譜及各個氏族、分氏族起源的記載。在一般漢字譯本的十二卷

中，其第一卷的四分之三，可以說是在蒙古文字發明後蒙古家譜
早期的形式。在《蒙古秘史》漢字譯本第一卷中，共計六十八
節，節錄第一節至第三節的漢字譯文如下：

　　　第一節：成吉思可汗的先世，是奉上天之命而生的孛兒帖
　　　・赤那。他的妻子是豁埃・馬闌勒。〔他們〕渡海而來，
　　　在斡難河源頭的不峏罕山前住下。生了巴塔・赤罕。

　　　第二節：巴塔赤罕之子搭馬察。塔馬察之子豁里察兒・蔑
　　　兒干。阿兀站・孛羅溫勒之子撒里・合察兀。撒里・合察
　　　兀之子也客，你敦。也客，你敦之子挦鎖赤之子合兒出。

　　　第三節：合兒出之子孛兒只吉歹・蔑兒干，他的妻子是忙
　　　豁勒眞・豁阿。孛兒只吉歹・蔑兒干之子脫羅豁勒眞・伯
　　　顏，眞妻孛羅黑臣・豁阿。〔他〕有個〔名叫〕孛羅勒歹
　　　・速牙勒必的僕從，〔和〕銀灰色〔及〕鐵青色的兩匹駿
　　　馬。脫羅豁勒眞的兩個兒子是都蛙・鎖豁兒〔和〕朵奔・
　　　蔑兒干⑪。

　　引文中節錄成吉思汗先世的記載，可以了解早期成吉思汗先
世的世系形式。成吉思汗以下的世系在《元史》、《新元史》中
都留下了不少的紀錄。滿族崛起後，不斷與蒙古貴族聯姻，長期
受到蒙古深遠的影響，這也是促成滿族特別重視家譜世系的一個
重要原因⑫。

　　在清朝官書中也含有家譜世系的記載。《滿洲實錄》、《清
太祖武皇帝實錄》，都有〈諸部世系〉，與蒙古及分氏族世氏族
系的形式，頗爲相近。爲了便於比較，先將《滿洲實錄》諸部世
系中烏喇部滿文影印後轉寫羅馬拼音，並將《清太祖武皇帝實
錄》烏喇部世系漢文照錄於下：

tere babai facuhūn gurun i banjihangge

ulai aiman i da gebu hūlun, hala nara, amala ulai birai dalin de gurun tehe seme gurun i gebu de ula sehe, ulai gurun i da mafa naci-bulu, nacibulu de banjihangge šanggiyan dorhoci, šanggiyan dorhoci de banjihangge giyamaka šojugū, giyamaka šojugū de banjihangge suitun, suitun de banjihangge dulgi, dulgi de banjihangge kesine dudu, gudei juyan, kesine dudu de banjihangge cecemu, cecemu de banjihangge wan, gudei juyan de banjihangge tairan, tairan de ban-jihangge buyan, buyan ulai aiman be gemu dahabufi, ulai birai dalin i hongni gebungge bade hoton arafi tefi enculeme beile sehe, buyan de banjihangge bugan, bokdo, buyan beile akū oho manggi jui bugan sir-aha, bugan beile akū oho manggi jui matai siraha.

諸部世系

兀喇國，本名胡籠，姓納喇，後因居兀喇河岸，故名兀喇。始祖名納奇卜祿，生上江朵里和氣。上江朵里和氣生加麻哈芍朱戶。加麻哈芍朱戶生瑞吞。瑞吞生杜兒機。杜兒機生二子：長名克世納都督，次名庫堆朱彥。克世納都督生轍轍木，轍轍木生萬（後爲哈達國汗）。庫堆朱顏生太樂。太樂生補煙，盡收兀喇諸部，率眾於兀喇河洪尼處，築城稱王。補煙卒，其子補干繼之，補干卒，其子滿太繼之⑬。

引文中的「兀喇」，即烏拉（ula）的同音異譯。按照烏喇部世系的記載，其始祖爲納奇卜祿（nacibulu），二世爲上江朵里和氣（šanggiyan dorhoci），三世爲加麻哈芍朱戶（giyamaka šojugū），四世爲瑞吞（suitun），五世爲杜兒機（dulgi），六世爲庫堆朱顏（gudei juyan），七世爲太樂（tairan），八世爲補

煙（buyan），九世為補干（bugan），十世為滿太（mantai）。
諸部世系，就是家譜中的重要內容。《清太祖武皇帝寶錄》重修
時，刪略〈諸部世系〉。

　　現存《烏拉哈薩虎貝勒後輩檔冊》共二份：一份收藏在吉林
省永吉縣烏拉滿族鎮弓通村趙姓家中；一份收藏在吉林省九台縣
虻卡滿族鄉錦州村趙姓家，

　　錦州村趙姓家中還存有烏拉部彩繪圖譜。最早纂修的是滿文
譜書，民國三年（1914），繙譯滿文原譜，重修漢文本。其檔冊
和譜圖為研究扈倫四部之一的烏拉部提供了珍貴的新資料。為了
便於比較，將檔冊和譜圖中烏拉部世系一代至九代人物分別列表
如下：

烏拉部檔冊一至九代世系表

倭羅孫姓氏那哈拉大媽發

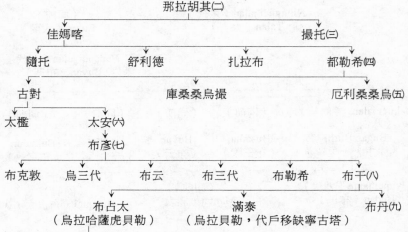

資料來源：李林著《滿族宗譜研究》（瀋楊，遼瀋書社，1992年6月），頁142。

譜圖中烏拉一至九代世系表

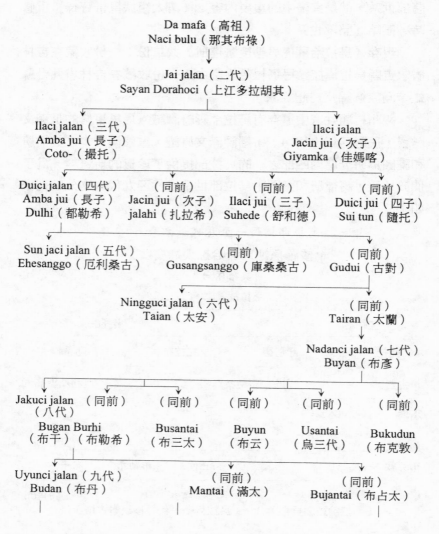

資料來源：李林著《滿族宗譜研究》（瀋陽，遼瀋書社，1992年6月），頁143。

　　對照《滿洲實錄》、《清太祖武皇帝寶錄》滿漢文烏拉部世系，其世系略有出入。按照《滿洲實錄》、《清太祖武皇帝寶錄》的記載，自始祖納奇布祿至滿太共十二代。二代上江多拉胡其即上江朶里和氣。三代是加麻哈芀朱戶，撮托是瑞吞的同音異譯，他是第四代。都勒希是杜兒機的同音異譯，他是第五代。古對是庫堆朱顏的同音異譯，他是第六代。太蘭是太欒的同音異譯，他是第七代。布彥是補煙的同音異譯，他是第八代。第十代是滿太，滿文譜圖中缺漏第三代加麻哈芀朱戶（giyamaka šojugū），以致滿太（manatai）繫於第九代。譜圖中第三代次子佳媽喀（giyamka），與《滿洲實錄》中（giyamaka šojugū）讀音相近，當即烏拉部世系第三世加麻哈芀朱戶，而非次子。

　　孟森教授著《清代史》一書，對清太祖努爾哈齊以上世系，列舉二表：（甲）〈合各紀載所詳之清世系〉；（乙）〈清寶錄所詳之世系〉⑭。據《清太祖武皇帝寶錄》的記載，可以將努爾哈齊以上先世世系，列出簡表如下：

　　　　一世布庫里英雄（始祖）→二世范嗏→三世（不詳）→四世都督孟特木（追尊肇祖）→五世充善→六世石報奇→七世都督福滿（追尊興祖）→八世覺常剛（追尊景祖）→九世塔石（追尊顯祖）⑮。

　　簡表中「塔石」，即塔克世，清太祖努爾哈齊是塔克世長子，是第十世，世系清楚，說明滿族重視世系由來已久，不能忽視北亞文化圈的文化傳統。

　　滿族重視家譜，固然深受蒙古的影響，「所以明世系，別支派」，同時也與滿洲八旗制度的發展有著密切的關係。在八旗制度中，人丁的身分地位，官職的承襲，都需要以家譜作爲重要憑證。《滿族家譜選編》一書已指出，「一六三四年開始授予世襲

佐領與公中佐領敕書，由於某些八旗官職可以世襲，因此有人在
請求擔任世襲佐領時，必須以敕書說明承襲緣由，十七世紀後期
還需要以家譜證明家世。」⑯滿族重視家譜，既與八旗制度有
關，則滿族家譜的纂修，也反映了八旗制度的特色。

　　十七世紀後期，八旗職官還需要以家譜證明家世，佐領襲
職，按規定須在年底具奏家譜。雍正四年（1726）五月，規定八
旗人員獲罪革職後，必須在八旗家譜摺內，將獲罪情由，節取繕
入具奏。補授佐領及襲職家譜內，補授某人之缺，即於某名之
下，粘貼黃籤，其陞轉革退情由，籤單內亦應節取繕入。副都統
博第奏請凡係世職的家譜，俱預行取具保結，遇有襲職事件，查
對明晰，一併繕摺具奏。雍正五年（1727），經管理旗務王大臣
等議准，「嗣後凡係世職官員，令其預先繕造家譜，存貯都統衙
門，其後若有應行增入者，令於歲底具保增入。」⑰滿族纂修家
譜，不僅受到各姓氏的重視，同時也受到官方的重視，八旗世襲
官員的家譜，必須繕造一份存貯都統衙門，以為承襲世職的重要
憑證，滿族家譜就是表明人丁身分地位的主要依據。滿族家譜的
纂修，主要是依據旗署所存戶口冊、各旗檔冊、舊譜稿及佐領根
源等第一手資料，不僅依據滿族內部的資料，同時也依據官方檔
案，可信度較高。乾隆年間敕修《八旗滿洲氏族通譜》，助長了
滿族修譜風氣的盛行⑱。由於修譜風氣的盛行，滿族內部出現了
幾乎一家一譜的現象。

　　滿族纂修家譜，逐漸吸收了漢族家譜的形式與體例。我國歷
代纂修譜牒，唐以前，以官修譜牒為主，宋以降，官修皇室玉牒
之外，私家纂修家譜，逐漸佔居主流地位，其體例、書例，不斷
地趨於完善，蘇洵的世系表，歐陽修的世系圖，被綜合利用，譜
序、凡例、畫像、像贊、祠堂圖、墳塋圖、傳記、藝文、宗親、

家訓、人口統計表等體裁成為家譜的應有體例，在內容寫法上，也是規範嚴密，同時容納了大量的資料，其學術價值更加提高⑲。滿族纂修家譜風氣盛行以後，其家譜形式、體例，與漢族的家譜頗為相似，主要有譜單、譜書。一般旗人家裡只用一張高麗紙或宣紙依次論輩填寫上祖先的名字，由少到多，逐層分支，形成寶塔形的世系表，還有譜序、族源、祭祀禮儀、家訓、誥命、敕書、命名、墳塋等項，纂修成冊。滿族家譜雖然只是一個家族的歷史記錄，但因滿族家譜所記載的內容，保存了許多珍貴的第一手資料，可以補充正史的不足。李林先生著《滿族宗譜研究》一書已指出，縱觀滿族宗譜，其序言中都有「追本溯源，光宗耀祖，以諭後人，正人倫，明孝悌」的內容，這與漢族編纂譜書的緣由是相同的。在傳統儒家社會裡，三綱五常的倫理道德觀念，根深蒂固，清朝皇帝提倡崇儒重道，也吸收了三綱五常的倫理道德觀念。《滿族宗譜研究》指出，滿族宗譜都滲透著漢族的儒家思想，宗譜中的列傳、碑文、記事、詩文、祭祀等，都體現出三綱五常的倫理道德觀念⑳。滿族家譜吸收漢族家譜的形式及體例後所產生的變化，是了解滿漢文化同化融合最具體的例證。

四、同化與融合──從家譜的纂修看滿族文化的適應

探討滿族家譜的文化特色，不能忽視外部文化對滿族文化的影響，然而同時也不能忽視滿族對外部文化因素的選擇與改造，並予以同化，滿族對泛漢文化，並非不加改變地吸收，所謂同化，並不等同於「漢化」。滿族家譜多列譜序於卷首，篇幅較多的滿族家譜，多有凡例。歐陽譜式、寶塔式、牒記式等世系圖，是宋明以來譜書中世系的主要體式，滿族家譜也採用了這些圖式。族譜家訓具有正人倫、美風俗等功能，滿族纂修家譜，多專

關家訓一項，滿族家譜吸收了泛漢民族的家譜許多因素，然而仍保存著許多滿族傳統文化因素，滿族家譜除了以滿文纂修外，也有滿漢兼書家譜，就是滿漢文化同化融合的現象。滿族家譜中所載祭祀儀式，保存了滿族的原始文化因素。在滿族譜書的字裡行間，可以看到滿族的姓氏、人名及若干專有名詞，都是滿族家譜的特色[21]。

薩滿，滿洲語讀如"Saman"，是阿爾泰語系通古斯語族稱呼跳神巫人的音譯。在滿族社會裡，由於薩滿信仰的盛行，以及對宗族譜書的重視，因而在祖先崇拜的發展過程中，其祖宗靈魂觀念與祖宗世系觀念，都占有主導地位。由此可以說明探討滿族家譜，除了政治制度及泛漢文化因素或蒙古文化因素的影響外，也不能忽略北亞文化圈中，薩滿信仰與滿族家譜的密切關係，這也是滿族家譜的一種鮮明特色。

薩滿神諭，分為兩種形態：口頭神諭是最初的形態；文字記載的神諭，稱為神本子，有以滿文書寫的滿文神本子，有以漢字音注的漢字神本子，還有以滿漢兼書的神本子，薩滿神本子也具有家譜的性質。富育光著《薩滿教與神話》一書提供了豐富的家譜資料，其中滿族徐姓薩滿神本子講述徐姓的氏族起源神及遷徙經過云：

> 祖居於薩哈連支流安班刷迎畢拉石洞溝地方，遠古棲古洞幽居，受日陽而生人，週身皆毛，衍繁為洞穴毛人，隨年月日久而人齒日盛，便是黃河古洞人，後成部落，太祖北伐薩哈連，移居朝陽、蘇登、古溝等地方，姓奚克特哈喇，漢音為徐姓，隸正紅旗虎可舒牛彔統轄[22]。

引文中「安班刷迎畢拉」，滿文讀如"amba suwayan bira"，」意即大黃河，是黑龍江（sahaliyan ula）北側支流，又

稱結雅河。徐姓，滿語讀如「奚克特哈喇」，是野人女真後裔，
其祖先最早居住於結雅河中下游的石洞溝。徐姓南遷後，仍祭石
洞，並在祖先神匣內恭放三珠白卵石，相傳此石為遠世薩滿南遷
時，世代傳替，帶有石圖騰崇拜的遺跡。

　　滿族薩滿神本子，除了記載神譜、神歌外，還載有族源、譜
敘，亦即有關滿洲各族源流發展、分支的文字，以不同的形式記
載了本族的發展史、人物及重大事件。因此，神本子除了傳播薩
滿信仰外，也是傳播本族歷史發展的族譜資料。宋和平、孟慧英
合著《滿族薩滿文本研究》指出石姓薩滿神本子中敘述滿族原依
柳枝萌芽繁衍，石姓高祖原籍長白山，帶著男女子孫，從長白山
徒步到瀋陽老城。尼瑪察哈拉（nimaca hala），漢姓為楊姓，在
楊姓薩滿神本子中記載楊姓原住綏芬河岸。族中又相傳楊姓原屬
東海窩集部野人女真，從琿春遷居吉林九臺縣地方。滿族瓜爾佳
氏，漢姓作關姓，居住在吉林永吉縣烏拉街韓屯村的關柏榕所提
供的關姓薩滿神本子，以滿文寫成，共計五冊，其中一冊，以滿
文詳列世代祖先名冊，並標明「嘉慶十三年正月」等字樣，這一
冊滿文神本子，實際上就是關姓家譜，其餘四冊，與家譜並存
㉓。由此可知後世流傳的薩滿神本子，對滿族文化研究提供了許
多族譜性質的珍貴資料，滿族家譜與薩滿信仰有關，說明滿族家
譜有它的特色。

　　滿族家譜纂修告成以後，每隔數年，或十二年續修譜書一
次，就初修家譜進行補充和修正，舊家譜如有遺漏，或後來出生
的家族成員，續修時都須增入，族系分支重新立譜，也是續修譜
書的活動。續修譜書或譜單，簡稱續譜，初修家譜及續譜，習稱
辦家譜，簡稱辦譜，在滿族辦譜活動中，薩滿扮演了重要的角
色。彭勃著《滿族》一書指出，滿族譜書由總穆昆達（mukūn i

da）即總族長專管，家族分支要修譜書時，必須以厚禮相求，一般需要宰三口豬祭祀。愛輝縣瓜爾佳氏關文彬，他的老家從寧古塔遷來，祖先存三支，分遷到齊齊哈爾的一支掌管譜書，民國年間，想修譜書，掌管譜書的穆昆達提出幾個條件，要抬三口大豬，還要請薩滿跳神祭祀。因花銷太大，關文彬家族無力籌資，所以未把譜書續修出來。由此可知續譜活動的祭祀儀式中，跳神祭祀的靈媒，就是薩滿㉔。

《滿族薩滿教研究》一書指出滿族續譜時，要請本族或本姓薩滿舉行祭祀，將重新修正的宗譜懸掛於西牆沿至北牆，擺列神案祭祖，薩滿響動法器，腰佩神鈴，頭戴神帽，身穿神裙。族人磕頭、燒香、供祀祭品。祭祀時間，可長可短，或二、三天，或三、五天，甚至六、七天，由穆昆聯席會議決定。時間一般在陰曆正月初二日至初五日，滿族多選在龍、虎、鼠等年辦譜，期許子孫如生龍活虎又聰明。由於續譜是整個族姓的大規模活動，它同燒官香的範圍，規模一致。所謂燒官香，即燒公香。如遇洪水災害、瘟疫、地震、水災，本族人能夠平安度過，或闔族遷居外地後，人丁興旺，生活富裕起來，穆昆達即族長與薩滿達（saman i da）即薩滿長便一起籌畫整個族姓祭祀活動，向祖宗表示致謝之意。因此，燒官香與續譜結合成為一次全族姓的祝祭活動㉕。

滿族錫克特裡哈喇，隸屬佛滿洲（fe manju）正黃旗。「錫」字切音為「石」，冠漢字單姓為「石」，石姓家族共分七大支，現有人口約六百人，大部分住在吉林九臺市胡家鄉小韓村。石文炳撰〈九臺錫克特裡氏族祭紀實〉一文指出，小韓村石姓家族中先後共出十位神授薩滿，一百多名札立（jari），即祝唱神歌的人，滿譯為二神。因神職人員眾多，並有承襲性，所以

族中的祭祀活動延襲已久。石姓于道光二十一年（1841）正月開始，按照滿文家譜的先後輩序，從高祖起，將前三代共九位太爺的畫像供奉在西條炕上方的祖宗板上，每逢陰曆初一或十五兩日，承受族人的香火和磕拜。

　　小韓村石姓家族辦譜，也選在龍虎年的正月初進行，其目的也是希望後輩子孫個個生龍活虎，慓悍無比。因每隔十幾年才能續譜一次，所以儀式隆重。辦譜前先由穆昆達召集各大支的族長組成譜會，研究辦譜有關事宜，確定專人負責通知本支族成員按時參加及所應承擔的義務。石姓家族辦譜的主持人，雖然是穆昆達。但辦譜是屬於祭祖活動，所以薩滿在辦譜活動中也擔任了重要任務。在辦譜祭祖儀式中，祝神人是札立，他負責用滿洲語言表達後人對祖先的虔誠，主筆人負責將尚未上譜的男孩和媳婦寫入總冊及分冊的譜書上。

　　接譜是辦譜的第一項程序，當天上午辰刻由穆昆達帶領各大支族長前往上次供祖的家中接譜，隨行家族成員在族長的帶領下，按先長後少的輩分，向先祖行三拜九叩大禮，接著由札立用滿語向先祖稟告，大意說：「我們都是石姓家族的子孫，您的後輩時刻不敢忘記先祖艱苦創業之恩德，如今舊月已過換新月，子孫們用新打下來的飽滿新糧，上好的美酒、新鮮的瓜果、自製的芸香、新買的香火，擺成了大供，在此良辰吉日，按祖制規定，特來敬請先祖到某地享祭」等語。札立念完後，始將盛放先祖畫像的譜匣和盛放譜書的譜箱抬走。原供祖之家，須拜跪相送，以表示對先祖的虔誠和敬仰。

　　亮譜是辦譜的第二項程序。當譜匣和譜箱抬到辦譜地點時，一進大門便要鞭炮齊鳴，族人按輩分跪接先祖，進屋後，按事先選好的吉時，淨手後取出先祖的畫像，背北面南，懸於西屋北牆

之上，懸譜完畢後，便要擺供焚香，第一個上香的是始母祖先神，第二個上香的是在祖宗板上享祭的氏族神，他生前是薩滿，死後歸長白山爲神，並闖香堂報號而又抓了新的薩滿者，才有資格在祖宗板那裡享祭。由於所祭的是神而不是人，所以要第二個上香。第三個上香供祭的是氏族的先祖，屬人魂，而不是神魂。

　　續譜是辦譜的第三項程序，几沒有上譜的兒孫及媳婦均用毛筆把名字續寫在譜書上，存者一律用硃砂或銀書寫，歿者一律用黑色將原來已上了譜的名字的紅字描蓋上去，有官職和學位者，要在名諱的右邊書寫明白，以示光宗耀祖。

　　後世所見石姓族譜，長九尺，寬六尺，是道光二十一年（1841）正月間彩繪出來的，譜的最上方畫著奇峰疊峚的長白山，奔騰的松花江，莽莽的輝嶺和輝發河圖案。族譜正中是「金鏤神堂」，內畫高組倭力和庫的坐像。稍下神堂中，畫著二代曾祖太僕寺的總珠軒達即採補之長吉巴庫爾楚和的畫像。最下方是第三代七位曾祖並排的畫像。族譜的左右兩邊和上方寫有對聯和橫批，上聯是「福如東海長流水千古永存」，下聯是「壽比南山不老松萬年長青」；橫批是「樂吉孝思」。

　　宰牲是辦譜的第四項程序，宰牲前要在室內進行領牲儀式，豬頭朝祖爺像，札立跪在豬頭左側，用滿語對先祖的功德進行讚頌，並稟明今日宰牲是爲祭祖恭請先祖享祭之意，如果豬搖頭擺耳，即表示先祖及諸神祇已同意此次宰牲而領牲了，如果豬不搖頭擺耳，就表示先祖不同意宰牲，或因某事尚未辦妥，那就必須請薩滿走「托裡」。托裡，滿洲語讀如"toli"，意即神鏡。薩滿走托裡說明不領牲的原因。走托裡時，薩滿左手拿著銅鏡背面的龍頭，即銅鏡的背鈕，右手拿一個半拉兒神珠，一邊誦滿語，一邊將神珠放在銅鏡上。薩滿一邊走托裡，一邊用滿語把自己所

懷疑神豬不領牲的原因翻念出來，如果某一句說對了，神珠便立刻原地自轉。這時薩滿將神珠拿下來再重新走托裡，並將滿語重新翻上幾次，如果每次神珠都停下來自轉了，就說明原因找對了，只要按照神器明示的事物去補辦，神豬立刻就會領牲，領牲後才可以宰豬，最後全族聚餐，除豬頭按祭規送給薩滿外，其餘的肉都要吃光。在滿族傳統社會裡，相信薩滿本身就是大神，所以全族人送他一個豬頭，敬請享用。收譜是辦譜的最後一項程序，將先祖畫像和譜書請回譜匣及譜箱，供奉在西墻的上方，撤退所有的供品，辦譜活動也就正式結束了㉖。

從滿族各姓族祭祖過程及石姓族譜內容，可以知道在祭祀中的先祖，曾在生前充當薩滿。薩滿是大神，札立是二神，都是薩滿信仰中的兩種主角。薩滿跳神作法時，必須由札立隨著助唱歌，擊打神鼓，也全靠札立，必須配合音調相助。薩滿過陰追魂，魂靈出竅，進入催眠狀態時，也由札立扶他躺下，然後挨著薩滿坐下，唱著引導神祇的神歌，並看守薩滿的軀體，薩滿、札立就是一唱一和的老搭檔，缺少了訓練有素的札立，薩滿就很難施展降神附體及過陰追魂的法術了。從九台石姓辦譜過程中薩滿與札立所扮演的重要角色，可以說明薩滿信仰與滿族家譜確實有密切的關係。

辦譜祭祀和家祭是滿族祭祀活動中的兩大類，有時候也分別舉行。滿族家祭的神職人員，就是薩滿，他的主要任務是主持本氏族或本族姓的例祭，家薩滿的法器比較簡單，有的穿載神帽、神裙、神鏡，有的則否。這種祭祀的主祭者是三位一體式的，有薩滿、穆昆達，以及拋置供品、宰牲的銅頭。富育光、孟慧英著《滿族薩滿教研究》一書指出滿族的家祭，有著極強的穩定性，這個穩定性表現在各姓大同小異的祭儀、祭品、祭具及運用民族

語言世代延續，氏族法規及歷史的長久傳襲上。因此，滿族家祭
有著鮮明的民族文化個性。滿族的習俗，以西爲大，以南爲長，
正房的西炕，是供奉祖宗的地方，西牆上方供著一塊祖宗板，板
上有一個小木箱，箱內除了藏放他們崇信的神偶外，還珍藏著本
民族沿襲長久的家譜。瀋陽遼濱塔處滿族住房，習稱口袋房，東
外間爲灶房，南門通室外，西裡間爲萬字炕，南北炕住人，西炕
牆上搭有祖宗板。進行大祭前，從族長處接取族譜，供在西牆正
中香板上供奉。

　　北鎮縣地處遼寧西部，北鎮滿族的祭祀種類及方式，均極繁
雜，貧富有別，地區有別，家族有別，伊徹滿洲與佛滿洲有別，
惟就民間一般的祭祀而言，則大同小異。北鎮滿族最重視祭祖，
視祖先爲神，幾乎每家都在西牆設祖先神位，放置祖宗匣，匣中
除了祖先影像外，多放有自己族姓的譜書或譜單，祭祖時，也同
時供奉族譜。

　　滿族郭合樂哈拉，漢姓爲郭姓。烏丙安著《神秘的薩滿世
界》一書指出滿族郭合樂哈拉祭祀一位本族第一代祖先神，他的
名字被遵稱爲鄂多蠻尼。每次祭祖宗時，必把這尊神像供在香案
上，前面同時擺放郭合樂哈拉宗族譜書㉗。滿族祭祖時的神職人
員是薩滿，族譜從木匣請下來擺在供桌上供奉時，就是由薩滿和
穆昆達主祭，將族譜和祭祖活動結合在一起，如同神偶一樣地供
奉族譜，就是滿族家譜的一種特色。

　　韓屯滿族燒香祭祖活動，是每逢甲子年、虎年和龍年舉行，
屆時全族集中在家譜房或莫昆達家，由族長出面組織燒香祭祖活
動，同時續修家譜，這種活動就是燒官香。每一個家族，都有一
個祖匣，匣內藏有本家族的族譜。平時，祖匣放在專門的譜房
內，或封存在穆昆達家西炕的牆上。非祭祖期間，任何人都不能

開啓它。一家人單獨舉行祭祖活動時，要邀請本家族的成員參加，共同供祭祖匣。若祖匣不在祭祀者家裡，全族人就要一同前往譜房或穆昆達家迎接族譜，由穆昆達祭拜香案，開始祖匣，取出族譜，供於香案上，擺設各種供品。但供奉族譜的祭祖儀式，也要由薩滿主持，全身用神器武裝起來，跳神舞，用滿語念神詞，搖手鼓，擺腰鈴，在供案前來回走動。韓屯滿族的祭祖儀式，一般就在族譜房內，或保管族譜的穆昆達家裡舉行。由調查報告可以知道，同時滿族的祭祖儀式中也要供奉族譜，每逢甲子年、龍年、虎年的祭祖活動，同時也續修族譜，其祭祀儀式，都由薩滿主持，可以說明薩滿信仰與滿族家譜受到族人的崇敬及供奉，確實有密切的關係。

滿文家譜的纂修，是我國文化發展的新養分，是一種創新，也是滿族家譜的一種特色。臺北故宮博物院現藏《軍機處檔・月摺包》內含有滿文家譜，例如托雲保家譜，可以了解滿族滿文家譜的纂修情形及其價值。

光緒二十七年（1901）十一月初六日，管理鑲紅旗滿洲都統事務和碩親王善耆（sanki）等因旗下世管佐領（jalan halame bošoro niru）托雲保（toyūmboo）出缺，將托雲保所出之缺，爲承襲佐領事，將有房分人等內揀選擬正、擬陪及列名人員，具摺奏明，在原摺內附呈托雲保家族的滿漢文的家譜各一件。

在托雲保家譜內詳載承襲世職的次數、年分、年齡、現職、健康狀況及世系輩分等項，例如玉泰之子延祜（yanhu），表中註明"hūwasabure cooha, bethe jadagan"（養育兵、腿疾）。延祜之子托錦（togin），註明"sula, nadan se, faidaha, se ajigen ofi, kooli songkoi tuwame sindarakū"（閒散，七歲，列名，因歲小照例不驗看）。松年之子榮濤，註明"bošokū, nimembi"，（領

催，病）。其他如雲騎尉松連長子德馨，註明「閒散，十四歲」，次子德安是馬甲，多福之子多儒，文秀長子恆奎，也是馬甲，文秀次子恆桂是養育兵，三子恆喜，表中註明「將恆喜過繼與伊始祖舒通阿之三世孫文林爲嗣」。恆喜之子凌，註明「閒散，八歲」。文林胞姪德勝是養育兵。伊連之子英奎、貴凌之子柏山，都是護軍。多祿長子春林，「閒散，五歲」；次子春培，「閒散，三歲」。驍騎校榮文的長子愛連，「閒散，十八歲」，次子愛仁，「閒散，十三歲」。由前舉注語，可以知道光緒二十七年（1901）諸人的年歲，因爲善耆等人是在這一年十一月初六日具奏的，所以也能夠知道托雲保家譜的纂修或增修經過，至少可以知道光緒二十七年（1901）十月底至十一月初六日以前，其家譜曾經增修。

　　滿洲八旗制度是一種封建制度，它不僅是軍事的，而且也是民政與經濟的，《清史稿》以八旗入於兵志，同時在〈食貨志〉也列入八旗丁口，也就是說明八旗與戶籍有關。滿族繼承制度與八旗封建制度有著密切的關係，滿族把家庭的繼承制度擴大到政治上去，以家族繼承制度來維持八旗封建制度，但滿族的繼承制度，不同於周代的宗法，其世職的承襲，並不限於嫡長子，從托雲保家譜的記載，可以了解滿族家庭的繼承制度。

　　托雲保家族存有佐領根源（nirui da sekiyen），記載著其祖先分編佐領的經過，其記載如下：

> ere nirui dade toyūmboo i eshen da mafa age bayan warkasi golo be gaifi, taidzu dergi hūwangdi be baime dahame jihe manggi, fukjin nirui banjibure de, ilan niru banjibufi, emu niru be age bayan i jui alanfu de bošobuha, emu niru be duici bayan i jui karhuji de bossobuha, emu niru be yangginu gahasan i jui

langge de bossobuha, jalan halame bošoro niru.

此佐領原係托雲保之叔始祖阿格巴彥帶領瓦爾喀什部落人
等，於太祖高皇帝時來歸，始行編給三分佐領：一佐領阿
格巴彥之子阿蘭福承襲；一佐領堆齊巴彥之子爾胡濟承
襲；一佐領揚吉努噶哈善之子郎格承襲，世管佐領。

由前引佐領根源的記載，可以了解托雲保始祖歸附及分編佐
領的情形。查《滿文老檔》天命八年（1623）七月初八日，有下
面一段記載云：

warkasi langge iogi i jui dungsilu de sunja tanggū nikan bu,
šangnara bade ama i iogi i hergen de bahakini, langge i deo
langse kadalame muteci encu sunja tanggū nikan bu, šangnara
bade iogi i hergen de bahakini ㉘.

瓦爾喀什郎格遊擊之子棟什祿，給與五百漢人，賞給其父
遊之職。郎格之弟郎色，若能管轄，則另給五百漢人，賞
給遊擊之職㉙。

對照《滿文老檔》後，可以知道托雲保家譜所載世管佐領的
淵源是可以採信的。

據托雲保家譜記載及善耆奏摺，可以知道郎格陣亡以後，由
其胞弟郎色承襲世職，出缺後由其叔祖倭和斐揚武（wehe fi-
yanggū）之孫璋什巴（jangsiba）承襲，從璋什巴以下的承襲情
形，善耆奏摺也有詳細的記載，其原奏云：

oron tucike manggi, langge i ahūngga jui dungsilu de
bošobuha, oron tucike manggi, banjiha eshen unggu mafa
wehe fiyanggū i omolo yangguri de bošobuha, oron tucike ma-
nggi, langge i jacin jui de bošobuha, oron tucike manggi, ban-
jiha eshen langse i jui artai de bošobuha, oron tucike manggi,

jui dahabu de bošobuha, oron tucike manggi, banjiha deo
dabdai de bošobuha, oron tucike mauggi, banjiha deo dabai de
bošobuha, oron tucike manggi, banjiha amji mafa maktu i jai
jalan i omolo arfa de bošobuha, oron tucike manggi, banjiha
eshen miggu mafa langse i jai jalan i omolo sunfu de
bošobuha, oron tucike manggi, jui sutungga de bošobuha, na-
kaha manggi, jui foking de bošobuha, oron tucike manggi,
banjiha deo fade i jui urgun de bošobuha, oron tucike manggi,
jui donghing de bošobuha, oron tucike manggi, jui wenlin de
bošobuha.

出缺，郎格之長子棟什祿承襲。出缺，伊叔曾祖倭和斐揚
武之孫揚固禮承襲。出缺，郎格之次子霍托承襲。出缺，
伊胞叔郎色之子阿爾泰承襲。出缺，伊子達哈布承襲。出
缺，伊胞弟達普岱承襲。出缺伊胞弟達拜承襲。出缺，伊
伯祖瑪克圖之二世孫阿爾法承襲。出缺，伊叔曾祖郎色之
二世孫遜福承襲。出缺，伊子舒通阿承襲。休致，伊子佛
慶承襲。出缺，伊胞弟富德之子烏爾棍承襲。出缺，伊子
東興承襲。出缺，伊子文林承襲。

　　郎格的曾祖父是滿通阿，滿通阿有子三人：長子是烏爾登額
章京，次子是鄂隆武哈斯祜，三子是倭和斐揚武。鄂隆武哈斯枯
有子二人：長子是揚吉努噶哈善，次子是阿格巴彥。倭和斐揚武
有子二人：長子是堆齊巴彥，次子是遜札齊巴彥。揚吉努噶哈善
有子三人：長子是郎格，次子是阿爾布呢，三子是郎色。阿格巴
彥有子一人，名叫阿蘭福。堆齊巴彥有子一人，名叫喀爾胡濟。
遜札齊巴彥有子二人：長子是璋什巴，次子是揚固禮。從郎格陣
亡以後，至托雲保的承襲順序，可以列出簡表如下：

langge（郎格）……胞弟 langse（郎色）──叔之子 jan-
gsiba（璋什巴）──長子 dungsilu（棟什祿）──叔之子
yangguri（揚固禮）……次子 hoto（霍托）……胞弟之子
artai（阿爾泰）……胞弟之長孫 dahabu（達哈布）……胞
弟之次孫 dabdai（達普岱）……胞弟二世孫 bukada（布喀
達）……胞弟三世孫 fulehe（富樂賀）……三世孫 monggo
（蒙武）……三世孫 suka（蘇喀）……四世孫 mingboo
（明保）……四世孫 dekjingge（德克精額）……四世孫
mingling（明凌）……五世孫 murungga（穆隆阿）……六
世孫 yargiyangga（雅爾吉揚阿）……七世孫 inggan（英
安）……八世孫 imiyangga（伊密揚阿）……九世孫 kisen
（耆紳）……十世紀 toyūmboo（托雲保）

　　由前表可知郎格陣亡後出缺，由胞弟郎色承襲，就是兄終弟
及，郎色出缺後，由其叔之子璋什巴承襲，璋什巴出缺後，由郎
格長子棟什祿承襲，棟什祿出缺後，又傳叔之子，郎格以下，或
傳弟，或傳叔之子，或傳弟之子，不限直系，從郎格三世孫以後
始確立直系子孫承襲的習慣。

　　由於滿文家譜內容記載細緻入微，可以補充官書的不足，也
是滿族家譜的重要組成部分。在世管佐領托雲保家譜世系表中所
載世職的承襲，家族的現職，承襲人員的年齡、健康狀況等，都
是研究八旗制度及滿族家庭繼承制度的具體資料。在滿文家譜中
也有佐領根源，可以了解各佐領的分編情形其淵源關係。滿文家
譜多有滿文或漢文的注記，從這些注記的內容，可以知道家譜的
收存情形。清代滿族都隸屬八旗，從世系表中的滿漢文注記，可
以知道各家族所隸旗分及其在八旗中的分佈概況。由於滿文家譜
多註明各家族始祖的祖居地及遷徙地點，可以知道各家族的來源

及地理分佈。因世系表中多注明各成員的官職，也可以了解其文
武現職，以及在清朝政治組織中所扮演的角色。

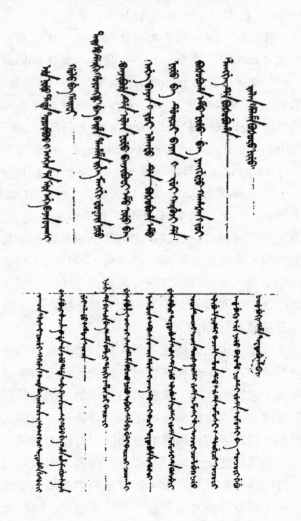

附錄：世管佐領雲保家譜㈠　光緒二十七年

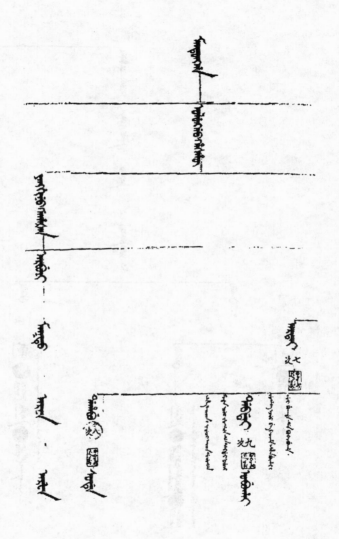

附錄：世管佐領雲保家譜㈡　光緒二十七年

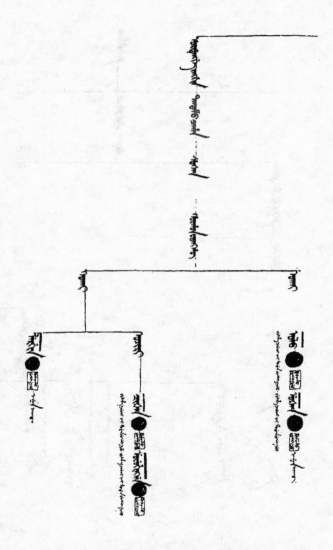

附錄：世管佐領雲保家譜(三)　光緒二十七年

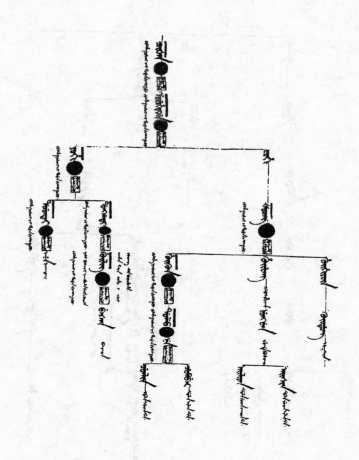

附錄：世管佐領雲保家譜㈣　光緒二十七年

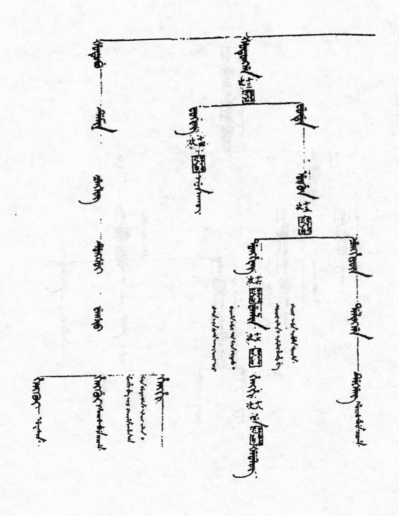

附錄：世管佐領雲保家譜㈤　光緒二十七年

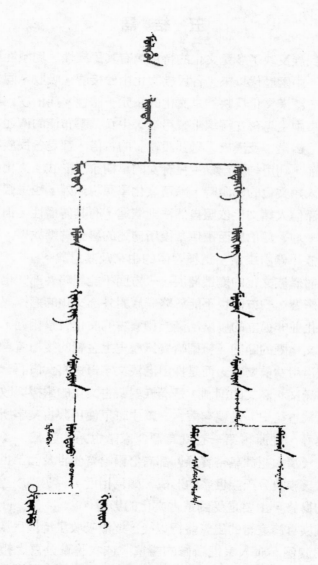

附錄：世管佐領雲保家譜㈥　光緒二十七年

五、結　語

　　多民族反映了多元文化的特色，有其民族性、地域性和相互影響性。中國歷代以來，各民族文化由於接觸、吸收、同化而逐漸融合，泛漢文化反映的是文化的多元一體性。錫伯族「喜里媽媽」故事中生男孩在繩線上繫弓箭，生女孩繫布條的傳述，與滿族「懸弓掛帛」及漢族「懸弧設帨」的古俗，都是各民族在使用文字以前，利用結繩記錄生兒育女的早期家譜形式。文化人類學派解釋人類文化的起源時，除了文化單源說以外，也主張文化複源說，深信人類文化依照自然法則演進，有其傳播性，但不一定發源於一地。錫伯族西遷伊犁後所傳述的喜里媽媽故事，有助於了解滿族「懸引掛帛」這種習俗的由來及其意義。

　　探討滿族文化的變遷發展，一方面不能忽略外部文化對滿族文化的影響，一方面也不能忽略滿族對外部文化的選擇與改造，滿族文化並非孤立的發展。滿族和蒙古的文化背景相近，都是屬於北亞文化圈的範圍。努爾哈齊以歷史上金朝的後繼者自居，但他並未沿用女眞文字，而是採用老蒙文字母拼寫女眞語音，於是創制了滿文。滿文的創制，是滿族對蒙古文化的選擇與改造的結果。《蒙古秘史》是現存蒙古文獻中較早使用蒙古文字所寫成的歷史典籍，在原書第一卷就有類似家譜世系的記載。《滿洲實錄》、《清太祖武皇帝實錄》都有努爾哈齊先世及諸部世系，它和蒙古氏族及分氏族世系的形成，頗爲相近，說明滿族重視家譜世系的纂修，主要是受到蒙古文化的影響。

　　滿族纂修家譜的風氣盛行以後，逐漸吸收了泛漢民族的家譜形式與體例。旗人家裡所修的譜單，依次論輩分寫上祖先的名字，由少到多逐層分支，形成寶塔式的世系表，一目了然。滿族

譜書的內容，不僅有世系表，還有譜序、族源、祭祀禮儀、家
訓、誥命、敕書、命名定式、墳塋等項。在滿族家譜的序言內
容，有也「追本溯源，光宗耀祖，以諭後人，正人倫，明孝悌」
等內容。在滿族家譜中的列傳、碑文、記事、詩文、祭祀等項下
都在字裡行間含有表現三綱五常的儒家倫理道德觀念。從喜里媽
媽或懸弓掛帛的「結繩記事」形式經過滿蒙世系記載到吸收泛漢
民族的家譜形式，可以了解滿族因對外部文化的接觸與同化而產
生文化變遷的過程，其中族譜形式的變遷是一個相當顯著的例
證。

　　滿族家譜吸收了泛漢民族家譜的許多因素，但仍保存濃厚的
滿族傳統文化色彩，滿文家譜就是滿族家譜的一種特色。薩滿信
仰是北亞文化圈的重要文化因素，滿族家譜纂修與供奉，都和薩
滿信仰有密切的關係，也是滿族家譜的一種鮮明特色。初修家
譜、續修家譜，習稱辦譜，在滿族辦譜活動中，薩滿扮演著重要
角色，在辦譜活動中，跳神祭祀的靈媒，就是薩滿。滿族續修家
譜時，要請本族或本姓薩滿舉行祭祀，將重修家譜懸掛於西墻沿
至北墻，擺列神案祭祖，薩滿響動法器，腰佩神鈴，頭戴神帽，
身穿神裙，進行祭祀，族人磕頭、燒香。滿族祭祖時的神職人員
是薩滿，家譜從本匣請下來擺在供桌上供奉時，也是由薩滿和穆
昆達主祭，將家譜和祭祖活動結合在一起，如同神偶一樣地供奉
家譜，這種習俗，與錫伯等族供奉喜里媽媽的儀式，十分相近。
錫伯族供奉的喜里媽媽，其神位設在西隔間正房的西北角，一條
二丈餘長細線繫上小弓箭、布條、犁、鐮刀、鞋子等物，平時這
條繩線是捲著裝在布袋裡，掛在神位上保存，十二月二十三日以
後取下喜里媽媽，把祂從西北角拉到東南角，懸掛起來，點香拜
祭，喜里媽媽就是打結作記號的家譜，也是將家譜和祭祖結合起

來，屬於一種祖靈崇拜。滿族家譜從懸弓掛帛到滿漢文纂修體例完備的譜書形式，可以了解滿族家譜的變遷與適應，是對外部文化選擇與改造的產物，是文化同化，但同化並不等同於「漢化」。

【註　釋】

① 劉文鎖撰〈漢文化與古代新疆〉，《西北民族研究》，1997 年，第 2 期（蘭州，西北民族學院，1997 年），頁 155。

② 《清高宗純皇帝實錄》，卷 703，頁 7。乾隆二十九年正月壬申，諭旨。

③ 何文勤編《niyamangga gisun》第二冊（烏魯木齊，新疆教育出版社，1993 年 6 月），頁 126。

④ 佟克力編《錫伯族歷史與文化》（烏魯木齊，新疆教育出版社，1989 年 9 月），頁 39。

⑤ 〈siren mama i jube〉，《niyamangga gisun》，何文勤編，六年制錫伯文課本，第六冊（烏魯木齊，新疆教育出版社，1997 年 6 月），頁 125。

⑥ 關寶學主編《錫伯族民間故事集》（瀋陽、遼寧民族出版社，2001 年 10 月），頁 12。

⑦ 楊英杰著《清代滿族風俗史》（瀋陽、遼寧民族出版社，1991 年 9 月），頁 30。

⑧ 楊國才等編著《少數民族生活方式》（蘭州，甘肅科學科技出版社，1990 年 9 月），頁 105。

⑨ 李光玻撰《禮記述註》，《欽定四庫全書》（臺北，臺灣商務印書館，民國七十二年），第 127 冊，頁 606。

⑩ 彭勃著《滿族》（三河，民族出版社，1985 年 5 月），頁 117。

⑪　札奇欺欽譯註《蒙古秘史新譯並註釋》（臺北，聯經出版公司，民
　　國六十八年十二月），頁3～6。

⑫　札奇欽撰〈蒙古族譜概說〉，《第三屆亞洲族譜學術研討會會記
　　錄》（臺北，聯合報文化基金會國學文獻館，民國七十六年九
　　月），頁57。

⑬　《清太祖武皇帝寶錄》（臺北，國立故宮博物館），卷一，頁6。

⑭　孟森著《清代史》（臺北，正中書局，民國五十一年十月），頁
　　8～10。

⑮　《清太祖武皇帝寶錄》，卷一，頁2。

⑯　《滿族家譜選編》，㈠（瀋陽、遼寧民族出版社，1988年7月），
　　頁3。

⑰　《八旗通志》，初集（臺北，學生書局，民國五十七年十月），卷
　　三七，職官志四，頁24。

⑱　李林・湯建中著《北鎮滿族史》（瀋陽，遼瀋書社，1990年6
　　月），頁132。

⑲　馮爾康撰〈古代宗族亂以名賢爲祖先的通病——以明人《新安蕭江
　　宗譜》爲例〉，《第五屆亞洲族譜學術研討會會議記錄》（臺北，
　　聯合報文化基金會國學文獻館，民國八十年九月），頁536。

⑳　李林著《滿族宗譜研究》（瀋陽，遼瀋書社，1992年6月），頁
　　112。

㉑　陳捷先撰〈談滿洲族譜〉，《第三屆亞洲族譜學術研討會會議記
　　錄》（臺北，聯合報文化基金會國學文獻館，民國七十六年九
　　月），頁76。

㉒　陳捷先撰〈談滿洲族譜〉，《第三屆亞洲族譜學術研討會會議記
　　錄》（臺北，聯合報文化基金會國學文獻館，民國七十六年九
　　月），頁76。

㉓ 富育光著《薩滿教與神話》（瀋陽，遼寧大學出版社，1990 年 10 月），頁 257。

㉔ 宋和平、孟慧英合著《滿族薩滿文本研究》（臺北，五南圖書公司，民國八十六年十一月），頁 20。

㉕ 彭勃著《滿族》（三河縣，民族出版社，1985 年 5 月），頁 119。

㉖ 富育光、孟慧瑛合著《滿族薩滿教研究》（北京，北京大學出版社，1991 年 7 月），頁 71。

㉗ 石文炳撰〈九台錫克特里氏族紀實〉，見孫邦主編《吉林滿族》（長春，吉林人民出版社，1991 年 10 月），頁 215。

㉘ 烏內安著《神秘的薩滿世界》（上海，三聯書店上海分店，1986 年 6 月），頁 1590。

㉙ 《滿文老檔》（東京，東洋文庫，昭和三十一年八月），《太祖 2 》，頁 844。

他山之石－朝鮮君臣論盛清諸帝

一、前　言

　　清朝入關前的歷史，稱爲清朝前史。在清太祖努爾哈齊、清太宗皇太極的努力經營下，建州女眞由小變大，由弱轉強，天聰十年（1636），金國號改爲大清，改元崇德。順治元年（1644），清朝勢力由盛京進入關內，定都北京，確立統治政權，直到宣統三年（1911）辛亥革命，政權終結，共二六八年，稱爲清代史。在清代史的前期中，清聖祖康熙皇帝在位六十一年（1662～1722），清世宗雍正皇帝在位十三位（1723～1735），清高宗乾隆皇帝在位六十年（1736～1795），三朝皇帝在位的時間長達一三四年，正好佔了清代史的一半，這段時期的文治武功，遠邁漢唐，稱爲盛清時期，康熙、雍正、乾隆這三朝皇帝，就是所謂的盛清諸帝。

　　滿洲原來是一個地名，在明朝所設的建州衛境內，朝鮮史籍中的「蔓遮」，便是滿洲（manju）的同音異譯，居住在滿洲的民族稱爲滿洲族，可以簡稱爲滿族，以建州女眞族爲主體民族，此外還有蒙古族、漢族、朝鮮族等，而以滿族爲民族共同體。滿族的主體民族即建州女眞族與朝鮮的歷史關係，源遠流長，在地理與文化背景上，都屬於東北亞文化圈。滿族入關後，朝鮮與清朝始終維持良好的關係，兩國使臣往來頻繁，朝鮮君臣都關心清朝的動靜。朝鮮君臣對盛清諸帝的認識，雖然不一定符合歷史事實，他們對盛清諸帝的論斷，也不一定很客觀，但是，朝鮮君臣

的言論，卻是清朝官書以外不可或缺的一種輔助性資料，可以提供一定的參考價值，正所謂「他山之石，可以攻玉」。

二、儒家皇帝—康熙皇帝與清朝盛運的開創

清聖祖康熙皇帝諱玄燁（1654～1722），是清世祖順治皇帝的第三子，順治十六年（1659），玄燁六歲，偕兄弟向順治皇帝問安。順治皇帝問及諸子的志向，皇二子福全表示，「願爲賢王。」皇三子玄燁回答，「願效法父皇。」①順治皇帝聽了很訝異。順治十八年（1661）正月初七日，順治皇帝駕崩。正月初九日，玄燁即帝位，時年八歲，以明年爲康熙元年（1662）。遵照遺詔，由索尼、蘇克薩哈、遏必隆、鰲拜四大臣輔政。康熙六年（1667）七月初七日，康熙皇帝親政。他在位長達六十一年之久，在國史上留下了許多爲後世肯定的紀錄。他在位期間，討平三藩的反滿運動，收臺灣爲版圖，親征準噶爾，經營西藏，北巡塞外，綏服蒙古，鞏固了清朝統治的基礎。康熙朝的美政，亦不勝枚舉，譬如整治河道、發展農業、崇儒重道、輕徭薄賦、蠲免租稅、崇尚儉樸、任用賢臣等等，與歷代英主相比，可謂毫無遜色。康熙皇帝酷愛中國傳統文化，他以上接二帝三王的正統思想爲己任，諸凡俱以堯舜之道爲法。由於滿族的積極吸收泛漢文化，使儒家傳統文化，得到傳承與宏揚。康熙皇帝認爲孔孟之道，朱熹之學，遠較佛、道空寂之說，更有利於政治建設。康熙十六年（1677）五月二十九日辰刻，康熙皇帝御弘德殿，講官喇沙里等進講畢，康熙皇帝面諭講官云：「卿等每日起早進講，皆天德王道修齊治平之理。朕孜孜問學，無非欲講明義理，以資治道。朕雖不明，虛心傾聽，尋繹玩味，甚有啓沃之益。雖爲學不在多言，務期躬行實踐，非徒爲口耳之資。」②提倡孔孟之道，

目的在以資治道。康熙皇帝就是儒家政治理念的躬行實踐者，他的德治與寬和觀點，與儒家思想息息相關。顧慕晴著《領導者與官僚操守：清聖祖的個案研究》一書也指出，「仁」乃儒家思想的核心，正如康熙皇帝諡號所顯示的，他對治國的基本想法，主要是承襲了儒家思想而來，他要成就自己爲一「儒家皇帝」。他自幼接受儒家思想，尤其是在親政初期，由講官熊賜履、喇沙里、陳廷敬、葉方靄等在弘德殿講解四書五經，並相互討論，使他對儒家治國的觀念和想法，都充滿了興趣③。

　　康熙皇帝對德治的體察，主要表現在尙德緩刑的理念上。他認爲至治之世，不以法令爲極，而以教化爲先。康熙皇帝從親政之初就決心效法古帝王，對尙德緩刑，化民成俗，可謂不遺餘力。由尙德緩刑又導引出寬和安靜的治道。他指出，「爲君之道，要在安靜。」④康熙二十六年（1687）三月初四日辰刻，康熙皇帝御瀛臺勤政殿聽理政事，山東巡撫錢玨陛辭，康熙皇帝諭以「爲治之道，要以愛養百姓爲本，不宜更張生事，爾到地方，當務安靜，與民休息。」⑤治國之道，莫要於安民，地方安靜，官員不擾民，是促成政權穩固最基本的要求。施政從寬，是康熙皇帝實踐德治的最基本要求。他主張用人施政，皆當中道而行，寬則得衆，他相信德治是國家長治久安的準繩，大學士張玉書等人具奏時也相信「自古治國在德。」大致而言，康熙年間，君臣對德治，已經形成了共識。《清史稿・聖祖本紀》論曰：

> 聖祖仁孝性成，智勇天錫，早承大業，勤政愛民，經文緯武，寰宇一統，雖曰守成，實同開創焉。聖學高深，崇儒重道。幾暇格物，豁貫天人，尤爲古今所未覯。而久道化成，風移俗易，天下和樂，克致太平，其雍熙景象，使後世想望流連，至於今不能已。傳曰，爲人君，止於仁。又

曰，道盛德至善，民之不能忘。於戲，何其盛歟⑥！

引文中所謂「開創」，可以視為清朝盛運的開創。為人君，止於仁，康熙皇帝可以定位為仁君的實踐者。清朝國史館纂修黃綾本《大清聖祖仁皇帝本紀》記載史官的評論，節錄一段內容如下：

> 史氏稱漢文景之際，刑措不用，幾至太平。又稱貞觀中，斗米三錢，終歲斷刑，止二十九人。又云，宋仁宗在位四十二年，刑以不殺為威，財以不蓄為富，兵以不戰為功，並書之典冊，以為美談。上臨御月久，超越往代，六十一年中，兵不覲而壯，財不聚而豐，政教不肅而成，風俗不言而喻，光天之下，至於海隅蒼生，鼓腹嬉遊，熙熙皞皞，樂其樂，利其利，民日遷善，而不知，豈漢唐而下，所得同年而語者哉！昔人謂貞元合之運，在唐虞宇宙間，至成周而再見。上久道化成，深仁厚澤，無遠弗屆，含生有識，淪於骨髓，浹於肌膚，下至昆蟲草木，並有於太和，黃髮兒齒，同臻於壽域，信乎貞元會合之運，兼唐虞成周而有之矣⑦。

前引史官後記，雖多溢美之詞，惟康熙一朝的政績，確實頗有表現，可以媲美漢唐，海隅蒼生，安和樂利，黃髮兒齒，同臻壽域，奠定了儒家政治的基礎。康熙皇帝遺詔引《尚書・洪範》所載九五福，一曰壽，二曰富，三曰康寧，四攸好德，五曰考終命，「考終命」，意即善終，並指出「五福以考終命列於第五者，誠以其難得故也。今朕年已登耆，富有四海，子孫百五十餘人，天下安樂，朕之福，亦云厚矣，即或有不虞，心亦泰然。念自御極以來，雖不敢自謂能移風易俗，家給人足，上擬三代明聖之主，而欲致海宇昇平，人民樂業，孜孜汲汲，小心敬慎，夙夜

不遑，未嘗少懈，數十年來，殫心竭力，有如一日，此豈僅勞苦
二字所能該括耶？」⑧康熙皇帝在位六十一年，其間孜孜求治，
勤政愛民，夙夜不遑，未嘗稍懈。他還指出，「朕自幼讀書，於
古今道理，粗能通曉。又年力盛時，能彎十五力弓，發十三把
箭，用兵臨戎之事，皆所優爲。然平生未嘗妄殺一人，平定三
藩，掃清漠北，皆出一心運籌，戶部帑金，非用師賑饑，未敢妄
費，謂皆小民脂膏故也。所有巡狩行宮，不施采繢，每處所費，
不過一二萬金，較之河工歲費三百餘萬，尚不及百分之一。」⑨
康熙皇帝勵精圖治，使社會日趨繁榮，其雍熙景象，使後世流連
不已，康熙皇帝的歷史地位，是可以肯定的。

三、愛銀皇帝－朝鮮君臣論康熙皇帝

　　盛清時期，朝鮮和清朝兩國使臣往返頻繁。朝鮮冬至使、謝
恩使、奏請使、問安使、進香使、陳慰使、陳奏使、進賀使等從
北京回國後，朝鮮國王都照例召見正副使及書狀官等員，詢問清
朝事情，諸臣將所見所聞，據實向國王報告，君臣談話的內容，
多見於朝鮮實錄。康熙皇帝在位期間（1662～1722），相當於李
朝顯宗、肅宗、景宗在位之際。朝鮮國王關心康熙皇帝的施政及
對朝鮮的態度，奉命到北京或瀋陽的朝鮮使臣，都注意到清朝政
局的變化，民情向背。順治十八年（1661）正月初九日，康熙皇
帝即位。同年七月初一日，朝鮮進賀使元斗杓等人從北京回國，
朝鮮國王顯宗召見元斗杓等人，詢問清朝政局，元斗杓覆稱：

　　　　聞諸被俘人金汝亮，皇帝年纔八歲，有四輔政擔當國事，
　　　　裁決庶務，入白太后，則別無可否，性唯諾而已。以故紀
　　　　綱號令，半不如前。朝會時千官例皆齊會，而今則大半不
　　　　來云⑩。

　　朝鮮進賀使元斗杓所稱康熙皇帝年八歲，是正確的。四大臣輔政，總攬朝政，裁決庶務，並入白孝莊太皇太后云云，是可信的。康熙元年（1662）十一月，朝鮮陳奏使鄭太和等從北京回國，國王顯宗召見鄭太和等人。據鄭太和稱，「輔政大臣專管國政，一不稟達於兒皇。」⑪康熙四年（1665）二月，多至使鄭致和等從北京返回朝鮮後指出，「時清主幼沖，大小政令皆出於四輔政。將以二月十二日冊首輔政孫伊之孫女爲后。」⑫輔政大臣中，索尼，赫舍里氏，是滿洲正黃旗人，他是爲首輔政大臣，其孫領侍衛內大臣噶布喇之女赫舍里氏於康熙四年（1665）七月冊封爲皇后。其次，蘇克薩哈，納喇氏，是滿洲正白旗人。遏必隆，鈕祜祿氏，是滿洲鑲黃旗人。鰲拜，瓜爾佳氏，是滿洲鑲黃旗人，四大臣專恣威福。朝鮮使臣所述輔政大臣的專橫獨斷，與清朝官書的記載是相合的。金兆豐著《清史大綱》稱「論者謂康熙初政，頗無足紀，皆鰲拜專橫有以致之，非虛語也。」所謂康熙初政無足紀的說法，有待商榷。康熙四年（1665）三月初六日，顯宗在熙政堂召見從北京回國的禮曹判書鄭致和。《顯宗改修實錄》記載了他們的談話內容，節錄一段內容如下：

　　　　上曰：「清主何如云耶？」致和曰：「年今十二，何能自斷。聞輔政頗善處事，攝政已久，而國人無貳心，誠可異也。」⑬

　　輔政大臣專橫，固屬事實，然而輔政大臣，「頗善處事」，所以「國人無貳心」，也是事實。

　　探討康熙初政，不可忽視當時柄國輔政諸臣的功績。但更重要的是不可忽視孝莊太皇太后布木布泰在康熙初年政治舞台上所扮演的角色，她歷經三朝，輔立過順治皇帝和康熙皇帝兩位幼主，在順治朝，由多爾袞攝政，度過危機；在康熙朝，她周旋於

四大輔政權臣之間，聰明機智，善用謀略。她常勗勉幼孫康熙皇帝，「祖宗騎射開基，武備不可弛，用人行政，務敬承天，虛公裁決。」孝莊太皇太后「性知書」，她曾書寫誠諭訓勉幼孫說：「古稱爲君難，蒼生至衆，天子以一身臨其上，生養撫育，莫不引領，必深思得衆得國之道，使四海咸登康阜，綿曆數於無疆惟休。汝尚寬裕慈仁，溫良恭敬，愼乃威儀，謹爾出話，夙夜恪勤，以袛承祖考遺緒，俾予亦無疚於厥心。」⑭康熙皇帝幼承孝莊太皇太后慈訓，深悉施政寬仁，得衆得國的治道，孜孜求治，仁孝著稱，爲清初政局的安定及盛運的開創，奠定了穩固的基礎。

康熙六年（1667）六月，索尼病歿，七月，蘇克薩哈被鰲拜陷害處絞，其長子內大臣查克旦磔死，餘子六人，孫一人，兄弟子二人皆處斬。康熙八年（1669），鰲拜伏誅，康熙皇帝詔以蘇克薩哈雖有罪，不至誅滅子孫，此皆鰲拜挾讎所致，命復官及世爵。

清朝初年，政局上最大的危機是三藩之亂。其中平西王吳三桂鎮雲南，藩屬五十三佐領，綠旗兵萬有二千，丁口數萬，勢力最強；平南王尚可喜鎮廣東；靖南王耿繼茂鎮福建，耿繼茂卒，其子耿精忠襲爵，耿、尚二藩所屬各十五佐領，綠旗兵各六、七千名，丁口各二萬人。康熙十二年（1673）三月，尚可喜老病，受制於其子尚之信，而奏請歸老遼東，部議令其盡撤藩兵回籍。吳三桂、耿精忠俱不自安，同年七月，亦奏請撤兵，以探朝旨。康熙皇帝以吳三桂蓄謀已久，不除必爲巨患，況其勢已成，撤兵固反，不撤亦反，徙藩之議遂決，於是有三藩之變。《顯宗改修實錄》記載，「聞北京將以八月大舉擊吳三桂，清兵十一萬，蒙兵一萬五千，皇帝將親征云。」⑮《肅宗實錄》也記載吳三桂擁

立崇禎之子，起兵反清。康熙十三年（1674）正月元旦，即位於雲南，年號廣德，自稱興明討虜大將軍靖南王。據朝鮮龍仁人柳潤稱：「見天文，明必興，胡必亡。」據領議政許積稱，吳三桂再造大明，「清國之勢，似難久保。」據陳慰兼進香使靈愼君澄等稱，「南方若有捷報，則輒即印出頒示；至於敗報，皇帝親自開見，只與皇后父率哈及兵部尙書密議之，諸王諸大將亦或不得聞。但東華門夜不閉以通南撥。且皇帝年少性急，近因喪患兵亂，心氣暴發，不能自定；諸王諸將亦無智慮之人，吾輩不知死所。」⑯吳三桂起兵之初，聲勢浩大，但所謂「皇帝年少性急」、「明必興，胡必亡」、「清國之勢，似難久保」云云，都是臆測或訛傳，俱非事實。

康熙十七年（1678）三月，朝鮮多至正副使等從北京返回朝鮮，將沿途聞見書寫馳啓國王。據稱吳三桂在長沙，「頭髮已長，衣冠比漢制，雖有百萬之衆，率多烏合。但手下有五、六千敢死之兵，即所謂苗奴也，涅齒恭膝，白布裹頭，其目深而黑，其劍長而廣，其勇如飛，其戰無敵。」又說：「自甲寅以後，南征之兵，至於百二十萬，時存征戍者，僅八萬。三桂改國號周，稱重興四年。」⑰康熙十七年（1678）八月，陳慰兼進香使李夏鎭從北京返回朝鮮。李夏鎭指出，「三桂稱帝，國號大周，改元紹武，立其孫世霖爲皇太孫。清主荒淫無度，委政於其臣索額圖，兵興以後，賦役煩重，民不堪命，國內騷然。」⑱康熙二十一年（1682）十一月，平安監司柳尙運以譯官所探得清人事情狀聞，略謂「吳三桂之孫世蕃，稱國號曰大周，改元弘化，已而爲清兵所敗。」⑲從朝鮮使臣等人的敘述，得知吳三桂起兵以後傳聞的年號有「廣德」、「重興」、「紹武」三個。吳三桂之孫世璠稱帝後國號仍稱「大周」，但改元「弘化」。吳三桂擁兵百

萬，卻是烏合之衆。其中「苗奴」是苗兵，勇敢善戰。惟所謂
「清主荒淫無度」云云，並不符合歷史事實。

　　據朝鮮使臣權大運指出清朝雖然兵連禍結，但暫無朝夕危急
之事。吳三桂果有大志掃清中原，則必已深入，而尚據一隅不
進，其無大志可知。當多至使兼謝恩使福昌君楨返回朝鮮後指出
清朝「賦役甚簡，民猶恐清人之敗，徵兵赴戰，滿多而漢少，故
漢人亦無思亂之心。」吳三桂勢力強盛，但因暮氣太重，徘徊不
進，康熙皇帝是二十歲青年，智勇兼備，遇事果敢，賦役甚簡，
兵興以後，並不擾民，康熙皇帝在他的遺詔中就提到平定三藩，
「皆出一心運籌」。三藩之亂是康熙朝的危機，同時也是清朝的
轉機，三藩的平定，清朝始可謂真正的統一全國。

　　康熙皇帝的容貌，據《清聖祖實錄》的記載是「天表奇偉，
神采煥發，雙瞳日懸，隆準岳立，耳大聲洪。」康熙皇帝的容貌
就是典型的帝王相。康熙二十四年（1685），法王路易十四派出
傳教團來華活動，白晉是其中一位耶穌會傳教士，他在中國十餘
年，回國後撰寫所謂《康熙帝傳》，書中記載康熙皇帝的容貌，
「他威武雄壯，身材勻稱而比普通人略高，五官端正，兩眼比他
本民族的一般人大而有神。鼻尖稍圓略帶鷹鉤狀，雖然臉上有天
花留下的痕跡，但並不影響他英俊的外表。」康熙二十一年
（1682），康熙皇帝二十九歲，是年正月二十四日，朝鮮國王肅
宗召見謝恩正副使及書狀官等人，詢問康熙皇帝的容貌。據謝恩
正使昌城君回答說：「皇帝容貌，碩大而美，所服黑狐裘。」在
白晉的描述中，康熙皇帝的外表是英俊的。朝鮮昌城君所述康熙
皇帝年輕時的容貌「碩大而美」云云，確實是可信的。

　　朝鮮使臣對康熙皇帝的批評，毀譽參半，因人而異。康熙五
年（1666）九月，朝鮮國王召見謝恩使兼陳奏使許積等人，許積

對清朝的施政有一段評論說：「觀其爲政，危亡可以立至，而至今維持者，大明自神宗迄于崇禎，誅求無藝，故民無思漢之心。彼且方用貂道，寡取於民，年且屢豐，此所以維持也。」⑳滿族文化有其邊疆特色，所謂「貂道」，是指滿族文化而言，滿族寡取於民，輕徭薄賦，並未引起漢族太強烈的反抗，寡取於民，百姓豐足，安和樂利，所以政權能維持長久。康熙二十七年（1688）六月，進香使洪萬鍾等返回朝鮮後，向朝鮮國王報告說：「彼中政令簡便，公私無事。」康熙四十一年（172）三月，冬至副使李善溥向朝鮮國王報告清朝事情，他指出：「皇帝雖荒淫無道，姑無侵虐之故，民間晏然。」㉑康熙五十二年（1713）三月三十日，朝鮮國王召見謝恩兼冬至使金昌集等人，詢問清朝事情。金昌集回答遟：「清皇節儉惜財，取民有制，不興土木，百民皆按堵，自無愁怨。」㉒康熙皇帝崇尙節儉，賦役輕減，不興土木，百姓安樂，所以民皆按堵。康熙皇帝遺詔中所稱，「戶部帑金，非用師賑饑，未敢妄費」等愛惜小民脂膏的言詞，是符合歷史事實的。

康熙皇帝勤政愛民，御門聽政，夙興夜寐，每日辰刻，或御乾清門，或御瀛臺勤政殿，或御暢春園澹寧居聽政，聽理各部院衙門面奏政事，認眞負責。至於行圍騎射，巡幸各地，察訪民情，都具有意義。康熙三十四年（1695）三月二十一日，朝鮮國王召見冬至副使李弘迪，詢問清朝事情。李弘迪對以「皇帝荒淫遊佃，不親政事。用事之臣，又皆貪虐，賄賂公行。且蒙古別部喀喀一種甚強，今方舉兵侵境，人多憂之。而且年事雖荒，賦役甚簡，故民不知苦矣。」㉓「喀喀」，即喀爾喀，入侵邊境的是漠西蒙古厄魯特部準噶爾，後來康熙皇帝御駕親征。賦役甚簡，所以民不知苦。但所謂「皇帝荒淫遊佃，不親政事」云云，並不

符合歷史事實。康熙四十八年（1709）三月二十三日，肅宗召見
冬至使閔鎮厚等人，詢問清朝事情。據閔鎮厚稱，康熙皇帝「處
事已極顛倒，而又貪愛財寶，國人皆曰：愛銀皇帝。」㉔「愛銀
皇帝」用來稱呼康熙皇帝，並不公平。

康熙中葉以後，朋黨盛行，在朝滿臣中，大學士明珠柄國日
久，招權納賄。朝鮮冬至使金錫胄等返國後即指出，「臣等聞此
處大小事務，皇帝不自總攬，故滿閣老明珠獨為專權，漢閣老李
爵亦為久任用事。」與明珠同時並相者有索尼第三子索額圖，擅
權亦久，明珠與索額圖互相傾軋。康熙二十一年（1682）三月十
七日，瀋陽問安使左議政閔鼎重回到鳳凰城時，他狀聞清朝事
情，文中提及，「聞比年以來，諂諛成風，賄賂公行。索額圖、
明珠等，逢迎貪縱，形勢相埒，互相傾軋。北京為之謠曰：「天
要平，殺老索，天要安，殺老明。」㉕老索即索額圖，老明即明
珠，專權用事，人人怨恨，都是天誅地滅的對象。

康熙年間，皇太子的再立再廢，影響朝政頗大，朝鮮君臣在
談話中，常常提到皇太子，也密切注意著清朝的政局。謝恩使昌
城君指出，皇太子年八歲，能左右射，通四書，可見康熙皇帝對
皇子教育的重視。朝鮮使臣對皇太子負面的批評較多。賀至正使
趙師錫指出，「太子年十三，剛愎喜殺人，皆謂必亡其國矣。」
㉖冬至使閔鎮厚指出，皇太子性本殘酷，不忠不孝，胡命不久。
冬至使趙泰采指出，太子不良，雖十年廢囚，斷無改過之望，締
結不逞之徒，專事牟利，財產可埒一國。侍衛，滿語讀如
"hiya"，朝鮮使臣多音譯作「蝦」。趙泰采也指出，「太子蝦
多，智善，結黨羽。」皇太子黨羽眾多，遂不安本分。朝鮮提調
李頤命指出，「聞太子性甚悖戾，每言古今天下，豈有四十年太
子乎？其性行可知。」皇太子不安於位，竟欲逼皇父退位。提調

趙泰耇指出，「太子無狀，多受賄賂，且諸王互相樹黨，康熙若死，則國事可知。」㉗康熙皇帝因皇太子再立再廢，容顏清減，用人施政，日益寬弛。康熙五十七年（1718）四月初三日，肅宗召見多至正使兪命雄、副使南就明。據副使南就明稱，「歸時得見皇帝所製歌詞，語甚淒涼，其志氣之衰耗可見矣。」㉘皇太子的廢立，對康熙朝後期的施政及政局的發展，確實不可忽視。朝鮮使臣到北京或瀋陽所訪聞的「虜情」，雖然詳略不一，但對了解清朝政情卻提供了一定的參考價值。

四、抄家皇帝－雍正皇帝與盛世財政基礎的奠定

　　清世宗雍正皇帝胤禛（1678～1735），生於康熙十七年（1678）十月三十日，是皇四子，宮中習稱四阿哥。「胤」是康熙皇帝所生諸皇子的排行；「禛」是「以眞受福」的意思。皇四子胤禛生母烏雅氏是滿洲正黃旗人，出身護軍參領之家，原爲包衣人家之後。康熙十八年（1679），烏雅氏封爲德嬪。康熙十九年（1680），生皇六子胤祚，五年後卒。康熙二十年（1681），烏雅氏晉封德妃。康熙二十七年（1688），生皇十四子禵，又作胤禎。康熙三十七年（1698）三月，皇四子胤禛封多羅貝勒。康熙三十八年（1699），康熙皇帝爲諸皇子建府，皇四子胤禛的府邸位於紫禁城東北，即日後的雍和宮。

　　康熙四十三年（1704），追封一等承恩公凌柱之女鈕祜祿氏入侍皇四子胤禛府邸，號爲格格，她就是日後的孝聖憲皇后。康熙四十八年（1709）三月，皇四子胤禛晉封爲雍親王，提高了他的政治地位。康熙五十年（1711）八月十三日，鈕祜祿氏在雍親王府邸爲胤禛生了第四個兒子弘曆，後來弘曆繼位時爲鈕祜祿氏的後半生帶來了無比的尊榮富貴。

　　皇太子胤礽再立再廢後，諸皇子個個都有帝王夢，爲角逐帝位，彼此樹黨傾陷。康熙六十一年（1722）十一月十三日，康熙皇帝崩殂，皇四子胤禛入承大統，改翌年爲雍正元年（1723），他就是清世宗雍正皇帝。雍正皇帝即位後，矯詔篡位，謀父逼母，弒兄屠弟，貪財好色，誅戮忠臣的謠言，就蜚短流長，不脛而走。其實，皇四子胤禛的繼位，也有他的有利條件。

　　康熙皇帝雖然並不寵愛皇四子胤禛，他卻十分疼愛胤禛的第四個兒子弘曆，由愛孫而及子，歷史上確有先例。明成祖先立仁宗朱高熾爲世子，後來因不滿意，而常想更易。當廷議册立太子時，明成祖欲立漢王朱高煦。明成祖雖然不喜歡朱高熾，卻很鍾愛朱高熾的兒子朱瞻基，即後來的明宣宗。侍讀學士解縉面奏明成祖說朱高熾有好兒子，明成祖有好聖孫，這才打動了明成祖的心，最後決定立朱高熾爲太子。清朝康熙皇帝一家的三代，有些雷同。弘曆生而岐嶷，康熙皇帝見而鍾愛。弘曆六歲時，康熙皇帝就把他帶回宮中養育，開始接受啓蒙教育。康熙皇帝有好聖孫弘曆，因鍾愛聖孫，而對胤禛增加好感，即所謂愛孫及子，先傳位給胤禛，再傳弘曆，順天應人。後世對雍正皇帝的負面評價，大部分出自當時的失意政敵所編造的流言，有一部分是出自漢人種族成見的推波助瀾，加上歷史小說的杜撰虛構，以致衆口鑠金。

　　雍正皇帝即位後，鑒於康熙皇帝建儲的失敗，皇太子再立再廢，諸皇子各樹朋黨，互相陷，兄弟竟成仇敵，爲永杜皇位紛爭，雍正皇帝創立儲位密建法。雍正元年（1723）八月十七日，雍正皇帝諭總理事務王大臣等云：「當日聖祖因二阿哥之事，身心憂悴，不可殫述。今朕諸子尙幼，建儲一事，必須詳愼，此時安可舉行，然聖祖旣將大事付託於朕，朕身爲宗社之主，不得不

預為之計。今朕特將此事親寫密封，藏於匣內，置之乾清宮正中，世祖章皇帝御書『正大光明』扁額之後，乃宮中最高之處，以備不虞。」雍正皇帝密書弘曆之名，緘藏匣內，弘曆正式立為皇太子，但密而不宣。雍正皇帝雖立儲君，卻不公開，稱為儲位密建法，可以說是解決皇位爭繼問題的有效方法，先行指定繼承人，即預立儲君，是為中原文化傳統；而所預立的繼承人並不以嫡長為限，而以才能人品為考核人選標準，又為女真世選舊俗。

　　雍正皇帝踐阼之初，朋黨為禍益烈，那些曾經參與皇位爭奪的兄弟們，各憑私意，分門立戶，擾亂國政，造成政治上的不安。雍正皇帝於《大義覺迷錄》中指出，「從前儲位未定時，朕之兄弟六、七人，各懷覬覦之心，彼此戕害，各樹私人，以圖僥倖，而大奸大惡之人，遂乘機結黨，要結朝臣，收羅群小，內外連屬，以成為不可破之局，公然以建儲一事為操權於己，唾手可成，不能出其範圍。此等關係宗社國家之大患，朕既親見而深知之，若苟且姑容，不加以懲創儆戒，則兇惡之徒，竟以悖逆為尋常之事，其貽害於後世子孫者，將不可言矣！」君臣名分既定，為鞏固君權，為後世子孫綢繆，為終結政治紛爭，雍正皇帝對裁抑宗室，打破朋黨，可以說是毫不鬆手。雍正皇帝為使滿漢臣工共竭忠悃，又刊刻頒發《御製朋黨論》，期盼群迷覺悟，而盡去其朋比黨援的積習，以剷除政治上的巨蠹。《清史稿・世宗本紀論》云：「聖祖政尚寬仁，世宗以嚴明繼之，論者比於漢之文景，獨孔懷之誼，疑於未篤。然淮南暴亢，有自取之咎，不盡出於文帝之寡恩也。」孔懷之誼，是指兄弟之間的情誼，雍正年間，兄弟鬩牆，骨肉相殘，諸兄弟確實也有自取之咎，並非盡出於雍正皇帝一個人的刻薄寡恩。

　　康熙皇帝施政的特點，強調寬仁，雍正皇帝以嚴明繼之，後

世史家遂邁康熙皇帝主張寬和，近乎德治；雍正皇帝主張嚴厲，近乎法治；乾隆皇帝主張寬嚴並濟，近乎文治。其實，盛清諸帝的用人施政及其典章制度，有其延續性，也有它因革損益之處。從奏摺制度的發展，可以了解清初政策的延續性。奏摺是從明代本章制度因革損益而來的一種新文書，在政府體制外屬於皇帝自己的一種通訊工具。康熙皇帝親政以後，為欲周知施政得失，地方利弊，於是命京外臣工，於題本、奏本外，，另准使用奏摺，逕達御前。奏摺制度是一種密奏制度，也是皇帝和相關人員之間所建立的單線書面聯繫，臣工凡有聞見，必須繕摺密奏，康熙皇帝披覽奏摺，親書諭旨，一字不假手於人。康熙皇帝常藉奏摺批諭，以教誨臣工，為官之道，不多生事，自然百姓受福。雍正皇帝即位後，擴大採行密奏制度，放寬專摺具奏特權，並藉奏摺硃批訓誨臣工，封疆大吏若不生事，百姓自然不致受害。浙江巡撫李馥奏聞地方情形，雍正皇帝披覽奏摺後批諭云：「覽奏深慰朕懷，君臣原係一體，中外本是一家，彼此當重一個誠字，互相推誠，莫使絲毫委屈於中間，何愁天下不太平，蒼生不蒙福。」雍正皇帝對天下太平，蒼生蒙福的憧憬，充分表現在字裡行間。江西巡撫裴㣙度奏聞驛馬事宜，原摺奉硃批云：「畏懼即不是矣，內外原是一體，君臣互相勸勉，凡有聞見，一心一德，彼此無隱，方與天下民生有益也，莫在朕諭上留心，可以對得天地神明者，但自放心，有何可畏。」一心一德，君臣一體，形成了政治上的生命共同體，有利於政策的執行。從奏摺制度的採行及其發展，可以說明盛清諸帝的治術，雖然各有千秋，但就制度的發展而言，卻有其延續性和一貫性，從奏摺硃批可以說明雍正皇帝也講求治道。《清史稿・世宗本紀論》有一段記載說：「帝研求治道，尤患下吏之疲困。有近臣言州縣所入多，宜釐剔。斥之曰：

『爾未爲州縣，惡知州縣之難？』至哉言乎！可謂知政要矣！」
雍正皇帝平日研求治道，就是一位「知政要」的皇帝。

雍正皇帝重視社會經濟的改革，也都收到立竿見影的效果。
雍正皇帝即位後注意到移風易俗的重要性，歷代以來的樂戶、墮
民、蜑戶、伴儅、世僕等所謂「賤民階級」依然存在，社會地位
不平等。明朝初年，明成祖起兵時，山西、陝西不肯歸順的百姓
子女，後來都被發入教坊，編爲樂籍，稱爲樂戶，其後世子孫娶
婦生女，都被逼迫爲娼，紳衿土豪，百般賤辱。浙江紹興等府則
有墮民，另編籍貫，稱爲丐戶，他們祖先是宋朝將領焦光瓚部
落，因叛宋被斥爲墮民，行業污賤，服飾與常民有別，墮落數百
年，並無自新之路。雍正皇帝認爲賤民階級的存在，是歷代以來
的社會弊端，於是諭令削除賤籍，豁賤爲良，凡習俗相沿不能削
除者，俱給以自新之路，改業爲良民。廣東地方的蜑戶，以船爲
家，以捕魚爲業，粵人視蜑戶爲賤民，不容許他們登岸居住。雍
正皇帝認爲蜑戶輸納魚課，與齊民一體，無可輕視摒棄之處。因
此，諭令廣東督撫轉飭有司通行曉諭，凡無力蜑戶，聽其在船自
便，不必強令登岸。如有力能建造戶屋及搭棚棲身者，准其在近
水村莊居住，與齊民一體編列甲戶，劣豪、土棍，不得藉端欺凌
驅逐，並令有司勸諭蜑戶開墾荒地，播種力田，共爲務本之人。
雍正年間，賤民階級的削除，豁賤爲良，改變了千百年來沉淪已
久的命運，這是一種移風易俗的具體表現，也是尊重人權，深得
人心的一項重要社會改革，較之歷代帝王，雍正皇帝的進步思
想，及其社會政策的執行，都具有正面的作用，確實值得大書特
書。

康熙年間，平定三藩，征討準噶爾，進剿朱一貴，軍需挪
用，直省虧空，國庫收入，嚴重不足。雍正皇帝即位後，推動務

實政治，成立會考府，改革財政，清查錢糧，彌補虧空，攤丁入地，耗羨歸公，都頗有表現，對充實國庫，改善民生，都作出了重要的貢獻。清初的賦役制度，主要是沿襲明代的一條鞭法。雍正年間的財政改革，其主要原則是平均賦役的負擔，防止田賦與丁銀徵收過程中的弊端，減輕無地貧民的賦稅負擔。

從十八世紀開始，是清朝社會經濟的上昇時期，由於耕地面積的增加速度遠不及人口的增加速度，一條鞭法下的賦稅負擔，隨著人口的增加而加重。因此，必須固定丁銀額數，始能穩定土地負擔的不斷加重趨勢。康熙五十一年（1712），清朝政府所頒佈的盛世滋生人丁永不加賦的詔令，是以康熙五十年（1711）的人丁數二千四百六十萬定為全國徵稅丁銀的固定數目，將全國徵收丁銀的總額固定下來，不再隨著人丁的增加而多徵丁銀。雍正皇帝就在康熙年間盛世滋生人丁永不加賦的基礎上實行丁隨地起的賦役改革，將丁銀攤入地糧徵收，由有恒產之家均勻完納，以戶為稅收單位，不再以人頭為單位，使賦稅的負擔更趨於合理化。丁隨地起實施後，取消了徵稅的雙重標準，廢除了人頭稅，按土地的單一標準徵稅，改革了賦役不均的嚴重情況，無地貧民因不納丁銀而不致逃亡，有地農人，負擔均平，不致過重，可以保證稅收來源的固定，在財政上獲得了穩定的效果，有利於社會經濟的發展。從康熙末年盛世滋生人丁永不加賦詔令的頒佈到雍正初年攤丁入地的實施，可以反映清初政策的延續性。

中央與地方財政的劃分，是因國家體制的差異而有所不同。中央集權的國家多實行附加稅法，國家賦稅最高主權屬於中央，地方政府可在中央賦稅上徵收附加稅，以充地方經費。至於均權制的國家則採分成稅法，國家賦稅收入，由中央政府與地方政府按一定成數分配。明清政府實行中央集權，全國賦稅盡歸中央，

由戶部支配，直省存留額數過少，地方財政基礎十分薄弱，地丁
錢糧是正賦，就是中央政府最主要的財政收入，耗羨是正賦的附
加稅，不必撥解中央，成爲地方政府的主要稅收來源。地方公
務，定例不得動支正項，只能取給於耗羨。直省州縣徵收重耗，
累民肥己。雍正初年，爲清理歷年無著虧空，提解耗羨，刻不容
緩。所謂耗羨歸公，就是將耗羨提解藩庫，杜絕州縣中飽，使地
方公務有款項可以動支。耗羨歸公後，官吏所得養廉銀兩多於薪
俸，由來已久的陋規積弊，逐漸革除，直省虧空，逐年完補。雍
正皇帝嚴懲貪污，籍沒家產，以彌補虧空，以致當時有「抄家皇
帝」之稱。

　　雍正年間，由於社會經濟的改革，使社會日益繁榮，財政狀
況好轉，國家稅收穩定的成長，國庫充盈。據統計，康熙六十一
年（1722），國庫餘銀八百萬兩，雍正八年（1730），國庫餘銀
六千三百餘萬兩㉙，終於奠定清朝鼎盛時期的經濟基礎。

　　康熙皇帝八歲即位，雍正皇帝即位時，年已四十五歲，他即
位之初，就能以成熟的認識制定一系列順應歷史趨勢的具體政治
措施，他勵精圖治，勇於改革，貫徹政令，他的政績，頗有可
觀，雍正一朝處於康熙和乾隆兩朝之間，雖然只有短短的十三
年，但是倘若缺少了雍正朝，則盛清時期的盛世，必然大爲遜
色。陳捷先教授著《雍正寫眞》一書已經指出「雍正皇帝勤於政
事，勇於改革，是一位難得的帝王，清朝盛世沒有他，就無法建
立，中衰時代，可能提早來臨。」㉚日本佐伯富教授爲楊啓樵著
《雍正帝及其密摺制度研究》一書作序時亦指出，「論者咸謂康
熙、乾隆兩朝，乃清代政治、文化蓁昌盛之期，而雍正適居兩者
之間，其十三年治績，往往爲世所忽略，即學術界亦復如是。諺
云：王朝基礎多奠定於第三代，雍正帝正爲清入關後第三代君

主，有清二百數十年之基盤，即爲其所奠定。伊繼御時年四十有五，正值春秋鼎盛之際，且非夙居禁宮，不諳世事，而於官場、皇族之積弊錮習早瞭然於胸，故甫嗣位即擬根除此等弊害。」[31]雍正皇帝在藩邸時已經深悉施政得失，並非不諳世事，他的改革是具有針對性的當前急務。稻葉君山著《清朝全史》一書以農業爲比喻來說明盛清諸帝的施政特點，「譬如農事，康熙爲之開墾，雍正爲之種植，而乾隆得以收穫也。」[32]從開墾、種植到收穫，有其延續性和一貫性，原書的比喻，頗符合歷史事實。

五、愛銀成癖－朝鮮君臣論雍正皇帝

雍正皇帝即位後，矯詔篡奪的謠言，遠近傳播。雍正元年（1723）九月初十日，進賀正使密昌君樴回國後向朝鮮國王報告說：

> 雍正繼立，或云出於矯詔，且貪財好利，害及商賈。或言其久在閭閻，習知民間疾苦，政令之間，聰察無比。臣亦於引見時觀其氣象英發，語音洪亮，侍衛頗嚴肅。且都下人民妥帖，似無朝夕危疑之慮矣[33]。

《大義覺迷錄》所載雍正皇帝矯詔的謠傳，主要出自充發三姓地方的耿精忠之孫耿六格。傳說康熙皇帝原想傳位十四阿哥胤禎天下，雍正皇帝將「十」改爲「于」，同時也傳說把「禎」改爲「禛」，而使雍正皇帝的嗣統合法化。這種謠傳，不盡可信。因此，密昌君樴只說「或云出於矯詔」，語帶保留，不敢武斷。雍正皇帝是否貪財好利，或習知民間疾苦，兩說並列。引見時，所見雍正皇帝「氣象英發，語音洪亮。」則是密昌君樴親眼目覩，可信度很高。所謂「政令之間，聰察無比。」也是符合歷史事實的。

在雍正皇帝矯詔傳說中提到「玉念珠」的問題。《清代通史》引《清史要略》一書的說法云：

> 時胤禛偕劍客數人返京師，偵知聖祖遺詔，設法密盜之，潛將十字改爲于字，藏於身，獨入侍暢春園，盡屏諸昆季，不許入內。時聖祖已昏迷矣，有頃，微醒，宣詔大臣入宮，半晌無至者。驀見獨胤禛一人在側，知被賣，乃大怒，取玉念珠投之，不中，胤禛跪謝罪㉞。

《清史要略》是晚出的野史，早在康熙六十一年（1722）十二月十七日，朝鮮《景宗實錄》已記載念珠的問題。是日，朝鮮遠接使金演自北京迎敕而歸，將其所聞言於戶曹判書李台佐，節錄一段內容如下：

> 康熙皇帝在暢春苑病劇，知其不能起，召閣老馬齊言曰：「第四子雍親王胤禛最賢，我死後立爲嗣皇。胤禛第二子有英雄氣象，必封爲太子。」仍以爲君不易之道，平治天下之要，訓戒胤禛。解脫其頭項所掛念珠與胤禛曰：「此乃順治皇帝臨終時贈朕之物，今我贈爾，有意存焉，爾其知之。」又曰：「廢太子、皇長子性行不順，依前拘囚，豐其衣食，以終其身。廢太子第二子朕所鍾愛，其特封爲親王。」言訖而逝。其夜以肩輿載屍還京城，新皇哭隨後，城中一時雷哭，如喪考妣。十三日喪出，十五日發喪，十九日即位。其間日子多，此非秘喪也，新皇累次讓位，以致遷就。即位後處事得當，人心大定㉟。

遠接使金演所述內容，對雍正皇帝嗣統的合法性有利。引文中所述念珠一節是現存相關傳說最早的文字記載，有其原始性。但記載中並未指明是否玉質念珠。念珠可以視爲皇帝傳位信物，順治皇帝虔誠信佛，他臨終時將念珠交給康熙皇帝，有其深意。

康熙皇帝解脫脖項所掛念珠親自交給雍正皇帝的傳說，固然有待商榷，但相對《清史要略》的記載而言，也是不可忽視的文字記載。可以確定的是，由於雍正皇帝的英明果斷，處置得當，所以都下妥帖，人心大定，正所謂「天佑大清」，至於「胡無百年之運」的預測，可以說是杞人憂天。引文中「胤禛第二子」，當指第四子弘曆。

　　朝鮮君臣談話中，常常提到清朝君臣的清廉問題，康熙皇帝被朝鮮君臣冠以「愛銀皇帝」的外號。朝鮮英祖召見同知事尹游時說：「雍正本有愛銀之癖，且有好勝之病。」㊱英祖召見諸臣時，諸臣以清朝副敕使需索無厭，凡物所需，皆折算爲銀。英祖笑著說：「雍正亦愛銀，此輩何足言也！」㊲雍正皇帝也愛銀，在朝鮮君臣心目中也是一位「愛銀皇帝」。雍正元年（1723）二月二十九日，朝鮮陳慰正使碢山君枋、副使金始煥抵達瀋陽，將道路所聞馳啓朝鮮國王，節錄一段內容如下：

> 康熙皇帝子女眾多，不能偏令富饒，諸子女受略鬻官，若漕總監務等職，隨其豐薄而定賕多少。且於京外富民之家，勒取財產，多至數十萬，小國累萬金，而田園人畜，亦皆占奪，人或不與，則侵虐萬端，必奪乃已，而不禁。新皇帝亦嘗鬻貨致富，乃登大位，前日所占奪者，並還本主，而敕諭諸昆弟曰：「朕在邸時，雖不免奪人利己，而未嘗傷害人命。他餘昆弟則殺人傷人，朕甚憫之。朕既悔過改圖，諸昆弟果有貧窘者，則戶部之物，係是經費，朕不敢私用，而入庫所儲，可以隨乏周給。爾等所奪民財，限一年併還其主。若久不還，致有本主來訴，斷不以私恩貰之也。」㊳

康熙皇帝所生皇子共三十五人，公主二十人，合計五十五

人，子女眾多，各個黷貨致富，其中不乏占奪民財者，雍正皇帝即位後諭令諸兄弟將所奪民財，限一年內盡數歸還。雍正皇帝認為戶部經費是國家庫帑，不可私用，皇室子弟有內務府庫銀，隨乏周給，公私分明。礪山君枋又指出：「康熙皇帝以遊獵為事，鷹犬之貢，車馬之費，為弊於天下。朝臣若隸於臂鷹牽狗，則以得近乘輿，誇耀於同朝矣。新皇帝詔罷鷹犬之貢，以示不用，而凡諸宮中所畜珍禽異獸，俱令放散，無一留者。」㊴雍正皇帝詔罷鷹犬之貢，與崇尚儉約，有密切關係。在胤祥的輔助下，雍正皇帝雷厲風行的整頓財政，充實國庫，奠定了盛世財政的基礎。雍正九年（1731）六月，朝鮮伴送使宋寅明指出，「關市不征，乃三代事也，後豈能盡行古法。清人之法，賦民輕而稅商重，以致富強，裕國生財之要，無過此矣」。㊵雍正皇帝裕國生財的財稅改革的成果，受到了朝鮮君臣的肯定。雍正皇帝在位期間，朝乾夕惕，勤求治理，其主要目的，就在於「期使宗室天潢之內，人人品行端方，八旗根本之地，各各奉公守法，六卿喉舌之司，綱紀整飭，百度維貞，封疆守土之臣，大法小廉，萬民樂業。」㊶雍正皇帝遺詔中所稱，在位十三年，雖未能全如期望，而庶政漸已肅清，人心漸臻良善，臣民徧德，遐邇恬熙，大有頻書等語，大都符合歷史事實。

六、十全老人－乾隆皇帝與清朝盛世的延長

阿哥（age）是滿文的讀音，就是宮中皇子的通稱。弘曆生於康熙五十年（1711）八月十三日，是雍親王胤禛的第四子，就是四阿哥。四阿哥時代的弘曆，有一個鍾愛他的祖父康熙皇帝，弘曆六歲時，康熙皇帝就把他帶回宮中，開始接受啟蒙教育，學習騎射和新式武器的使用，宮中提供了最優越的學習環境，接受

完整的教育。康熙皇帝重視皇子教育，重視書法，要求很嚴。康熙皇帝巡幸塞外，弘曆總是會跟著祖父到避暑山莊，在萬壑松風閣等處讀書。也會跟著祖父秋獮木蘭，木蘭（muran）是滿文哨鹿行圍的意思。《清史稿》記載，木蘭從獮時，康熙皇帝命侍衛帶領四阿哥弘曆射熊，弘曆才上馬，大熊突然站在弘曆的前面，弘曆非常鎮定，控轡自若。康熙皇帝急忙開鎗打死大熊。回到帳蓬後，康熙皇帝對溫惠皇太妃說：「弘曆的生命貴重，福分一定超過我。」弘曆有好祖父，這固然重要，康熙皇帝有好皇孫，這比好祖父更重要。弘曆讀書很用心，過目成誦，他在二十歲時，就把平日所作詩文輯錄成《樂善堂集》。他的書法，更是龍飛鳳舞。日本學者稻葉君山著《清朝全史》曾經指出，康熙皇帝的書法，雖然豐潤不足，但是，骨力有餘；乾隆皇帝的書法，雖然缺少氣魄，但是，妙筆生花，各有所長。清朝重視皇子教育，是清朝皇帝大多賢能的主要原因。

　　康熙末年，皇太子胤礽再立再廢，皇子們各樹朋黨，為了爭奪皇位的繼承，骨肉相殘，兄弟鬩墙，幾乎動搖國本。為杜絕紛爭，雍正元年（1723）八月十七日，雍正皇帝採行儲位密建法，在傳位詔書上，雍正皇帝親手書寫弘曆名字，密封後藏在乾清宮正大光明匾後面，先指定繼承人，預立儲君，是中原漢人的傳統，但是，所指定的繼承人，事前不公佈，並未顯立儲君，也不以嫡長為限，而以人才、才能、人品作為考核人選的標準，這是蒙古、女真部族遊牧文化的特色，可以說是解決皇位爭奪問題的好方法。對於穩定政局，鞏固皇權，產生了正面的作用。雍正十一年（1733），弘曆受封為和碩寶親王。雍正十三年（1735）八月二十三日，雍正皇帝駕崩，莊親王允祿等打開封匣，宣讀詔書，弘曆即位。朝鮮《英祖實錄》記載雍正十三年（1735）正月

初三日，朝鮮國王引見回還陳奏使三人，副使朴文秀稱：「清皇為人自聖，多苛刻之政，康熙舊臣死者數百人。置五星御史，譏察朝臣，故人皆惴惴，殖貨無厭，怨聲載路。年近六十，不立太子，其勢不久。」㊷雍正皇帝施政較嚴刻，但所謂「年近六十，不立太子」云云，並不可信。

　　《清朝全史》曾經就繪畫的喜好，比較康熙皇帝和乾隆皇帝的性格，書中認為祖孫對西洋繪畫的趣味，是相同的。但是，看焦秉貞所畫『耕織圖』可以知道康熙皇帝的性格。看郎世寧所畫『準噶爾的貢馬圖』。可以窺知乾隆皇帝的嗜好。原書比較後指出，康熙皇帝是創業之主，開拓國運，備嘗甘苦；乾隆皇帝則為守成君主，坐享太平，生為貴公子，長為富家翁。其實，盛清諸帝的政策，有他的延續性和一貫性。清朝盛運的開創，從時間和空間來看，到達全盛或巔峰，是在乾隆年間。乾隆皇帝對盛運的開創，同樣扮演了重要角色。《清朝全史》認為乾隆皇帝是坐享太平的皇帝，與歷史事實，並不完全符合。

　　發展文化事業，固然要有經費，更不能沒有人才，乾隆年間的成就是多方面的，文化事業的提倡和成就是最值得肯定的。康熙年間完成《古今圖書集成》，乾隆年間編纂的大型叢書，更是數不清，均具規模，亦具開創性，令後世歎為觀止。四庫全書的纂修就歷時十餘年，動員三千八百餘人。其他經史子集滿漢文本更是汗牛充棟，就文化大業的輝煌成就而言，乾隆皇帝雖然說是守成，其實也是開創。

　　清朝皇帝御門聽政或上朝處理政務，地點和時間，並不固定，這不是怠惰的現象，而是孜孜勤政的表現。這一個事實，無疑地有助於清朝政局的穩定和立國的久遠。康熙皇帝、乾隆皇帝走出深宮內院，南巡河工，省方問俗，巡幸塞外，秋獮木蘭，都

有重要的歷史意義。避暑山莊又稱熱河行宮，是清朝皇帝巡幸塞外的行宮，始建於康熙四十二年（1703），至乾隆五十七年（1792），全部完工，歷時九十年，是一座規模宏大，風景秀麗的宮廷園囿。在避暑山莊附近北面山麓建有外八廟，在避暑山莊以北一百多公里喀喇沁、翁牛特等部牧場一帶也開闢爲木蘭圍場。避暑山莊、外八廟的建造，木蘭圍場的開闢，都有一定的政治目的或作用，這裡水土美好，氣候溫和，很適合避暑。行圍、練兵、處理政務，熱河行宮，就是清朝的夏宮。

　　清朝是一個多民族的國家，對於那些懼怕內地燥熱而易患痘症的蒙古、回部、西藏王公、伯克、喇嘛等人物而言，避暑山莊、外八廟和木蘭圍場，都是最適宜朝覲皇帝的地點。邊疆民族通過請安、進貢，乾隆皇帝藉著召見、賞賜、行圍、較射、練兵等活動。以達到「合內外之心，懷遠之略，成鞏固之業」的政治目的，避暑山莊就是清朝北京以外的第二個政治中心。乾隆皇帝在位期間，六次南巡，他的北巡塞外，多達四十九次，平均每年巡幸長達三個半月。康熙皇帝巡幸塞外期間，召見、請安、朝覲的，主要是蒙古王公。乾隆年間，到熱河行宮覲見的，除蒙古諸部外，還有漠西蒙古準噶爾、土爾扈特等台吉，吐魯番、回部阿奇木伯克、哈薩克、布魯特、朝鮮、安南、緬甸、南掌、英國使臣以及臺灣原住民頭目等。入覲人員都受到乾隆皇帝的熱烈款待，除賜宴、賞賜茶果外，還舉行許多民族傳統遊藝表演及各種雜耍特技。如：觀火戲、放煙火、觀燈展、立馬技、走繩索、看馬戲、騎野馬、蒙古摔跤、射箭比賽等，十分熱鬧。

　　乾隆四十五年（1780），是乾隆皇帝的七十大壽，前一年六月十七日，六世班禪額爾德尼率領西藏堪布喇嘛等一千多人，從後藏扎什倫布寺出發，途徑青海西寧塔爾寺，於乾隆四十五年七

月二十一日，抵達熱河，以須彌福壽廟爲行宮。八月十三日，乾
隆皇帝七十歲慶典，班禪額爾德尼親自爲乾隆皇帝施無量壽佛大
灌頂，是當年祝壽活動的最高潮。所以避暑山莊、外八廟、木蘭
圍場的興建及其活動，促進了各民族的團結，歷代以來，藉長城
防堵塞外民族的時代，就此畫上句點。

　　乾隆五十八年（1793）八月十三日，是乾隆皇帝八十三歲生
日。八日初十日，英國使臣馬嘎爾尼等在避暑山莊接駕，地面舖
了綠色地毯，顯得雍容華貴。八月十一日，乾隆皇帝率一行人等
遊覽萬樹園，萬樹園在避暑山莊平原區東北部，北倚山麓，南臨
澂湖，佔地八百七十畝。馬嘎爾尼指出萬樹園是世界上最美的森
林公園，整個公園中沒有沙石走道，可謂天造地設。由於各種活
動頻繁，更促進了熱河地區社會、經濟的繁榮。

　　由於乾隆皇帝的六次南巡和多次北巡，也爲繪畫提供了許多
題材，例如徐揚畫《南巡圖》等。西洋畫家王致誠曾奉命前往避
暑山莊爲準噶爾台吉策凌等油畫肖像，在五十天中，共畫了油畫
十二幅。阿睦爾撒納台吉投降後在熱河覲見，王致誠、郎世寧、
艾啓蒙等人又奉命到熱河行宮，爲降將阿睦爾撒納等人油畫頭
像。郎世寧等人奉命畫《圍獵圖》、《木蘭圖》、《行圍圖》，
周鯤等人畫《熱河全圖》等等，反映塞外的活動，十分受到清朝
政府的重視，而由畫家用畫筆記錄了下來。後世倘若研究乾隆年
間的盛況，就要多研究乾隆年間的書畫器物，要把乾隆年間的文
化藝術或繪畫作品和當時的時代結合起來，才算眞正了解到乾隆
年間的時代背景。

　　考試制度有它合理的一面，科舉制度是基於尙賢思想所產生
的一種傳統考試制度，利用考試的辦法掄拔人才。清朝接受了科
舉制度，就是向漢族及其他少數民族，包括苗疆土司、臺灣原住

民開放政權。科甲出身的人，就成爲各級官員的主要組成部分，科舉考試制度爲清朝培養了許多政治人才。八旗制度，不僅是軍事制度，也是行政制度。清朝入主中原，八旗人員也從龍入關。八旗將領，成了軍事世家。乾隆年間，文臣武將，人才濟濟，對乾隆年間的盛世貢獻極大。乾隆皇帝與各部院大臣，君臣之間，相當和諧，並無太大的矛盾。就乾隆年間的政治機構而言，內閣還是襄贊政務的中央政治機關，所謂法治，權術的意義多，所謂文治，制度的意義多。以內閣爲中央政治機構，尊重制度，就是文治。

　　《清史稿・大學士年表》乾隆四年（1739）的內閣大學士是張廷玉、尹泰、鄂爾泰、稽曾筠、查朗阿、徐本、福敏、趙國麟，協辦大學士是訥親。其中張廷玉、尹泰、鄂爾泰、稽曾筠、查朗阿是雍正時期的內閣大學士，福敏是協辦大學士，重用舊人，不僅維持制度的延續性，也可使政策維持一貫性。乾隆年間，軍機處已由體制外的皇帝私人秘書機構，發展成爲與內閣相輔相成的中央政治機關，軍機大臣是由內閣大學士尙書或各部堂官挑選出來的。例如乾隆四年（1739）的軍機大臣鄂爾泰、張廷玉、徐本、訥親等人，本身同時就是內閣大學士或協辦大學士。軍機處具有溝通、協調、參謀、顧問、管理、執行的政治功能，可發揮機密、迅速、勤政的高度行政效率。由於軍機處的日益制度化，也是一種文治。軍機處維持勤政傳統，各種文書，從未積壓。軍機大臣撰擬諭旨，當日繕畢，密封發下，馬上飛遞。滿族目睹大明帝國的覆亡教訓，爲國家長治久安，不僅釋放了高度政治智慧的能量，同時維持孜孜勤政的優良傳統。鄂爾泰、張廷玉傳稿論贊中指出，他們內直稱旨，庶政修舉，宇內乂安，並非溢美之詞。大學士徐本，也是雍正朝舊臣，他有古大臣風範，決疑

定計，深得乾隆皇帝信任。福敏是鑲白旗滿洲人，進士出身，他以謹厚人品崇高，而當了乾隆皇帝的啓蒙老師。

乾隆年間多名臣，阿桂原是滿洲正藍旗人，因平定回部，在伊犂駐防有功，改隸滿洲正白旗。他的父親是大學士阿克敦，他自己也是舉人出身。《清史稿》分析阿桂屢次帶領大軍作戰成功的原因，主要是他智信仁勇，有勇有謀，知人善任，開誠佈公，群策群力，謀定而後動，堪稱大將。

能文能武，出將入相的大員，乾隆中葉有傅恆，乾隆後期有傅恆的兒子福康安等人。傅恆、福康安是滿洲鑲黃旗人，是軍事世家，他是孝賢皇后的姪兒。福康安知兵，有才略，每戰必勝。提到福康安，不能不提到海蘭察，海蘭察是滿洲鑲黃旗人，世居黑龍江，是索倫族，最爲驍勇。《清史稿》論海蘭察時指出海蘭察勇敢而有智略，每次出兵作戰，都先微服策馬觀察敵情，找出敵人的弱點，集中兵力，攻擊他的弱點，所以能無役不與、每戰必勝。他平生最佩服阿桂的知兵，也能禮讓福康安，打仗出力，所向有功，有了這些智勇雙全的軍事人才，終於創造了十全武功的輝煌成就。

乾隆年間，很多規模大的戰役，有內亂與邊患之分，十全武功主要是針對邊患而言。例如乾隆三十九年（1774）山東清水教的宗教起事，乾隆四十五年（1780）陝甘伊斯蘭教新教的起事，都是內地的叛亂，不在十全武功之列。所謂十全武功，是指兩次平定準噶爾，一次平定回部，兩次剿平大小金川，一次平定臺灣林爽文，降服緬甸、安南各一次，都和邊疆有關。其中大小金川、緬甸是西南邊患。清初以來，一直很重視西南地區的治理，派去治理的大臣如雲貴總督鄂爾泰等人，都是皇帝最信任的大臣。臺灣是康熙年間收入版圖的海疆，新疆是古代西域，是歷代

以來的文化走郎，是絲綢之路必經之地，後來天山以北爲漠西蒙
古厄魯特準噶爾所據，天山以南爲回部所據。準噶爾汗噶爾丹以
俄羅斯爲後盾，聲勢日盛，曾派兵入藏，侵略喀爾喀、哈密、青
海，威脅京師的安全。康熙皇帝御駕親征，未能直搗巢穴。雍正
皇帝兩路出兵，和通泊之役，全軍覆沒。乾隆皇帝爲了以戰止
戰，兩次用兵，直搗黃龍，改伊麗爲伊犁，表示犁庭掃穴，完成
了祖父、父親未能完成的工作。回部和卓木殺了清朝使臣等一百
多人，使用恐怖手段，乾隆皇帝認爲回部把口水吐在大清朝的臉
上，不能唾面自乾，不可以罵不還嘴，打不還手。於是大張撻
伐，征服回部。五年之內，天山南北兩路即告平定，拓地二萬餘
里，遠邁漢唐。打通了文化走廊，絲路暢通無阻。安南黎朝爲中
國屬邦，西山阮氏篡奪政權，黎氏眷屬入關請兵，乾隆皇帝爲了
興滅繼絕，濟弱扶傾，於是進兵安南，平定安南叛亂，恢復黎氏
政權，這是傳統儒家理念的實現。後藏日喀則扎什倫布寺是藏傳
佛教的聖地，尼泊爾廓爾喀因與西藏的商務糾紛進兵西藏，掠奪
扎什倫布寺佛教文物，乾隆皇帝命福康安率領八旗勁旅進入西
藏，擊退入侵的敵人，深入加德滿都，廓爾喀歸還的佛像法器，
後來大部分都入了宮。「十全武功」、「十全老人」的「全」
字，實含有特殊意義。

　　十全武功是抵抗侵略的保衛戰，不可存書生之見，開口就說
窮兵黷武，好大喜功，乾隆皇帝實有不得已用兵的苦衷。十全武
功屢次用兵，因糧於敵，國庫並未短少，十全武功的成就是多方
面的，不限於軍事方面，國家版圖更加完整，漢滿蒙回蒙五族日
益融合，使清朝成爲多民族統一的國家。

　　乾隆皇帝即位前，南明政權已經結束，三藩之亂，也已經平
定，臺灣亦納入了版圖，全國統一。這個歷史背景，提供開創盛

運的良好條件，這就不能忽視康熙、雍正皇帝的賦役改革、儲位密建法的採行。賦役改革使財政問題得到改善，國庫充足。儲位密建法的採行使皇位繼承，不再紛爭，政局穩定。康熙、雍正勵精圖治，乾隆皇帝繼承了這種勤政的傳統，使康熙、雍正、乾隆盛運維持一百三十四年之久。

乾隆皇帝在位期間，把盛運的時間拉得很長，其空間也空前的擴大，其間有延續，也有突破和創新。康熙、雍正、乾隆三朝皇帝都是盛運的開創者，所謂守成，實同開創。到乾隆年間，國運興隆達到了巔隆，他的文治武功，成就超越康熙、雍正兩朝。所謂乾隆晚年倦勤，盛運走向下坡，開始中衰的說法，並不完全正確。單就十全武功而言，平定林爽文、安南戰役，兩次廓爾喀之役，都是在乾隆五十一年以後才用兵的。探討清朝盛運的開創，乾隆皇帝的定位，也應該放在開創的舞台上，才符合歷史事實。

乾隆皇帝諡號純皇帝，純字說明用人施政，並無重大瑕疵，純字更是表明各方面的成就，都很完美。乾隆皇帝的一生追求的是完美的全，包括十全武功的全，十全老人的全，四庫全書的全，滿文全藏經的全，「全」就是乾隆皇帝一生要追求的理想。後人所看到的清朝盛運，主要是乾隆皇帝的成就，他超越了父祖，他追求的是時空的全，時空的完美，時空的極限。

七、馬上朝廷－朝鮮君臣論乾隆皇帝

康熙、雍正、乾隆三朝皇帝的政治主張和施政特點，各有千秋，也有它的延續性。朝鮮君臣關心清朝皇帝對朝鮮國態度及清朝政局的變動。朝鮮領議政趙泰耉曾奉使北京，當時臣民稱康熙皇帝爲「朝鮮皇帝」，主要是由於康熙皇帝相當「顧恤」朝鮮

㊸。雍正年間，清朝和朝鮮，關係良好。乾隆年間，朝鮮使臣到北京，多能賦詩，贏得乾隆皇帝的喝彩。乾隆四十三年（1777）九月，乾隆皇帝東巡謁陵在盛京瀋陽召見朝鮮問安使臣於崇政殿，並令朝鮮使臣賜茶時位於清朝王公之列。乾隆皇帝親書「東藩繩美」匾賜朝鮮國王。《正祖實錄》記載，乾隆皇帝問：「爾們中有能滿語者乎？」使臣令清學譯官玄啓百進前用滿洲語回答說：「昨蒙皇上的曠異之典，親筆既下於本國，賞典遍及於從人，陪臣等歸奏國王，當與一國臣民感戴皇恩矣。」乾隆皇帝點頭而含笑。又用滿洲語問玄啓百：「汝善爲滿洲語，汝之使臣，亦能爲滿語乎？」啓百對曰：「不能矣。」㊹乾隆四十五年（1780）九月十一日，朝鮮進賀兼謝恩正使朴明源等三使臣及三譯官在熱河覲見乾隆皇帝。《正祖實錄》有一段記載：「皇帝問曰：『國王平安乎？』臣謹對曰：『平安。』又問：『此中能有滿洲語者乎？』通官未達旨意，躊躇之際，清學尹甲宗對曰：『略曉。』皇帝微笑。」㊺乾隆皇帝提倡「國語騎射」，他很重視朝鮮使臣的滿洲語表達能力。在清朝禮部統統的屬邦中，其使臣及譯官既能賦詩，又會滿洲語的，只有朝鮮。

　　乾隆皇帝施政特點，主要是寬猛並濟，制度漸臻完備，近乎文治。乾隆四年（1739）七月十八日，朝鮮國王召見陳慰謝恩使臣，詢問清朝事情。副使徐宗玉回答說：「雍正有苛刻之名，而乾隆行寬大之政，以求言詔觀之，以不論寡躬闕失，大臣是非，至於罪台諫，可謂賢君矣。」㊻雍正皇帝「有苛刻之名」，後人或當時人多持相同看法。乾隆皇帝即位後，施政寬大，不失爲一賢君。乾隆三年（1738）二月十四日，朝鮮國王引見領議政李光佐等人，詢問準噶爾漠西蒙古與清朝議和一事。《英祖實錄》記載了君臣談話的內容，節錄一段如下：

光佐曰：「臣於乙未以副使赴燕，雖無料事之智，竊謂此
後中國，未必即出真主，似更出他胡，蕩盡其禮樂文物，
然後始生真人矣。蓋周之煩文已極，有秦皇焚坑之禍，然
後承之以漢初淳風。清人雖是胡種，凡事極爲文明，典章
文翰，皆如皇明時，但國俗之簡易稍異矣。奢侈之弊，至
今轉甚，如輿儓賤流，皆著貂皮。以此推之，婦女奢侈，
必有甚焉。且巫風太熾，祠廟寺觀，處處有之，道釋並
行，貴州淫祠多至於七十二座，至有楊貴妃、安祿山祠。
蒙古雄悍，過於女真，若入中原，則待我之道，必不如清
人矣。」左議政宋寅明曰：「清主立法簡易，民似無怨，
不必促亡矣。」判尹金始炯曰：「西靼所居之地，距燕京
幾萬餘里，康熙時雖或侵邊，伐之則輒退，雍正時盡發遼
左兵往征矣㊼。

　　引文中已指出清朝雖然是由邊疆民族所建立的政權，但是，
清朝沿襲明朝的典章制度，凡事極爲文明，所不同的是國俗較爲
簡易，李光佐曾於康熙五十四年（1715）以副使身分到過北京，
親眼目覩清朝的太平盛世。左議政宋寅明也指出乾隆皇帝立法簡
易，百姓無怨，國運昌隆。至於漠西厄魯特恃強越邊入侵，康
熙、雍正兩朝傾全力進討，未竟全功，乾隆年間的十全武功，就
是繼承父祖遺志，完成未竟之緒，有其一貫性。朝鮮君臣相信清
朝寬待朝鮮，蒙古對待朝鮮之道，「必不如清人。」朝鮮君臣的
感受，確實是發自內心。

　　康熙皇帝、乾隆皇帝在位期間，或南巡河工，或北巡塞外，
或東巡謁陵，每年巡幸超過三個多月，朝鮮君臣對清朝皇帝的巡
幸，頗不以爲然。乾隆八年（1743）四月初五日，《英祖實錄》
有一段記載云：

教曰：「頃聞節使之言，胡皇將其太后，自居庸關過蒙古
地，當來瀋陽云。百年之運已過，乾隆之爲人，不及康
熙，而今乃遠來關外，甚可慮也。我國昇平日久，今當此
機，宜自廟堂，先盡自強之道。江邊守令及西路帥臣，亦
宜擇送矣⑱。

乾隆皇帝的東巡，引起朝鮮的惶恐，而加強邊境的防守。但
領議政金在魯指出，「康熙時亦以拜墓，有瀋陽之行，此亦似邊
舊例，何必過慮也。」乾隆皇帝爲人，雖然不及康熙皇帝，但東
巡謁陵，都是舊例。乾隆十八年（1753）正月十一日，朝鮮國王
召見迴還使等人，據書狀官兪漢蕭稱，「皇帝不肯一日留京，出
入無常，彼中有『馬上朝廷』之謠矣。」⑲其實，清朝皇帝視朝
聽政時間的不固定，並非怠惰的現象，反而是孜孜勤政的表現。
康熙皇帝、乾隆皇帝巡行各地，啓鑾時，大學士、學士等人多
隨，仍然日理萬幾，雖然是「馬上朝廷」，並不影響政務的處
理，行政效率也充分發揮。

乾隆皇帝的施政特點，主要表現在文治方面，任用舊臣，滿
漢兼用。乾隆二年（1737）四月初九日，冬至使返回朝鮮，朝鮮
國王召見正副使，據副使金始炯稱：「北事未能詳知，而新主政
令無大疵，或以柔弱爲病，邊境姑無憂。閣老張廷玉負天下重
望，有老母，乞歸養而不許。彼人皆以爲張閣老在，天下無事
云。」⑳閣老是指內閣大學士。據朝鮮國王英祖稱：「大抵乾隆
之政令無可言者，而然而有臣矣，此亦康熙培養之遺化也。」㉑
乾隆朝的賢臣，就是康熙以來的舊臣。朝鮮書狀官宋銓亦稱，
「皇帝所倚任滿漢大臣，一、二佞幸外，皆時望所屬，故庶事不
至頹廢，國人方之漢武中歲，梁武晚年云。」㉒滿漢大臣，都是
時望所屬，所以政治不至頹廢，朝鮮君臣對乾隆朝的施政得失，

滿意度頗高。乾隆四十五年（1780）十一月二十七日，朝鮮國王
召見戶曹參判鄭元始，《正祖實錄》記載了君臣談話的內容，節
錄一段如下：

> 上曰：「近日則胡漢通媾云然否？」元始曰：「迄於乾隆
> 之初，而漢嫁於漢，胡娶於胡。漢人主清官，胡人主權
> 職，各自爲類，不相易種矣。自近年始通婚嫁，而胡漢無
> 別，胡種始滿天下。朝廷則胡多漢少，胡爲主而漢爲
> 客。」㊼

滿漢雖有主客之分，任職亦有輕重之別，但滿漢已經逐漸融
合。在書狀官宋銓聞見別單中記載了一則有關文字獄案件的內
容，節錄一段如下：

> 盧陵縣生員劉遇奇者，作《慎餘堂集》，集中有「清風明
> 月」對句及犯諱語，該省囚其孫而奏之。皇旨云：「清風
> 明月乃詞人語，指此爲悖妄，則「清明」二字將避而不用
> 乎？遇奇係順治進士，安能預知朕名？如錢謙益、呂留良
> 等，其人及子孫，並登膴仕，朕豈推求？」㊽

乾隆皇帝對士子文字觸犯政治禁忌，常從寬處理，並未泛政
治化，羅織罪名。

乾隆皇帝的雄材大略，遠不及康熙皇帝，但盛清諸帝中，乾
隆皇帝的福分卻最大，他不僅享高壽，而且身體健康。朝鮮國王
常向使臣詢問乾隆皇帝的長相及健康狀況。乾隆四十五年
（1780），乾隆皇帝年屆七十。朝鮮戶曹參判鄭元始所見乾隆皇
帝的長相是「面方體胖，小鬚髯，色渥赭。」㊾康熙皇帝六十歲
以後，已經步履稍艱。乾隆皇帝自稱，「朕春秋已屆七旬，雖自
信精力如舊，凡升降拜獻，尚可不愆于儀。但迎神進爵，儀典繁
重，若各位前俱仍親詣，轉恐過疲生憊。」㊿乾隆五十一年

（1786），乾隆皇帝七十六歲。朝鮮首譯李湛聞見別單記載，
「皇帝到三嶺行獵，見大虎，親放鳥鎗殪之。謂近臣曰：「吾老
猶親獵，欲子孫視以爲法，勞其筋骨，亦嫺弓馬云。」⑰高齡七
十六歲，仍能勞其筋骨，親放鳥鎗殪死三嶺大虎，他提倡騎射，
眞是身體力行。乾隆五十五年（1790），乾隆皇帝八十歲。朝鮮
國王召見副使趙宗鉉，詢問「皇帝筋力何如？」趙宗鉉回答說：
「無異少年，滿面和氣。」⑱嘉慶元年（1796），乾隆皇帝八十
六歲。據朝鮮進賀使李秉模稱，太上皇筋力仍然康寧⑲。嘉慶皇
帝登極後，據朝鮮使臣的觀察，「人心則皆洽然。」嘉慶三年
（1798），乾隆皇帝八十八歲。據朝鮮多至書狀官洪樂游所進聞
見別單記載，「太上皇容貌氣力不甚衰耄，而但善忘比劇，昨日
之事，今日輒忘，早間所行，晚或不省。」⑳將近九十歲的乾隆
皇帝，雖然記憶力衰退，但他的容貌氣力，仍然不甚衰老，眞是
天佑清朝。他在位六十年，宵旰忘疲，勵精圖治，從無虛日，在
朝鮮君臣心目中，乾隆皇帝確實是一位賢君。乾隆皇帝諡號純皇
帝，「純」說明其用人施政，並無重大瑕疵，其文治武功，頗有
表現，純皇帝的「純」，和十全武功的「全」，都是對乾隆皇帝
的肯定。

八、結　語

　　康熙、雍正、乾隆三朝是清朝的盛世，盛清諸帝的政治主
張，各有千秋，德治、法治、文治，各有特點，盛運的開創，盛
世的維持，不能忽視歷史背景，也不能不注意到人爲的重要因
素。康熙皇帝勵精圖治，雍正皇帝、乾隆皇帝都繼承了這種勤政
的傳統。康熙朝的制度，政治措施，雍正、乾隆二朝，都有其延
續性和一貫性，政局穩定，政策容易貫徹，終於使康熙、雍正、

乾隆的盛世維持長達一百三十四年之久。

朝鮮君臣心目中的盛清諸帝，謗譽不同。康熙皇帝被指爲「愛銀皇帝」，也被視爲「朝鮮皇帝」，有負面的否定，也有正面的肯定。雍正皇帝也有愛銀癖，但他改革賦役的成功，也受到朝鮮君臣的肯定。乾隆年間的「馬上朝廷」，是朝鮮君臣對清朝多元文化的誤解，但朝鮮君臣認爲乾隆皇帝施政寬大，立法簡易，不失爲賢君，朝隆一朝，賢臣尤多，有君有臣，對乾隆皇帝譽多於謗。朝鮮君臣分析清朝國運時，常常推斷「胡無百年之運」、「胡運將盡」、「胡運已過」云云，都是杞人憂天的神話。

朝鮮君臣對清朝政權或滿洲皇帝，仍不免存有濃厚的成見，一方面存著夷狄之見，一方面懷念明朝政權，因此，朝鮮君臣對盛清諸帝的論斷，有些地方，仍待商榷，就史料性質而言，朝鮮君臣談話的記錄，只能說是一種輔助性資料。然而朝鮮使臣到北京或瀋陽後所探訪的「虜情」，卻是了解清朝政治活動的珍貴資料，可以補充清朝官書的不足。比較清朝官私記載後，發現朝鮮使臣所述情節，大都與史實相近。將朝鮮君臣的談話內容，進行史料的鑑別考證，取其可信，棄其可疑，筆則筆，削則削，則其談話內容，仍不失爲重要的原始性資料，對盛清時期的歷史研究，可以提供一定的參考價值。

【註　釋】

① 《清史稿校註》，第一冊（臺北，國史館，1986 年 2 月），〈聖祖紀一〉，頁 147。

② 《清史稿校註》（北京，中華書局，1984 年 8 月），第一冊，頁 310。康熙十六年五月二十九日，上諭。

③ 顧慕晴著《領導者與官僚操守：清聖祖的個案研究》（臺北，瑞興圖書公司，2000 年 9 月），頁 148。

④ 《康熙政要》（臺北，華文書局），卷一，頁 12。

⑤ 《康熙起居注》，第二冊，頁 1601。康熙二十六年三月初四日，上諭。

⑥ 《清史稿校註》，第一冊，〈聖祖本紀三〉，頁 295。

⑦ 《大清聖祖仁皇帝本紀》（臺北，國立故宮博物院，清國史館），黃綾本，史官後記。

⑧ 《明清檔案》（臺北，中央研究院），第三十九冊，B22403。康熙六十一年十一月十三日，遺詔。

⑨ 《明清檔案》，第三十九冊，B22405。

⑩ 《朝鮮王朝實錄》（漢城，國史編纂委員會，1970 年 2 月），第三十七冊，《顯宗改修實錄》，卷六，頁 1。

⑪ 《朝鮮王朝實錄》，第三十七冊，《顯宗改修實錄》，卷八，頁 3。

⑫ 《朝鮮王朝實錄》，第三十七冊，《顯宗改修實錄》，卷十二，頁 48。顯宗六年二月癸未，記事。

⑬ 《顯宗改修實錄》，卷十二，頁 49。顯宗六年三月壬辰，據鄭致和啟。

⑭ 《后妃傳稿》（臺北，國立故宮博物院，民初清史館），7631 號。

⑮ 《顯宗改修實錄》，卷二十八，頁 43。顯宗十五年八月甲午，據兪場啟。

⑯ 《肅宗實錄》，卷一，頁 25。肅宗即位年十一月丙寅，據陳慰兼進香使靈愼君瀅馳啟。

⑰ 《肅宗實錄》，卷七，頁 7。肅宗四年三月丁丑，據冬至正使瀗昌君沉等啟。

⑱　《肅宗實錄》，卷七，頁 27。肅宗四年八月戊子，書狀官安如石
　　進聞見事件。

⑲　《肅宗實錄》，卷十三，頁 28。肅宗八年十一月丁卯，據平安監
　　司柳尙狀聞。

⑳　《顯宗改修實錄》，卷十六，頁 8。顯宗七年九月丁酉，據許積
　　啓。

㉑　《肅宗實錄》，卷三十六，頁 13。肅宗二十八年三月己亥，據冬
　　至副使李善溥啓。

㉒　《肅宗實錄》，卷五十三，頁 24。肅宗三十九年三月丁未，據謝
　　恩兼冬至使金昌集啓。

㉓　《肅宗實錄》，卷二十八，頁 12。肅宗二十一年三月壬午，據冬
　　至使李弘迪啓。

㉔　《肅宗實錄》，卷四十七，頁 20。肅宗三十五年三月甲午，據冬
　　至使閔鎭厚啓。

㉕　《肅宗實錄》，卷十三，頁 18。肅宗八年三月乙丑，據問安使閔
　　鼎重狀聞。

㉖　《肅宗實錄》，卷十五，頁 21。肅宗十年三月庚辰，據賀至正使
　　趙師錫啓。

㉗　《肅宗實錄》，卷五十四，頁 36。肅宗三十九年十月丙寅，據提
　　調李頤命、趙泰耉啓。

㉘　《肅宗實錄》，卷六十一，頁 270。肅宗四十四年四月辛巳，據冬
　　至副使南就明啓。

㉙　稻葉君山原著，但燾譯訂《清朝全史》（臺北，中華書局，1970
　　年 12 月），第四十六章，頁 12。

㉚　陳捷先著，《雍正寫眞》（臺北，遠流公司，2001 年），前言，
　　頁 1。

㉛　楊啓樵著，《雍正帝及其密摺制度研究》（香港，三聯書店，1985年9月），佐伯序，頁3。

㉜　稻葉君山原著，但燾譯訂《清朝全史》，第四十三章，頁56。

㉝　《景宗實錄》，卷十三，頁8。景宗三年九月丙戌，據密昌君橄啓奏。

㉞　蕭一山著，《清代通史》，第一冊（臺北，臺灣商務印書館，1962年9月），頁856。

㉟　《景宗實錄》，卷十，頁370。景宗二年十二月戊辰，據遠接使金演言。

㊱　《英祖實錄》，卷二十四，頁23。英祖五年九月己亥，記事。

㊲　《英祖實錄》，卷二十九，頁23。英祖七年四月丁巳，記事。

㊳　《景宗實錄》，卷十一，頁17。景宗三年二月己卯，據陳慰正使礪山君枋等啓。

㊴　《景宗實錄》，卷十一，頁18。

㊵　《英祖實錄》，卷二十九，頁23。英祖七年六月辛亥，據伴送使宋寅明啓。

㊶　《清世宗實錄》，卷一五九，頁21。雍正十三年八月己丑，遺詔。

㊷　《英祖實錄》，卷四十，頁1。英祖十一年正月甲戌，據陳奏副使朴文秀言。

㊸　《景宗實錄》，卷一〇，頁29。景宗二年十一月辛亥，據領議政趙泰耆言。

㊹　《正祖實錄》，卷六，頁46。正祖二年九月丁酉，記事。

㊺　《正祖實錄》，卷一〇，頁24。正祖四年九月壬辰，記事。

㊻　《英祖實錄》，卷四十九，頁31。英祖十五年七月壬戌，據陳慰謝恩副使徐宗玉言。

㊼　《英祖實錄》，卷四十七，頁5。英祖十四年二月丙申，記事。

㊽　《英祖實錄》，卷五十七，頁 37。英祖十九年四月戊子，記事。

㊾　《英祖實錄》，卷七十九，頁 3。英祖二十九年正月丁卯，據書狀官兪漢蕭言。

㊿　《英祖實錄》，卷四十三，頁 26。英祖十三年四月丁卯，據多至副使金始炯言。

51　《英祖實錄》，卷一〇七，頁 8。英祖四十二年四月癸丑，記事。

52　《正祖實錄》，卷二一，頁 32。正祖十年三月辛未，據書狀官宋銓言。

53　《正祖實錄》，卷一〇，頁 50。正祖四年十一月辛丑，記事。

54　《正祖實錄》，卷二一，頁 32。正祖十年三月辛未，書狀官宋銓聞見別單。

55　《正祖實錄》，卷一〇，頁 50。正祖四年十一月辛丑，據戶曹參判鄭元始言。

56　《正祖實錄》，卷九，頁 32。正祖四年四月乙卯，多至兼謝恩正使黃仁點等所進別單。

57　《正祖實錄》，卷二一，頁 33。正祖十年三月辛未，首譯李湛聞見別單。

58　《正祖實錄》，卷二十九，頁 57。正祖十四年三月丙午，記事。

59　《正祖實錄》，卷四四，頁 270。正祖二十年三月戊午，據進賀使李秉模言。

60　《正祖實錄》，卷四八，頁 30。正祖二十二年三月丙戌，多至書狀官洪樂游進聞見別單。

新年大喜－清朝皇帝過新年

天佑大清─清朝皇帝的歷史地位

清朝入關前的歷史，稱爲清朝前史。明神宗萬曆四十四年（1616），清太祖努爾哈齊於赫圖阿拉建立金國，年號天命。天命十年（1625），遷都盛京瀋陽。天命十一年（1626），努爾哈齊崩殂，皇太極繼承汗位，改「明年」爲天聰元年（1627），皇太極就是清太宗。在努爾哈齊、皇太極的努力經營下，金國由小變大，由弱轉強。天聰十年（1636），金國號改爲大清，改元崇德。崇德八年（1643），皇太極崩殂，福臨繼位，改「明年」爲順治元年（1644）。順治元年，清朝勢力由盛京進入關內，定都北京，確立統治政權，直到宣統三年（1911）辛亥革命，政權終結，稱爲清代史。

滿洲原來是地名，在明朝所設的建州三衛境內，朝鮮史籍中的「蔓遮」，便是滿洲（manju）的同音異譯。居住在滿洲的民族共同體便稱爲滿洲族，簡稱滿族，以女眞族爲主體民族，此外還有蒙古族、漢族、朝鮮族等。滿族政權的建立，一方面接受儒家傳統的政治理念，一方面又具有滿族特有的統治方式。在滿族長期的統治下，文治武功之盛，不僅遠邁漢唐，同時在我國傳統社會、政治、經濟、文化的發展過程中也處於承先啓後的發展階段。

辛亥革命，清朝政權被推翻後，政治上的禁忌，雖然已經解除，但是反滿的情緒，仍然十分高昂，清朝政府的功過，人言嘖

嘖。孟森著《清代史》已指出，「清一代武功文治，幅員人材，皆有可觀。」又說，「革命時之鼓煽種族，以作敵愾之氣，乃軍旅之事，非學問之事也。故史學上之清史，自當占中國累朝史中較盛之一朝，不應故爲貶抑，自失學者態度。」有清一代的成敗得失，足爲後世殷鑒，筆則筆，削則削，不可從闕。蕭一山於《清代通史》導言中分析清朝享國長久的原因時，歸納爲二方面：一方面是君主多賢明；一方面是政策獲成功。

　　我國歷代以來，就是一個多民族的國家，多民族反映的就是文化的多元性，各民族的文化，有它的民族性、地域性和相互影響性。文化是一系列的規範，文化也是學得的，我國各民族在歷史上曾經不斷吸收，融合了各民族文化的優點。所謂的「漢文化」，其實是在許多民族的文化激盪下揉合而成的泛漢民族文化。滿族過年習俗，可以反映滿族文化的特色，也可以說明滿族文化的變遷與適應。探討滿族文化的發展，不能忽略滿族對外部文化因素的選擇與改造。在滿漢文化的雙向同化過程中，滿族吸收了泛漢文化的許多因素，但它是經過選擇和改造而成爲適合滿族需要的規範或準則，同時還保存著濃厚的滿族傳統文化色彩。從清朝皇帝的過年活動，有助於了解滿族文化的特色，以及多民族文化多元一體的性質。

送舊迎新－清朝皇帝過除夕

　　傳統中國的過年習俗，充分表現了一種富足安樂的景象，送舊迎新，瀰漫著吉祥大喜的氣氛。陰曆十二月，俗稱除月。因爲古代臘祭百神是在十二月舉行，所以十二月又叫做臘月。相傳臘月二十三日，各家的灶神都離開人間，到天庭上向玉皇大帝報告一年來的種種情形。十二月的最後一天，俗稱除日，除日晚上，

俗稱除夕。到了除夕，灶神才返回人間，所以十二月二十三日，這天要祭灶神。滿族宮中也有祭灶的禮俗，在玻璃盤碟上盛滿了灶糖和糖瓜，供在灶神前面。在除日前好幾天，宮中已經開始忙碌。首先要擇定吉日，清理雜物，擦拭佛像，更換帳幔。製作新衣，是妃嬪們的重要工作，新年供神的糕餅，則由宮眷們親手蒸熟，糕餅漲得越高，表示來年的運氣越好。

康熙皇帝是儒家政治理念的躬行實踐者，他是名副其實的儒家皇帝。他在位期間（1662～1722），勵精圖治，開創了清朝的盛運，使社會繁榮，其雍熙景象，使後是流連不已。清代國定假日是從年底封印開始，在封印期間，中央各部院一律公休，直到第二年元宵節過後才開始辦公。康熙年間的封印日期，或在十二月二十日，或在十二月二十一日。其開印日期，或在正月十七日，或在正月十八日，年假平均有二十七天。在公休期間，皇帝仍然相當忙碌。清朝皇帝視朝處理政事，叫做御門聽政。其地點，或在乾清門，或在懋勤殿，或在暢春園澹寧居，或在瀛台勤政殿。據《起居注冊》記載，康熙二十八年（1689）十二月三十日，「辰時，上御乾清門聽政，大學士伊桑阿、阿蘭泰、王熙、梁清標、徐元文，學士彭孫遹、郭世隆、西安、博濟、王國昌以折本請旨畢，大學士伊桑阿、阿蘭泰、王熙、梁清標、徐元文等奏曰：四海九州幅員甚大，況本朝土宇尤極廣遠，為從來所未有，若必在在豐稔，水旱不侵，實有不能。今皇上因直隸一隅，睿念焦勞，未嘗少釋。雖當歲節，日親政事，無異平時，臣等皆悚懼不寧。至昨御史李時謙兩疏，殊無緊要，臣等以明日元旦，其疏今晚姑停送進。上曰：仍照常送進。」辰時相當於上午七時至九時。康熙皇帝於除日照常御門聽理政事，元旦是「天地人協吉」之辰，康熙皇帝照常批覽御史李時謙的奏章。引文中「雖當

歲節，日親政事，無異平時」等句，可以說明康熙皇帝孜孜勤政
的精神。

　　除日午時，因爲歲除，皇帝在保和殿賜朝正外藩蒙古諸部王
公及內大臣、侍衛、滿漢大學士、上三旗都統、尚書、副都統、
侍郎、學士宴。《起居注册》記載康熙二十二年（1683）十二年
二十九日歲除賜宴的活動，「上進酒，作樂。召外藩王、貝勒、
貝子、公等及顧魯木錫台吉至御座前，上親賜酒。又召內大臣、
大學士、都統、尚書及外藩台吉至御前，賜酒。又命副都統、侍
郎、學士、侍衛等至殿前堦下，賜酒。宴罷，群臣謝恩，上回
宮。」除日賜宴，是一種辭歲活動，從清初至清末，不曾間斷。

　　除日晚上是除夕，清朝皇帝和后妃要在乾清宮擺設家宴。據
《膳底檔》記載，乾隆二年（1737），乾清宮的除夕家宴，在乾
隆皇帝寶座前設金龍大宴桌，擺上群膳、冷膳、熱膳四十品，有
各種糕點、果品、小菜和青醬，乾隆皇帝使用金匙、象牙筷。皇
帝左側是皇后頭桌宴一桌，擺上群膳三十二品及各種點心；嫻妃
二桌宴一桌，嘉嬪、陳貴人三桌宴一桌。皇帝右側貴妃頭桌宴一
桌，純妃二桌宴一桌，海貴人、裕常在三桌宴一桌。后妃中富察
氏是察哈爾總管李榮保之女，於乾隆二年（1737）册封爲皇后。
嫻妃烏拉納喇氏爲佐嶺那爾布之女，於乾隆二年（1737）册封爲
嫻妃。嘉嬪金佳氏，後封嘉貴妃。陳貴人累進婉貴妃，嘉慶間，
尊爲婉貴太妃，在壽康宮居首位，享年九十二歲，這幾位后妃都
是乾隆初年受寵的婦女。晚宴開始的時間是在酉時，相當於下午
六點鐘左右。晚宴先擺上熱膳，進湯飯，然後進奶茶，最後是酒
膳、果茶。

　　咸豐十一年（1851）十二月三十日，即位不久的同治皇帝載
淳，他的除夕家宴菜單是：大碗菜四品：燕窩「萬」字金銀鴨

子、燕窩「年」字三鮮肥雞、燕窩「如」字鍋燒鴨子、燕窩「意」字什雞絲。懷碗菜四品：燕窩溜鴨條、攢絲鴿蛋、攢絲翅子、溜鴨腰。碟菜四品：燕窩炒爐鴨絲、炒鴨雞爪、小炒鯉魚、肉絲炒雞蛋。片盤二品：掛爐鴨子、掛爐豬。餑餑二品：白糖油糕、如意卷、燕窩八仙湯。《翁同龢日記》記載，宮中舊例，除夕煮餑餑，中置金如意等，以取吉利，同治四年（1865）十二月除夕，同治皇帝誤食金錢，三日始下。

光緒年間（1875～1908），宮中除日，因爲有慈禧太后而更增加過年的氣氛。據《翁同龢日記》的記載，除日辭歲，皇帝賞御書、大小荷包、賜蒙古王公宴，賜宴的地點多在保和殿，御賞的荷包要繫在衣扣上，大臣叩謝時，皇帝傳「伊哩」（ili）即「起來吧！」，大臣要回答「是」（je）。皇太后也賞王公大臣福壽字，還有春條。譬如光緒二十二年（1896）十二月除日午正皇太后陞養性殿，王公大臣跪叩辭歲。她所賞賜的春條寫著「鴻禧日永」四字。光緒二十三年（1897）十二月除日，皇太后所賞春條寫著「吉曜常臨」四字，都是吉祥字。慈禧太后喜歡用黃、紅、綠各色紙書寫新年吉祥字，寫累了，就請人代筆。

宮中過年，慈禧太后比光緒皇帝更忙。大年三十的黎明，慈禧太后分別到各處向神佛祖宗上香行禮，下午二點鐘，固倫公主、貝勒福晉及妃嬪宮女們齊集殿下排班站立，由皇后率領向慈禧太后叩頭，行辭歲禮，慈禧太后分別賞給荷包，內盛小銀錁一錠，用來押祟。除夕，光緒皇帝照例侍晚膳，還要陪慈禧太后聽戲看煙火。宮中到了夜間，諸樂並作，宮眷們有的擲骰子取樂，有的做餃子，以備元旦食用，有的剝蓮子作爲慈禧太后元旦的早膳。

天地協吉－皇帝元旦跨年

　　除夕是前一年的最後一夜，元旦是新一年的最初一天，除舊佈新，送走了舊年，跨入新的一年，俗稱過年。元旦這一天，清朝皇帝忙著到各處拈香行禮。首先要行禮的地方是堂子，謁堂子祭祀是滿族皇帝於元旦最有特色的祭祀活動。傳說清太祖努爾哈齊在建國以前，有一次微服到遼東觀察形勢時，被明朝的巡邏兵擒獲，明朝將領鄧子龍暗地把他放走。努爾哈齊感念相救之恩，特建堂子祭祀鄧子龍。其實，堂子的祭祀是滿族對天、神、祖先特有的祭祀，其初，沿自女眞人的祭祀習俗，並無固定處所，專祀鄧子龍之說，於史無徵，天命年間，開始在盛京撫近門外建堂子。

　　據《滿文原檔》的記載，清太宗天聰元年（1627）正月元旦五更，衆貝勒文武大臣先在盛京大殿會齊，按照滿洲正黃旗、鑲黃旗、正白旗、鑲白旗、正紅旗、鑲紅旗、正藍旗、鑲藍旗的次序排列。黎明時分，皇太極率各旗貝勒大臣詣堂子，三跪九叩，拜天行禮。順治元年（1644），滿洲入關後，在北京長安門外玉河橋東邊建造堂子，外有圍墻，墻內正中是祭神殿，南向；對面的圜殿，北向。圜殿之南正中，設有爲皇帝祭祀所立神杆的石座。北京堂子的祭祀，除天外，還有釋迦牟尼佛、觀音菩薩、關帝聖君及土穀社稷諸神。各種神像平時供在坤寧宮，每年臘月二十六日，由坤寧宮請出神位，安奉於堂子。順治十三年（1656），又在景運門東邊仿照太廟建造一座奉先殿，堂子和奉先殿同時並重。堂子祭神殿內供奉的餻餌九盤，酒三琖，另外還有楮帛等供品。堂子祭祀儀式，薩滿（saman）扮演著重要的角色。

　　謁堂子祭祀是滿族內部的特殊祭祀活動。康熙十二年（1673），規定只許皇室祭堂子，其餘官員庶民致祭堂子永行停止。康熙四十五年（1706）正月初一日，《起居注冊》記載，「寅時，上以元旦禮，率諸王、貝勒、貝子、公、內大臣、侍衛、大學士、都統、尚書、精奇尼哈番等詣堂子行禮。」寅時相當於清晨三點至五點。

　　皇帝到堂子行禮外，元旦這天，還有許多的慶祝活動。天聰元年（1627）正月初一日，《滿文原檔》記載皇太極陞殿，接受賀年，諸貝勒大臣行九叩頭禮，以賀新年添歲。按照女眞習俗，元旦原當表演各種戲劇、舞蹈，設大酒宴，但因清太祖努爾哈齊喪期，所以元旦停止娛樂歌舞表演，也不設酒宴。

　　元旦這一天的早晨，文武大臣像皇帝慶賀新禧後，就可以回家過年，自由活動，進行娛樂，打牌、擲骰子，都是大家取樂的一種方式。蕭一山著《清代通史》記載狀元王雲錦，元旦早朝後，與親友玩葉子戲，忽失一葉，遂罷而飲。次日入朝，雍正皇帝問他昨日元旦所做何事？王雲錦據實面奏，雍正皇帝笑著說：「不欺暗室，眞狀元也。」順手將袖中的葉子還給王雲錦，正是他元旦夜晚遺失的那張牌。過年打牌，度過歡樂的佳節，雍正皇帝不會生氣，而是稱讚他不欺暗室，說明雍正皇帝期盼君臣一體，不可欺隱皇帝。

　　乾隆二十一年（1756）正月初一日，《起居注冊》記載乾隆皇帝元旦的活動，「寅刻，上以元旦令節詣奉先殿、堂子行禮畢，回宮。卯刻，率諸王、貝勒、貝子、公、內大臣、侍衛、公、侯、伯、子男、大學士、尚書、都統、侍郎、副都統等詣皇太后宮行慶賀禮，百官俱於午門外隨行禮畢，上御中和殿陞座，內大臣、侍衛暨內閣、翰林院、詹事府、禮部、樂部、都察院等

衙門官員行慶賀禮畢，御太和殿陞座，諸王、貝勒、貝子、文武
大臣官員及來朝外藩蒙古王、公、貝勒、貝子、公、台吉等，朝
鮮諸國陪臣俱進表，行慶賀禮畢，詣大高殿、壽皇殿行禮。未
刻，御乾清宮賜王公等宴。是日，詣壽康宮請皇太后安。」乾隆
皇帝於寅刻即上午三點至五點詣奉先殿、堂子行禮。卯刻即上午
五點詣皇太后宮行慶賀禮，元旦這天，即使是皇太后也要很早起
床。皇帝在太和殿接受群臣朝賀後，還要在乾清宮舉行內朝禮，
等候在乾清宮東西暖閣的是皇后、貴妃、嬪等，由皇后率領行跪
拜禮，后妃各回本宮後，按著是皇子、皇孫等行三跪九叩禮。未
刻即下午一點至三點，皇帝要在乾清宮賜王公宴，對照《內起居
注冊》記載，賜王公宴是指近親王、皇子、皇孫、曾元孫等內朝
成員的酒宴。

　　元旦除賀年筵席外，還有賞賜。據《翁同龢日記》記載，光
緒九年（1883）正月元旦卯正二刻，翁同龢等人奉召入乾清宮西
暖閣，慈禧太后與光緒皇帝同坐御榻，皇太后在右，皇帝在左，
儼如宋宣宗、仁宗故事，是清初以來所未有。諸臣叩賀天喜，都
一跪三叩首。太監傳旨皇太后、皇帝賞賜八寶荷包，收到荷包後
都懸掛於胸前，元旦所賞荷包也有押祟的作用。據翁同龢統計，
在元旦一天之內，因行禮跪了四十九次，叩頭一百五十次，眞是
禮多人不怪了。

　　元旦，皇帝召見時，大臣所穿朝服，也有規定。譬如光緒二
十一年（1895）正月初一日元旦卯初即上午五點，皇帝於養心殿
西暖閣召見恭親王奕訢、翁同龢等人，翁同龢穿戴的服飾是蟒袍
補褂，紅珠染貂帽，諸臣叩賀新年大喜，恭親王用滿語賀喜。諸
臣依次至御榻前跪下，皇帝手受八寶荷包，內臣在西首捧御書
「福」字一方，荷包繫於褂上。辰初即上午七點詣長信門，皇帝

率王公百官於慈寧宮向太后行慶賀禮。辰正二刻，皇帝御太和殿陞座受文武百官慶賀。

　　光緒二十三年（1897）正月元旦在乾清宮向皇帝賀新禧後，翁同龢等人至懋勤殿跪進春帖子，俗稱跪春。所謂春帖子，又稱春端帖子，簡稱春端帖或春帖。進春帖的習俗，起源於宋朝。宋朝制度規定，翰林書春詞，以立春日剪貼於宮中門帳，稱為春端帖子。文字以工麗為尚，文體接近宮詞，以宮廷生活為題材，多用絕句，大都粉飾太平，或寓規諫之意。光緒二十三年（1897）正月初二日立春。立春，滿文讀如"niyengniyeri dosimbi"，意即「進入春季」。正月初二日立春，所以翁同龢等人在元旦要跪春，跪進春帖子，雖然後世流於粉飾太平的形式，但因詞臣們以宮廷生活為題材，親書絕句，可以說是宮中的新年文化活動，也可以反映宮中年俗的特色。

　　許多人都喜歡過年，最盼望新年早日到來的，莫過於梨園戲界，戲班戲館一年的收入，主要是靠春節。元旦這一天，大家忙著到各處行禮賀年，聽戲的人較少，但是，按照規矩，大年初一，非演戲不可，否則就是關在家裡，大不吉利了。北京日戲開鑼平常總是在下午一點，元旦佳節，從上午十一點就開鑼了，下午四點收場。宮中也是沒有夜戲，因為午刻是皇帝賜宴的時間，所以開鑼較遲。按照宮中規矩，皇帝賜宴時，昇平署就開始上演承應戲，包括節令戲、宴戲、燈戲等等。北京戲班的興盛，是從乾隆年間開始的，譬如大徐班、大洪班、春臺班、宜慶班、萃慶班、集慶班等等，多為揚州鹽商所貢獻。從嘉慶、道光以後，三慶、四喜、和春、春臺就是最著名的四大戲班，此外，尚有霓翠、啟秀二班，專供小戲，其博不及四班，而精緻華彩，卻勝過四班。據《起居注冊》的記載，光緒皇帝在元旦午刻到乾清宮賜

近支宗藩筵席，下午一點以後始奉慈禧太后看戲，同進晚膳。他們看戲的地方，不限於一處，漱芳齋、閱是樓、頤年殿、頤樂殿，都是常去的地方。新年期間，民間上演的是「八百八年」、「六國封相」等吉祥戲，宮中上演的也都是吉祥戲，而且情趣更濃。慈禧太后所選的戲目，多半是神仙故事，例如《西遊記》或《蟠桃會》等。宮中戲本，其唱詞道白，適時應景，古雅多趣。皇帝陪著皇太后看戲，不僅是家庭倫理，也是一種政治倫理，只要博取慈禧太后的歡心，宮中的新年自然洋溢著祥和的氣息，吉祥如意。元旦早晨，皇帝向皇太后呈遞如意，以祝賀皇太后事事如意。元旦佳節，滿漢大臣互贈如意，更增加新年吉祥如意的氣氛。

佳餚美饌－清朝皇帝的新年膳單

清朝皇帝吃飯用餐有一套術語，飯叫做「膳」，吃飯叫做「進膳」，開飯叫做「傳膳」，皇帝的廚房叫做「御茶膳房」，簡稱「膳房」。膳房初設於中和殿東圍房內，乾隆十三年（1748）以後，改設在箭亭東外庫之中。膳房內部分設內膳房、外膳房、茶房、肉房、乾肉庫等部門。進膳有膳單，每日膳單。每天卯正二刻進早膳，午正二刻進晚膳，申酉以後，如需飲食，則由內宮預備。膳房進膳辦膳等事宜，由頭、二、三等侍衛及拜唐阿（baitangga）等掌管。皇帝吃飯時，只要吩咐一聲「傳膳」，跟前的太監便照樣向守任養心殿的殿上太監說一聲「傳膳」，再由養心門外西長街的太監們一個接一個地一直傳入膳房，不等迴聲消失，幾十名太監便浩浩蕩蕩地捧著裝在繪有金龍的朱漆飯盒一路出來。

膳食本來是人們平日生活中的常事，但因清朝宮中后妃嬪貴

人、阿哥、侍衛、內務府各級職官、太監、宮女等人數眾多，所以宮中膳食和筵宴，成為宮中一筆極大的開支。《養吉齋叢錄》記載宮中一年膳食的費用，「歲支四萬金，節省若干，仍繳還，實銷三萬數千兩。」宮中的膳食費確實可觀。據說康熙皇帝深慨八旗子弟的揮霍無度，在某一年的除夕親筆寫了一副對聯：「一粥一飯當思得來不易；半絲半縷必念製作維艱。」康熙皇帝還把這副對聯分送給滿族子弟。四阿哥胤禛最能稟承皇阿瑪（han ama）的訓勉，體念國家物力維艱，珍惜五穀，每日飲食，雖飯粒餅屑，也不忍遺棄，這位四阿哥就是日後的雍正皇帝。

　　乾隆年間，富有四海，宮中吃飯穿衣，成為耗費最大的排場，新年進膳的宴桌，桌單、碗碟多印有三陽開泰的圖文，所用桌椅，多用紫檀木製作。元旦下午四點左右，是皇帝和妃嬪們進酒膳的時間，這是元旦一天中皇帝結束各種活動後輕鬆的時刻。據《膳底檔》記載，妃嬪宴每桌的酒膳，需用豬肉三斤，肥鴨一隻，肥雞半隻，野雞二隻，肘子一個，鹿尾二條，蝦米海蜇皮各二兩。另據乾隆四十三年（1778）正月元旦妃嬪聚宴的菜單記載，每桌佳餚包括：晾排骨晾肉一品，折鴨子一品，雞翅乾攪肉丸子一品，五香雞豬肚一品，羅漢麵筋一品，餑餑二品，豬肉餡旗餅一品，清油卷一品，果子八品。乾隆皇帝對這些佳餚，並無特殊興趣，他最喜愛的還是蘇州菜。乾隆四十八年（1783）正月元旦晚膳，膳房除了照常菜單外，又另傳張東官加做燕窩五香鴨子熱鍋一品，燕窩肥雞雛雞熱鍋一品。有時還加做燕窩芙蓉鴨子、麻酥雞、糟肉、糟筆乾鍋燒鴨子、糖醋鍋渣各一品。此外也加做豬肉餡煎餛飩、黏團及糖醋櫻桃肉。從前隆五十年（1785）正月元旦晚膳開始，蘇州宴就成了宮中的著名御膳。乾隆皇帝在元旦這天，也在弘德店進素餡餑餑，就是餃子，裡面包有大樣錢

兩個，若是下筷得到包有大樣錢的餑餑，就表示吉利。

清朝末年，宮中元旦晚膳的排場，依舊不減清初盛世。光緒皇帝在元旦下午也要奉慈禧太后幸漱芳齋等地進晚膳。根據一張慈禧太后元旦菜單的紀錄，其佳餚包括：火鍋二品；羊肉燉豆腐、爐鴨燉白菜。大盌菜四品：燕窩福子紅白鴨子，燕窩年字什錦攢絲。中盌菜四品：燕窩肥雞絲，溜鮮蝦，燴鴨腰，三鮮鴿蛋。碟菜六品：燕窩炒燻雞絲，肉絲炒翅子，口蘑炒雞片，溜野雞丸子，果子醬，碎溜雞。片盤二品：掛爐鴨子，掛爐豬。餑餑二品：白糖油糕壽意，苜蓿糕壽意。銀碟小菜四品：燕窩鴨條湯，雞絲麵，老米膳，果子粥。此外，慈禧太后也仿效乾隆皇帝，特別喜愛蘇州廚役做的糖醋櫻桃肉。宮中元旦晚膳，佳餚美饌，令人垂涎。

宮中后妃嬪貴人居住於乾清宮和坤寧宮兩側的東六宮和西六宮。東六宮包括鍾粹宮、承乾宮、景仁宮、永和宮、延禧宮；西六宮包括太極殿、長春宮、咸福宮、永壽宮、翊坤宮、儲秀宮。新年期間，皇帝幸宮過夜，也有規矩。宮中傳統，除夕夜、元旦夜、初二夜這三天，陪伴皇帝就寢行房，是皇后的特權，過了這三天，就才可以召幸其他的妃嬪。

大年初二－坤寧宮吃肉的習俗

在北京，新年期間，正是嚴寒季節。但在東西六宮裡，每天呆在溫暖如春的室內，走在火坑的地上，也並不感覺冷。大年初二下午，皇帝要在乾清宮賜宴。例如康熙六十一年（1722）正月初二日，康熙皇帝召八旗滿洲、蒙古、漢軍的文武大臣官員及致仕人員年六十以上者於乾清宮賜宴，並分賜食品，以示對老叟的尊重，以及對國家昌盛的裝飾。初二日這天，乾隆皇帝照例先到

壽康宮向皇太后請安，然後，奉皇太后到金昭玉粹侍早膳。下午一點中左右到乾清宮賜滿漢大學士、尚書等酒宴。嘉慶元年（1796），正月初一日元旦，舉行傳為大典，乾隆皇帝成了太上皇。嘉慶四年（1799），太上皇八十九歲。內務府檔中的膳單記載，這一年正月初二日太上皇早膳菜單包括：正月初二日辰初二刻，養心殿進早膳，用塡漆花膳桌，擺設燕窩紅白鴨子八仙熱鍋一品；山藥大爛爛鴨子熱鍋一品；炒雞肉片燉豆腐熱鍋一品；洋肉片一品；五福琺瑯碗；清蒸關東鴨子鹿尾攢盤一品；熰豬肉攢盤一品；竹節卷小饅首一品；孫泥額芬白糕一品；此五品琺瑯盤；青白玉無蓋葵花盒小菜一品；琺瑯小菜四品：鹹肉一碟；隨送鴨雞粥進一品；鴨子粥未用克食四桌；餑餑十五品一桌；奶子七品共一桌；盤肉七盤一桌；洋肉二方一桌。在以上所列菜單中，「孫泥額芬」滿文讀如"sun i efen"，意思是「奶子餑餑」。「克食」（kesi），原意是恩典，泛指皇帝賞賜的點心，又作「克什」。

　　從乾隆年間開始，每年正月初二日，皇帝在重華宮舉行茶宴，品嚐盃茗，食用水果，被邀請的是十八位內直詞臣，以寓登瀛學士之意，茶宴中的活動，主要是作詩，詩成，先後進呈御覽，分別賞賜小荷包，詞臣謝恩後就懸掛在衣襟上。道光六年（1826）大年初二日重華宮茶宴，有《詠盆梅》八韻。道光八年（1828）正月初二日，重華宮茶宴，有《對雪》七律一首。咸豐以後，停止茶宴。

　　北京紫禁城內的坤寧宮，位於乾清宮後面，是按照瀋陽盛京清寧宮的格局改建的。盛京清寧宮在崇德五宮中居中面南，是五間硬山前後郎式建築，東間稱暖閣，是皇太極與皇后哲哲的寢宮，西四面是寬敞的堂屋，在清寧宮西牆正中、北牆西，設置神

龕各一處，新年舉行使喚豬祭，除貢獻糕酒外，還要殺豬。北京坤寧宮東頭兩間暖閣留做皇帝大婚時臨時居注的洞房，中間四間是祭祀場所，東北角一間裡面有煮豬肉的大鍋兩口，西頭一間是存放佛亭、神像、祭祀用品的專室，門前有祭天神杆。坤寧宮祭神也是清朝內用的祭祀，每年十二月二十六日，坤寧宮的神祇移往堂子祭祀，新年正月初二日要將神祇迎回坤寧宮。大年初二清晨寅時四點左右，由薩滿太太舞神刀，頌唱神歌，然後由司俎太監進生豬兩隻，在神前殺豬剝皮肢解，在宮內東北角大鍋內煮熟供獻後與祭人員受胙吃肉，這種習俗，一直保持到清末。

據《翁同龢日記》記載，光緒九年（1883）正月初二日，「卯正二刻，坤寧宮吃肉，凡三十人，蒙古年班來，則諸大臣不與，惟御前及軍機在坐，今年則蒙古王公不來，故外廷一品咸集。退後在直房飯，得嘗膳房賜肉，此賜內務府大臣者，今各以送直房，飽啖而出。」坤寧宮吃肉的時間是在卯正二刻。光緒十年（1884）正月初二日卯正二刻，在坤寧宮吃肉，蒙古王公在座，沒有外廷大臣。光緒二十四年（1898）正月初二日，《翁同龢日記》記載，「初二日，暖暖無風，早入先喫肉，後見起喫肉補褂，見起貂褂，卯正喫肉，凡四十三人，首戈什愛班，次近支，次御前，次軍機，次蒙古王公，余在第四列之第五，二刻畢。更衣入見，一刻退。」句中「戈什愛班」，滿文讀如"gab-sihiyan amban"，意即前鋒大臣。大年初二吃肉，保持了滿族文化的濃厚特色。

提倡騎射－娛樂競賽活動

滑雪和冰上運動，是滿族皇室喜愛的體育競賽活動。清太祖努爾哈齊在冬季征討北女真諸部時，曾令八旗官兵在腳底綁上有

帶齒的木屐滑雪而行，以加快行軍速度，天命十年（1625）正月初二日，努爾哈齊帶領滿蒙漢諸王貝勒官員及其妻妾在渾河支流太子河上進行冰上踢行頭即蹴鞠的遊戲，類似今天的足球賽，起源於古代軍中習武的競賽。先由諸王貝勒率領親隨士兵在冰上蹴鞠，習稱踢行頭，參加者既要在冰上快速奔跑搶球，又要以一腳立在冰上，一腳用力踢球，難度很高。男子踢行頭進行兩場後，又有婦女的跑冰競賽。努爾哈齊和福晉們在河冰中央觀賞冰上賽跑。這種競賽，分組進行；第一組由漢官的妻妾組成；第二組由蒙古小台吉的福晉們組成；第三組由滿蒙婦女組成，優勝的可以得到獎金。競賽結束後，努爾哈齊在冰上舉行盛大的宴會，以款待參加冰上競賽的男女。崇德七年（1642）正月初八日、正月十五日元宵節，皇太極在盛京城南渾河冰上連續舉行了兩次冰上踢行頭、賽跑競賽，都是具有軍事訓練性質的體育活動。

摔跤，又稱角牴，滿語稱為「布庫」，是滿語“buku”的漢譯，意思是摔跤手，摔跤是軍事博鬥訓練中不可缺少的活動。崇德五年（1640）正月初二日，皇太極在盛京皇宮御篤恭殿，召內外諸王、貝勒、貝子、文武群臣，賜大宴，並舉行大力士布庫的角牴表演賽。

乾隆年間，每逢冬至以後，宮中要在西苑太液池冰上舉行兵嬉節目，就是一種滑冰活動。北京故宮博物院典藏兩幅《冰嬉圖卷》，一幅是金昆、程志道、福隆安合筆《冰嬉圖》一卷，絹本，縱一尺一寸，橫一丈八尺一寸，設色畫瀛臺冰嬉景，有御製冰嬉賦，原藏乾清宮；另一幅是姚文翰、張為邦合筆《冰嬉圖》一卷，縱一尺一寸，橫一丈七尺四守五分，設色畫瀛臺冰嬉景，原藏乾清宮，有御製冰嬉賦。冰嬉原本就是屬於軍事演習性質的溜冰，是滿族在關外時期的一種大眾性體育活動。滿族入關後，

冰嬉逐漸演變成爲專供王公貴族娛樂的競技活動。乾隆年間，冰嬉活動最爲盛行，一方面保存了軍事集體競技的性質，一方面也形成滿族宮中王公的娛樂活動。乾隆皇帝曾作冰嬉詩及冰嬉賦。《御製冰嬉賦》指出「國俗有冰嬉者，護膝以芾，牢鞵以偉，或底含雙齒，使齒凌而人不踣焉，或薦帖如刀，使踐冰而步逾疾焉。」冰嬉確實是滿族國俗。《國朝宮史》記載，「太液秋風，即燕山八景之一。盛夏，芰荷如錦；冬月，水澤腹堅，則陳冰嬉於此，尋國俗，修武事，而習勞行賞之意寓焉！」滿族國俗，就是滿族的傳統習俗，冰嬉活動的主要意義，就是爲了習勞行賞，也是提倡旗射國俗的娛樂。

從《冰嬉圖》可以看到冰嬉的景象，參加冰嬉競賽的選手，是從八旗中選出，共約一千兩百人。選手穿著短襖，戴護膝，穿上鞋刀，跑起來非常迅速。冰嬉的跑道是兩個捲雲形的大圈，每隔一個人的背上插著一面小旗，不插旗的則背負弓箭。節目內容包括速度滑冰、花樣滑冰、轉龍射球和滑射。滑冰的姿勢各有不同，有的單腿，有的倒滑，有的在滑中射箭。滑冰選手，盤旋於冰上，蜿蜒如龍狀。在將近御座處設一旌門，上懸一球，稱爲天球，轉龍隊伍滑到旌門時，即射天球，命中得分多者獲勝。新年期間，舉行冰嬉競賽，也是提倡騎射的具體表現。

中外一家－清朝和西洋人的過年活動

康熙二十七年（1688）正月初六日，法國耶誕會士白晉（1656～1730）、張誠（1654～1707）、洪若、劉應、李明等五人到北京，他們精通天文、曆法、地輿。康熙二十九年（1690）十二月二十五日，康熙皇帝召見耶穌會士張誠、白晉、徐日昇、安多等人，請他們從十二月二十六日起每天輪班到養心殿，使用

滿語講授西學。雖然是在過年期間，但康熙皇帝仍然孜孜勤學，真是所謂「幾暇格物」。

羅馬教廷發佈禁約後，曾派特使嘉樂來華。康熙五十九年（1720）十一月二十五日至十二月二十四日，康熙皇帝接見嘉樂八次。康熙六十年（1721）正月間，召嘉樂入朝參加新年的筵宴和元宵節觀賞煙火歌舞等活動，賞賜物品，康熙皇帝還委託嘉樂帶禮物給葡萄牙國王。

雍正四年（1726）正月十一日，雍正皇帝傳西洋人巴多明、費隱等人驗看步行日晷表、西洋顯微鏡解說等事宜。雍正五年（1727）正月初五日，雍正皇帝賞賜耶穌會士物品，西洋人包括戴進賢、白晉、巴多明、雷孝思、費隱、馮秉正、德理格、嚴慕樂、徐懋德、楊保、宋君榮、納味達、陳善策、麥有年、林濟格、郎世寧、羅懷忠、安泰、利伯明、法良等二十名，每人賞給大荷包一對，貂皮兩張。在北京的西洋人，尤其是在內廷供職的耶穌會士，多感受到新年的吉祥氣氛。

雍正四年（1726）十二月二十一日，西洋人郎世寧畫得者爾得小狗畫一張，由郎中海望進呈御覽。雍正五年（1727）正月初六日，內務府活計檔記載，「太監王太平傳旨：西洋人郎士寧畫過的者爾得小狗雖好，但尾上毛甚短，其身亦小些，再著郎士寧照樣畫一張，欽此。」句中「者爾得」，滿文讀如 "jerde"，意思是「赤紅色的」、「者爾得小狗」，就是赤紅色的小狗。上年十二月二十一日，郎中海望所進呈的是者爾得小狗的畫樣，現藏「花底仙尨」小狗圖，則為雍正五年（1727）正月初六日以後郎士寧奉到諭旨後的重繪圖。

為迎接舊曆春節，雍正六年（1728）十二月二十八日，郎世寧畫得年例山水畫一張，受到雍正皇帝的欣賞，命送往「西峰秀

色」處張貼。

雍正七年（1729）正月初一日元旦，西洋耶穌會士巴多明等二十人，請求行元旦慶賀禮，雍正皇帝諭令他們到養心殿中門外行禮。雍正皇帝親自召見來華較久的巴多明、德理格、蘇霖、白晉、張安多、馮秉正、郎世寧、羅懷忠、費隱等九人，要他們到養心殿見面行禮，賞吃藕粉，其他耶穌會士只能留在中門外行禮。

爲了迎接雍正八年（1730）的春節，在前一年的十二月二十八日，將唐岱畫的《江山漁樂圖》一張，班達里沙畫的《時和景麗畫》、《春融和合畫》兩張，王幼學畫的《夏山瑞靄畫》、《歲三雙合畫》兩張，送往圓明園張掛。雍正八年（1730）正月初六日，郎世寧和在北京的西洋人共二十二人，到養心殿中門外行慶賀禮。正月初九日，班達里沙奉命畫山水絹畫。同年十二月二十九日，畫畫人湯振基畫得《紫微照瑞圖》，戴恒畫得《歲歲雙安》絹畫各一張。雍正九年（1731）十二月二十八日，康岱畫得《湖山春曉》圖一張、《九國圖山水册頁》一册、郎世寧畫得《夏山瑞靄》畫、班達里沙畫得《百祿永年》畫、王幼學畫得《眉壽長春》畫、湯振基畫得《清平萬年》畫、戴恒畫得《錦堂如意》畫各一張，多屬於應景的吉祥畫。在京西洋人於歲末春初，仍然不停地作畫，皇帝在春節期間，可以欣賞到許多創作，可以說是藝術活動。

雍正十二年（1734）正月初九日，西洋人巴多明等十七人，每人賞小荷包一袋，內有銀錁二個。十二月三十日除日，雍正皇帝賞西洋人三堂御筆四龍絹福字三張。雍正十三年（1735）正月初一日元旦，皇帝賞在京西洋人十六名，每名小荷包各一個，每個內裝一錢重銀錁四個。

　　乾隆二年（1737）正月十五日元宵節，唐岱、郎世寧、陳枚、沈源奉命合畫上元節大畫一幅，正月十七日，他們又奉命合畫《元宵圖》一大幅。乾隆十二年（1747）正月初一日元旦，余省、曹夔音畫雍和宮大和齋松鶴全圖稿。乾隆十三年（1748）正月初四日，慎郡王允禧畫山水斗方十九張，造辦處奉命集錦。

　　乾隆二十年（1755）正月初一日元旦，郎世寧等進呈奏摺叩賀元旦令節，奉旨：知道了，賞克食。所謂克食，是滿語"kesi"的漢字音譯，又作「克什」，意思是恩典或恩賜；例如「胙肉」，滿文讀如"kesi yail"。皇帝膳畢，以餑餑等賜人，即稱爲克食或克什。過年元旦，西洋畫家仍然忙著作畫。

聖學宜勤－皇帝的寒假作業

　　康熙皇帝非常重視宮中皇子們的教育，諄諄教誨，除了滿、漢、蒙等語文及四書五經等文化課程外，還加強騎射及各種西洋兵器的訓練。康熙皇帝曾經很自傲地對諸大臣說：「朕宮中從無不讀書之子，今諸皇子雖非大有學問之人所教，然俱能讀書。」康熙皇帝於日理萬幾之暇，常舉行經筵，舉凡四書、五經、性理等書，俱經儒臣逐日進講。上午八點左右，御門聽政後，即由講官進講四書、五經等書。康熙皇帝好學的精神，實非明代君主所能望其項背，即使龍體違和，仍然不忘讀書，講官進講不輟。

　　皇子教育的重視，直到晚清，並未中斷。宮中定例，沖齡皇帝讀書，年假很短，有無書房，哪一天開始放假？放幾天假？多由內監傳懿旨，大致而言，自臘月二十八日至新正初五日，皇帝不上書房。從正月初六日起，皇帝才開始上書房。一日之計在於晨，國家內憂外患，聖學宜勤。據《翁同龢日記》的記載，同治四年（1865）十二月二十七日，「夜西席放學，是日賞大荷包一

對，貂兩只，絹一方，布一方。」同治五年（1866）正月初七日，「辰初入內，諸公咸集矣。辰正一刻上至，諸臣跪賀新禧，負南牆即站班處。讀書一如臘月例，多溫《書經》一號，講《帝鑑圖說》一節，巳正三刻退。」辰正一刻是上午八點，巳正三刻十點才下課。正月初九日，天氣寒冷，垂垂欲雪，清晨六點，同治皇帝親詣太廟行禮。七點還宮，九點到書房，講《帝鑑圖說》中「一喜一憂與兄弟共之」一節，同治皇帝引《孟子》「家憂亦憂」為證，可知同治皇帝異常穎悟。同治十年（1871）正月初六日，《翁同龢日記》記載，「是日，上到書房，卯初入，卯正於廷中跪賀新禧，蔭軒奏清話曰：額眞愛班烏里棍，猶云皇上大喜也。讀極速，巳初即退。」皇上大喜，滿語讀如 "ejen amba ur-gun"，漢字音譯作「額眞愛班烏里棍」，或作「額眞諳巴烏里棍」，滿臣向皇帝跪賀新禧，使用滿語，保持了滿族文化的特色。

　　光緒皇帝登基的時候，只有四歲，體質瘦弱，還不會走路。光緒二年（1876），小皇帝六歲那年的四月二十一日，他正式拜師入學，書房是在紫禁城齋宮右側的毓慶宮，師傅翁同龢先用墨筆寫厂「天下太平，正大光明」八字，然後由師傅扶著皇帝的小手，用朱筆仿格描畫這八個字。小皇帝每天都由太監抱著上書房，他勤奮好學。光緒二年（1876）十二月二十六日，慈禧太后在西暖閣召見翁同龢，問及書房功課。翁同龢以「功課儘好，性情卻須涵養」為言。十二月二十七日，內監傳下懿旨，自二十八日起至明年正月初五日皆不上書房。但據《翁同龢日記》記載，從臘月二十八日至新正初五日，光緒皇帝每日都到書房，讀書寫字照舊，十分可喜。他七歲那年，就是在書房度過他的新年。光緒三年（1877）正月初六日，又是新年度的開始，光緒皇帝到書

房，翁同龢與夏同善在陽曜門跪賀新禧，口奏臣某某等恭賀皇上新年大喜。學習精神不錯，滿書好，讀書也好，已讀完〈子罕篇〉。新春開學，諸臣跪賀新禧，光緒皇帝答禮時常說：「汝等新喜」。

　　同治、光緒朝皇帝在書房所唸的書，除了《帝鑑圖說》、《四書》外，主要還有《詩經》、《易經》、《左傳》、《養正圖解》、《開國方略》、《唐詩》、《大學衍義》、《易經》、《呂子節錄》、《九經》、《平淮西碑》、《書經》、《離騷》、《聖武記》、《明史通鑑輯覽》等等國學書籍。此外，還有滿書及書法習作等功課。

　　清廷駐法公使裕庚的女兒德齡郡主回國後，曾經入宮侍候慈禧太后，她每天有一個鐘點替光緒皇帝補習英文。據德齡郡主說，光緒皇帝的發音雖然不很正確，但他的記憶力很強，不久就能閱讀學校英文讀本中的短篇故事了。每天早晨他碰到德齡郡主時，常問她一些英文單字。光緒皇帝讀書很用功，只是不肯讀滿文，每次上滿文課時，常常不願意開口，這眞是滿族氣運的轉移了。

賦詩聯句－君臣的文藝活動

　　乾隆皇帝一生中，在萬幾餘暇，寫了四萬多首詩。乾隆六十年（1795）十二月除夕詩：「此日乾隆夕，明朝嘉慶年。古今難得者，天地錫恩然。父母敢言謝，心神增益虔。近成老人說，六十幸能全。」乾隆皇帝的稱心如意，流露無疑。

　　新年元旦，乾隆皇帝除了寫元旦詩外，還要書寫《心經》一冊。其中御製除夕詩和御製元旦詩，要寫成屛幅，懸掛於東暖閣。

　　康熙皇帝於正月初六日在乾清宮宴請大學士以下至翰林、御
史，共七十人，庶司百官，致仕與近畿耆民共六百六十人。宴席
中御製七言律詩一首，命與宴諸臣賦詩紀事，稱爲千叟宴詩。乾
隆五十年（1785）正月初六日，依照康熙年間成例，也在乾清宮
舉行千叟宴盛典，入宴大臣官員年六十以上，無職者年六十五以
上，共計三千人。嘉慶元年（1796）元旦舉行授受大典，爲了慶
賀盛典，於正月初四日在皇極殿舉行千叟宴，與宴者共計 3056
人，賦詩三千餘首。乾隆皇帝恭和聖祖原韻七律一章。又選文武
大臣九十六人，仿柏梁體聯句。柏梁體是七言古詩的一體，相傳
漢武帝曾經在柏梁臺上與群臣賦七言詩，人各一句，每句用韻。
後世模仿其體稱爲柏梁體。唐中宗也曾經在大明殿同群臣仿柏梁
體聯句。

　　正月十五日是上元，俗稱元宵節。上元張燈習俗，始自漢
代，六朝、唐、宋時期，逐漸盛行。到了清代，更加熱鬧。根據
滿漢文起居注冊的記載，康熙二十一年（1682）正月十四日，是
亮燈的佳節，這天下午三點，康熙皇帝在乾清宮賜宴，參加酒宴
的人員包括內閣大學士、學士、各部院大臣共九十三員，皇帝親
自賜酒，笑語不禁，君臣同樂。宴畢，皇帝邀集各大臣到御座旁
觀看鰲山燈，又要各大臣仿柏梁體賦詩。第二天早晨，頒發御製
詩序，群臣集合在太和殿裡，依次各賦詩一句，合成九十三韻，
都譯成滿文。首句「麗日和風被萬方」，是康熙皇帝作的，滿文
讀如 “ genggiyen šun hūwaliyasun edun tumen gurun de akūnaha。”
第二句「卿雲爛熳彌紫闈」，第三句「一堂喜起歌明良」，分別
由大學士勒德洪、明珠兩人所作。元宵賦詩，是一大盛事，正是
所謂「千門燎火宵未央，昇平高宴邁柏梁。」

　　康熙二十三年（1684）元宵節，宮中南海子大放燈火，讓臣

民自由參觀。先在行殿外建廣場一里大小，周圍插小木樁，用紅繩連結，中央蓋了四座棚子，懸掛火箱，康熙皇帝奉皇太后從永定門到行殿，王公大臣次第進入，賞賜酒饌。宮眷五十人，穿著紅裳霓衣，每人肩負兩燈，高低盤舞，宛如星芒撒天，接著施放煙火，好像珠簾焰塔，大燈中藏有小燈，一聲併散，萬燈齊明，箱中鼓吹並作，四名小兒在煙火中相搏墜地，礮聲連發，蔚為奇觀。

相傳雍正六年（1728）元宵節的夜晚，內閣供事，多已回家，只有富陽人藍姓供事，獨留內閣中，方對月獨酌，忽見一偉丈夫出現在面前，冠服亮麗。藍姓供事以為是內廷的值宿官，急起相迎，向他敬酒，那位偉丈夫欣然就坐。蕭一山著《清代通史》記載二人的對話：「問藍某何官？曰：非官，供事耳。問何姓名？具以對。問何職掌？曰：收發文牘。問同事若干人？曰：四十餘人。問皆何往？曰：今宵令節，皆假歸矣！問彼皆假歸，君何獨留？曰：朝廷公事綦重，若人人自便，萬一事出意外，咎將誰歸？問當此差有何益？曰：將來差滿，冀注選一小官。問小官樂乎？曰：若運獲佳，選廣東一河泊所官，則大樂矣！問河泊所官何以獨樂？曰：以其近海，凡舟楫往來，多有餽送耳。其人笑頷之。又飲數杯，別去。明日，胤禛視朝，問諸大臣曰：廣東有河泊所官乎？曰：有。曰：可以內閣供事藍某補授是缺。諸大臣領旨出，方駭愕間，一內監密述昨夜事，乃共往內閣宣旨。藍某聞命，咋舌久之。」由這個故事可以了解雍正皇帝在元宵節的夜晚仍然忙著到內閣部院走動，或親自巡視政府機關，以致藍姓供事誤將皇帝錯當內廷值夜人員。「朝廷公事綦重，若人人自便，萬一事出意外，咎將誰歸？」一位負責任的皇帝，在元宵節聽到基層人員憂國憂民的心聲，怎麼不感動呢？雖在春節歡樂氣

氛中，清朝皇帝並未因此鬆懈下來，或許就是清朝多賢君的主要
原因。

　　元宵節吃浮圓子，所以浮圓子就稱爲元宵。乾隆皇帝於上元
節必製燈詞，或四首，或八首。宮中放燈自正月十三日開始。乾
隆皇帝每年上元前，於清暉閣，侍皇太后筵宴。煙火之戲，由來
很久，乾隆年間，自正月十三日起，即奉皇太后至圓明園西廠山
高水長樓看煙火。正月十四日下午一點，乾隆皇帝照例到奉三無
私殿賜皇子、諸王宴，高椅盛饌，每二人一席，賦詩飲酒，行家
人禮。宴畢，奉皇太后到山高水長樓觀看火戲，然後又到同樂園
觀看煙火。煙火盒子，宮中叫做和合，構造精緻，一層有一層的
故事，第一層是「天下太平」；第二層是「鴿雀群飛」，取放生
的意思；第三層是四小兒唱太平天子朝元旦，五色雲車駕六龍一
首。

　　屬國外藩使臣入京時，也被邀請觀看煙火，譬如乾隆五十八
年（1793）正月十四日廓爾喀貢使噶箕寄信回國，信中提到「大
皇帝到圓明園下旨意，亦叫我們上圓明園，叫我們看有火的玩
意，還有別的玩意，又賞吃食。」這時圓明園正是「樓臺上下火
照火，車馬往來人看人」，宮中元宵節的盛況，是可想而知的。

多元一體－滿族文化的變遷與適應

　　過年習俗是我國各民族的重要文化內容，滿族以邊疆部族入
主中原，滿族是清朝政府的主體民族，探討清代宮中年俗，了解
皇帝如何過年，有助於認識我國文化多元一體的性質及少數民族
的文化變遷與文化適應。宮中年俗，反映了中原傳統文化與邊疆
部族文化融合的性質，滿族吸收了許多漢族文化的因素，但同時
保存了清朝國俗即滿族傳統文化的色彩。

　　歷代帝王，元旦祭祀，是重要的活動，滿族皇帝於元旦謁堂子行禮，薩滿在祭祀儀式中扮演重要角色，都是屬於東北女真文化的傳統，有其特色。但堂子的祭祀，除了祭天外，也祭祀關聖帝君等神祇，則為滿漢文化的融合，關帝崇拜也成為滿族信仰的重要神祇。坤寧宮祭祀是清朝內廷的祭祀，薩滿在祭祀中也扮演了重要的角色，大年初二，坤寧宮祭祀和吃肉，就是屬於女真傳統的滿族國俗，具有濃厚的滿族文化特色，這種習俗，一直保持到清末，並未漢化。新年刻豕祀天，祭祀後吃豬肉，皇室滿族合族而食，吃的越乾淨越吉利，不許用鹽醬。這種吃法，後來逐漸發展成為宮中著名的佳餚「白肉血腸」。但是，清朝帝后都喜歡江南蘇州美食，飲食文化，滿漢全席，並沒有族群意識。

　　過年期間，東北嚴寒，冰雪覆地，滑雪溜冰，是北亞民族常見的運動，滿族踢行頭、跑冰競賽，都是滿族的國俗。滿族入關後，過年期間，皇室王公大臣在太液池的冰嬉活動，就是女真文化的傳統。乾隆年間，冰嬉活動，最為盛行，就是保持國俗，提倡騎射的具體表現。除冰上運動外，還有布庫的摔跤比賽，都是屬於具有軍事訓練性質的娛樂活動。

　　清朝皇室重視皇子教育，從臘月二十八日至新年初五日，雖然不上書房，但是過年期間，有許多文化活動。皇帝賜宴，或千叟宴，群臣須賦詩聯句。乾隆皇帝尤勤於作詩，除夕有除夕詩，元旦有元旦詩，元宵節吃浮圓子，也有浮圓子詩，御製詩文集的篇數，令人嘆為觀止。元旦佳節，除了寫詩外，還要抄寫《心經》，清朝皇帝不愧為儒家皇帝，但是，有些詩賦也譯成滿文。由於滿族的入關，在宮中過年，滿文滿語，很多場合，都須使用，就是北京城社會上也出現了許多滿文辭彙。譬如「布庫」（buku）是摔跤手，而不是摔跤。「薩滿」（saman）是跳神的

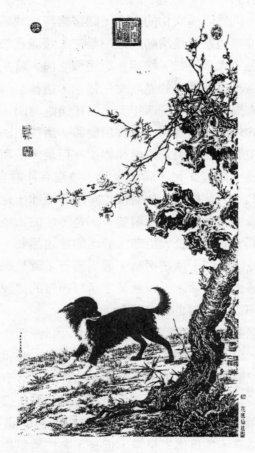

郎世寧繪花底仙尨圖

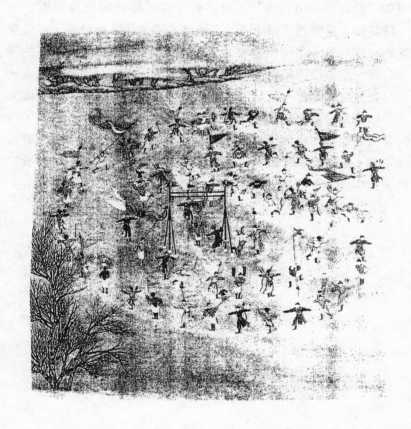

《冰嬉圖卷·轉龍射球》局部

巫人，具有超自然的能力，是溝通靈異世界的靈媒。郎世寧畫的「者爾得」小狗，「者爾得」，滿文讀如"jerde"，意思是赤紅色的。元旦行慶賀禮，滿洲大臣向皇帝恭賀「皇上大喜」，滿語讀如"ejen amba urgun"，漢字音譯作「額眞諳巴烏爾棍」。「薩其瑪」是滿語"sacima"的漢字音譯，是一種糖纏，滿族常吃的一種糕點。皇帝常賞克食，又作克什，是滿語"kesi"的漢字音譯，皇帝進膳結束後，常以餑餑等賜人，就是皇帝的恩典，也是受賞者的造化。直到清末，滿語還是滿族文化的重要標幟。

　　清朝皇帝過新年，並不輕鬆，在封印期間，仍忙於政務，有時在歲末除日，仍然照常御門聽政，日理萬幾。元旦當天忙著行禮賜宴，披覽奏章。康熙皇帝雖當歲節，仍舊日親政事，無異平時。宮中過年，反映了清朝皇帝孜孜勤政的精神。

文獻考察－
薩滿文本與薩滿信仰研究

　　薩滿，滿洲語讀如「Saman」，是阿爾泰語系通古斯語族稱呼跳神巫人的音譯。在通古斯族的語言中，薩滿一詞是指能夠通靈的男女，他們在跳神作法的儀式中，受到自我暗示或刺激後，即產生習慣性的人格解離，薩滿人格自我眞空，將神靈引進自己的軀體，使神靈附體，而產生一種超自然的力量，於是具有一套和神靈溝通的法術。崇奉薩滿信仰的民族認爲人生的禍福，宇宙的各種現象，都有神靈在冥冥之中主宰著，人們與神靈之間，必須設法溝通。通過占卜、祭祀、祈禱等手段，可以預知、撫慰，乃至征服自然界中的某種神秘力量。薩滿就是在相信泛靈論的環境中，與神靈溝通的靈媒，是連繫人的世界與神靈世界的橋樑，在阿爾泰語系各民族中，具有超自然能力的這些人就是薩滿。

　　薩滿信仰是屬於歷史文化的範疇，有其形成、發展的過程，以歷史文化觀點分析薩滿信仰的特點，是有意義的；將薩滿信仰的特點作爲確定薩滿信仰的發祥地點及其在不同地區的分佈，也是較爲客觀的。薩滿信仰盛行於東北亞、北亞以迄西北亞的草原地帶，以貝加爾湖附近及阿爾泰山一帶爲發祥地，表現最爲典型。我國北方阿爾泰語系通古斯、蒙古、突厥等語族，例如匈奴、靺鞨、突厥、契丹、女眞、蒙古、滿洲、赫哲、達呼爾、錫伯、索倫、鄂倫春、維吾爾等族，都崇奉過薩滿信仰。薩滿信仰的盛行，就是東北亞或北亞文化圈的文化特質。

　　薩滿信仰雖然是一種複雜的文化現象，惟就薩滿本身所扮演

的角色而言，薩滿可以說是醫治病人及護送魂靈的術士，當薩滿跳神作法進入催眠狀態達到魂靈出竅的程度後，或過陰進入冥府，或上昇天界，而將病人的魂靈帶回人間，附體還陽，最後薩滿精疲力盡，彷彿從睡夢中甦醒過來，而達成了治療病人的任務。薩滿魂靈出竅的法術，是薩滿信仰的一種巫術特質，也是薩滿信仰與其他法術宗教相異之處。這種薩滿信仰的特有表現，可以從通古斯族或北亞諸民族流傳的薩滿故事裡找到最具體的例子。

　　滿族、索倫族、鄂倫春族、赫哲族、達呼爾族等民族，從古代以來就流傳著薩滿過陰追魂的故事，其中《尼山薩滿傳》，或《尼山薩滿故事》，就是以北亞部族的薩滿信仰觀念爲基礎的文學作品，故事中所述薩滿過陰收魂的過程較爲完整。到目前爲止，已經發現的六種《尼山薩滿傳》，都是用滿文記錄下來的手稿本。關於滿文手稿本的發現經過，成百仁譯註《滿洲薩滿神歌》序文①，莊吉發撰〈談「尼山薩滿傳」的滿文手稿本〉一文②，曾作過簡單介紹。季永海撰〈《尼山薩滿》的版本及其價值〉一文③，作了較詳盡的說明。

　　俄羅斯滿洲文學教授格勒本茲可夫（A.V.Greben čikov）從史密德（P.P.Šmidt）處獲悉有《尼山薩滿傳》手稿後，即前往滿洲地方尋覓，他在數年內先後得到了三種手稿本。光緒三十四年（1908），他從齊齊哈爾東北部一個村中的滿族能德山青克哩（nendešan cinkeri）處獲得第一種手稿本，可以稱爲齊齊哈爾本，計一本，共二十三葉，每葉五行，縱一七公分，橫八・三公分。封面滿文爲「badarangga doro i gosin ilaci aniya boji bithe nit-san tsaman bithe emu debtelin」，意即「光緒三十三年合約尼山薩滿一本」。格勒本茲可夫將手稿本各葉裝裱在大型的白紙上，

以便保存。齊齊哈爾手稿本的第一個特點是敘述簡單，缺少描寫成分，故事內容是從出外打圍的奴僕向員外帶回其子死訊開始，而以尼山薩滿向冥府蒙古勒代舅舅為員外的兒子爭取壽限為終結；第二個特點是滿文單語的使用方法，與一般滿文的習慣不同，有時可將動詞的現在式、過去式及副動詞的語尾，脫離動詞的語幹，而且將許多滿語詞分開音節書寫。

　　宣統元年（1909），格勒本茲可夫又在璦琿城，從滿族德新格（desinge）手中得到二本手稿本，可以稱為璦琿甲本及璦琿乙本，縱二四公分，橫二一·五公分，都是殘本。甲本，三十三葉，每葉十二行。封面滿文為「yasen saman i bithe emu debtelin」，意即「亞森薩滿傳一本」，最後一葉文為「gehungge yoso sucungga aniya juwe biya i orin emu de arame wajiha」，意即「宣統元年二月二十一日寫完」。故事內容是以員外的兒子在野外身故上擔架回家為開端，文筆流暢，在滿文方面，更接近口語，書中禱詞，與其他手稿本不同，引人注目。乙本，十八葉，每葉十一行。封面滿文為「nitsan saman i bithe jai debtelin」，意即「尼山薩滿傳第二本」。扉葉上有墨筆所繪穿著完整神服的尼山薩滿畫像。最後一葉滿文為「gehungge yoso sucungga aniya ninggun biya i orin nadan inenggi de arame wajiha bithe」，意即「宣統元年六月二十七日寫完之書」。故事內容以女薩滿被判死刑而告終。敘事簡略，且欠流暢。

　　民國二年（1913），格勒本茲可夫在海參崴從一個教授滿文的滿族德克登額（Dekdengge）那裡得到第三種手稿本，德克登額在海參崴（Vladivostok）期間，就記憶所及書寫成稿後交給格勒本茲可夫，可稱為海參崴本，計九十三葉，每葉縱二一·八公分，橫七公分。以墨色油布為封面，是一種西式裝本。封面居中

以滿文書明「nišan saman i bithe emu debtelin」，意即「尼山薩滿傳一本」；右方有贈送者德克登額所寫的滿文「tacibukū ge looye ningge」，意即「教授格老爺的」；左方有以鉛筆書寫的俄文「Vladivostok, 1913」，意即「海參崴，一九一三」。海參崴本是格勒本茲可夫所獲手稿中最為完整的一種。一九六一年，俄人M・沃爾科娃以《尼山薩滿故事的傳說》為題，作為《東方文獻小叢書》之七，在莫斯科出版。全書分為序言、手稿影印、斯拉夫字母轉寫，俄文譯文和註釋等部分，此書出版後，在國際滿學界及阿爾泰學界，都引起重視，先後將滿文故事譯成德語、朝鮮語、意大利語、英語、漢語、日語等多種文字。

　　五十年代，中國大陸進行民族調查期間，曾於一九五八年左右在遼寧省滿族聚居地區發現一本滿文手稿本，後來一直由北京中國社會科學院民族研究所圖書館典藏，可以稱為遼寧本。該書縱二二公分，橫一七・二公分，共二十六葉，每葉十二或十四行。此手稿本由季永海、趙志忠在《滿語研究》，一九八八年，第二期上發表，分為前言、漢語譯文、原文羅馬字轉寫漢字對譯及註釋等部分。

　　斯塔里科夫是研究我國東北民族的俄國學者，他於一九五七年和一九六五年先後兩次到東北，獲得滿文手稿本一本，可稱為斯塔里科夫本，全書共二十九葉，每葉十一行，封面滿文為「nisan saman i bithe damu emu debtelin」，意即「尼山薩滿傳僅一本」。斯塔里科夫去世後，由列寧格勒國立薩勒底科夫一謝德林圖書館收購。一九九二年，雅洪托夫將此手稿作為《滿族民間文學》系列叢書第一本，題為《尼山薩滿研究》，由聖彼得堡東方學中心刊行。全書分前言、原稿本影印、羅馬字母轉寫、俄文譯文、參考資料等部分。

　　除以上先後發現的滿文手稿本外，有關薩滿過陰的故事，還在東北各民族的社會裡廣爲流傳，經學者調查公佈的，例如赫哲族的《一新薩滿》（凌純聲著《松花江下游的赫哲族》，南京，民國二十三年）；索倫族的《尼桑薩滿》（呂光天著《鄂溫克族民間故事》，內蒙古人民出版社，一九八四年）；達呼爾族的《尼桑薩滿》（薩音塔那著《達斡爾族民間故事選》，內蒙古人民出版社，一九八七年）；滿族《女丹薩滿的故事》（金啓孮著《滿族的歷史與生活》，黑龍江人民出版社，一九八一年）；烏拉熙春譯著《女丹薩滿》（《滿族古神話》，內蒙古人民出版社，一九八七年）等等，對探討薩滿過陰收魂的問題，提供了珍貴的資料。

　　海參崴本《尼山薩滿傳》滿文手稿，對薩滿魂靈出竅，過陰收魂的情節，描寫細膩。原書敘述從前明朝的時候，住在羅洛村的巴勒杜・巴彥員外，中年時，生下一子，十五歲時，在前往橫浪山打圍途中病故。員外夫婦行善修廟，拜佛求神，幫助窮人，救濟孤寡。上天憐憫，五十歲時，生下一子，命名爲色爾古岱・費揚古，愛如東珠。到十五歲時，色爾古岱・費揚古帶領著阿哈勒濟、巴哈勒濟等衆奴僕前往南山行獵，拋鷹嗾狗，到處追逐，射箭的射箭，槍扎的槍扎，正在興致勃勃的時候，色爾古岱・費揚古忽然全身冰冷，一會兒又發高燒，頭昏病重。奴僕們趕緊收了圍，砍伐山木，做成抬架，輪流扛抬小主人，向家裡飛也似地奔走。色爾古岱・費揚古牙關緊閉，兩眼直瞪，突然氣絕身亡。員外據報後，頭頂上就像雷鳴，叫了一聲「愛子呀！」他就仰面跌倒了。夫人眼前好像劃過一道閃電，四肢癱瘓，叫了一聲「娘的兒呀！」也昏倒在員外的身上。當衆人正在號啕大哭，趕辦喪事時，門口來了一個彎腰駝背的老翁指點員外前往尼西海河岸請

薩滿救治色爾古岱‧費揚古。說完，坐上五彩雲霞昇空而去了。

　　尼山薩滿洗了眼臉，擺設香案，右手拿著手鼓，左手盤繞鼓槌，開始跳神作法，傳達神諭，說出色爾古岱‧費揚古在南山打圍時，殺了許多野獸，閻王爺差遣了鬼把他的真魂捉到冥府去，所以得病死了。員外回家後，差遣阿哈勒濟等奴僕帶著轎、車、馬去迎接尼山薩滿，將神櫃等分裝三車，尼山薩滿坐在轎子上，八個少年抬著轎向員外家飛奔而來，並請來助唱神歌的札立納哩費揚古。尼山薩滿穿戴了神衣、神裙、神鈴、神帽，跳神作法，請神附體，並向員外要了一隻和色爾古岱‧費揚古同日生的狗，綁了腳，一隻三歲大的公雞，拴了頭，一百塊的老醬，一百把的紙錢，預備攜帶到死國去。尼山薩滿進入催眠狀態，魂靈出竅，牽著雞、狗，扛著醬、紙，獸神跑著，鳥神飛著，走向死國去，來到一條河的渡口，由鼻歪、耳殘、頭禿、腳瘸、手瞥的人撐著獨木舟，到了對岸，尼山薩滿送給船夫三塊醬、三把紙，作為謝禮。不久來到紅河岸渡口，因無渡船，尼山薩滿唱著神歌，把神鼓拋到河裡，站在上面，像旋風似地轉瞬間渡過了河，留給河主醬、紙。一路上走得很急促，通過兩道關口，照例各致贈醬、紙謝禮。第三道關口由蒙古勒代舅舅把守，尼山薩滿責備他不該把壽限未到的色爾古岱‧費揚古的真魂偷來死國。蒙古勒代舅舅說明閻王爺已把色爾古岱‧費揚古當做養子，不能交還。尼山薩滿逕往閻王城，因護城門已經關閉，圍牆又十分堅固，她就唱起神歌，一隻大鳥飛進城內抓走了色爾古岱‧費揚古。閻王爺大為生氣，責令蒙古勒代舅舅去追回色爾古岱‧費揚古，不讓尼山薩滿平白地把色爾古岱‧費揚古帶走。經過一番爭論，尼山薩滿答應加倍致贈醬、紙。因閻王爺沒有打圍的獵犬，夜晚沒有啼曉的公雞，蒙古勒代舅舅請求尼山薩滿把帶來的公雞、狗留下，蒙古勒

代舅舅也答應增加色爾古岱‧費揚古的壽限，經過一番討價還價後，增加到九十歲。

尼山薩滿牽著色爾古岱‧費揚古的手往回走，途中遇到死去多年的丈夫燒油鍋阻攔，要求附體還陽。因丈夫的骨肉已糜爛，筋脈已斷，不能救治，但他不能寬恕妻子，一隻大鶴神抓起她的丈夫拋到酆都城裡。尼山薩滿帶著色爾古岱‧費揚古像旋風似的奔跑，途中拜見了子孫娘娘，參觀了黑霧瀰漫的酆都城，目睹惡犬村、明鏡山、暗鏡峰惡鬼哭號及善惡賞罰的種種酷刑。最後沿著原路回到員外巴勒杜‧巴彥的家裡，尼山薩滿醒過來後把收回的真魂放入色爾古岱‧費揚古的軀體裡。過了一會兒，色爾古岱‧費揚古就活過來了，好像睡了一大覺，做了好長的夢。眾人都很高興，員外拍掌笑了④。

遼寧本《尼山薩滿》滿文手稿的內容，無論是人名、地名，或情節，都很相近，可以說是同一個故事的不同手稿，以致各情節的詳略，彼此稍有不同。例如尼山薩滿魂靈出竅過陰到冥府，海參崴本說首先來到了一條河的岸邊，遼寧本則謂首先到了望鄉台，尼山薩滿問道：「這是什麼地方？人為什麼這麼多？」神祇們說：「這是剛死的人望陽間的地方。」尼山薩滿領著眾神前進，海參崴本說走了不久，到了紅河岸，遼寧本則謂走到三岔路，尼山薩滿問道：「這裡有三條路，從哪一條追呀？」鬼祟們說：「東邊這條路有放置障礙的山峰和壕溝，已經死了的靈魂走這條路。正直無邪的走中間這條路。西邊這條路就是帶費揚古去娘娘那兒的必經之路。」尼山薩滿向前走去，不一會兒，來到了紅河岸邊。蒙古勒代舅舅奉閻王之命追趕尼山薩滿，雙方爭執，討價還價的經過，遼寧本殘缺。尼山薩滿拜見子孫娘娘後所見到的酷刑，各種手稿本不盡相同，海參崴本對酆都城、惡犬村的情

景，東、西廂房的刑罰，描繪頗詳，遼寧本則在子孫娘娘的地方看到各種酷刑，講解刑律的就是娘娘本人，譬如尼山薩滿問道：「娘娘，那一對夫妻蓋著單衣，為什麼還熱得直打滾呢？」娘娘說：「那是你們陽間的人，如果丈夫給妻子現了眼，妻子給丈夫丟了臉，死後蓋上單衣還熱。」尼山薩滿又問：「娘娘，那一對夫妻蓋著夾被，為什麼還凍得打戰呢？」娘娘說：「那是你們陽間的人，丈夫不喜歡自己的妻子，同其他漂亮的女人行姦；妻子背著丈夫，同別人隨心所欲，他們死後蓋上夾被也冷得不行。」尼山薩滿又問：「娘娘，為什麼把那個人從腰筋鉤住，正要出去呢？」娘娘說：「那是你們陽間的人，對待財物貪得無厭，給別人東西用斗小上加小；從別人那兒拿東西用斗大上加大，所以他們的壽限一到，就用這種刑。」尼山薩滿又問：「為什麼讓那一群人頭頂石頭往山上送？」娘娘說：「這些人上山時，將木頭、石頭往下滾，把山神的頭破壞了。所以他們死後，就讓他們把滾下來的木頭、石頭往山上送。承受不了這種刑的人，只好在那兒呼天叫地。」尼山薩滿又問：「娘娘，為什麼搜這一群人的衣服，要將他們放在盛滿油的鍋中殺死呢？」娘娘說：「這是你們陽間的黑心人，想得到金銀便起了歹心，將別人的嘴堵上無聲地殺死，然後得到金銀，所以他們死後就用這種刑。」尼山薩滿還看到一群婦女因厭惡自己的丈夫，跟親近的人行姦，死後用蛇盤住咬傷的刑罰，其他刑罰，遼寧本殘缺。大致而言，海參崴本的地獄刑罰，佛、道成分較濃厚，草原氣息淡薄；遼寧本的冥府刑罰，草原氣息較濃厚，佛、道成分較淡薄。色爾古岱‧費揚古還陽後，海參崴本未提及他的婚禮，遼寧本敘述色爾古岱‧費揚古娶親設宴的情景，頗為生動，並交待色爾古岱‧費揚古所生子孫都活到九十歲，歷世為官，富貴永存作為故事的結束⑤。海參崴

本則以尼山薩滿的婆婆入京控告，朝廷下令取締薩滿信仰，告誡世人不可效法作為故事的結束。遼寧本雖然有空頁脫文，但仍不失為一部比較完整的滿文手稿本，有些情節是海參崴本所沒有的。

我國東北各民族長期以來就流傳著許多薩滿故事，凌純聲搜集的故事，包括《一新薩滿》、《那翁巴爾君薩滿》等，都是赫哲族口頭傳下來的薩滿故事。其中《一新薩滿》的故事，與《尼山薩滿傳》滿文手稿本的內容，大同小異，對薩滿過陰追魂的研究，同樣提供了很珍貴的資料。《一新薩滿》故事的大意是說當明末清初的時候，在三姓東面五、六十里，有一個祿祿嘎深，屯中住著一家富戶，名叫巴爾道巴彥，娶妻盧耶勒氏。夫妻生平樂善好施，信神敬仙。二人年近四十，膝下缺少兒女，恐無後嗣承繼香煙，因此，更加虔誠行善，常祝禱天地神明，求賜一子。果然在盧耶勒氏四十五歲時生下一對男孩，大兒子取名斯勒福羊古，小兒子取名斯爾胡德福羊古。到七、八歲的時候，開始學習弓箭刀槍。到了十五歲，時常帶領家人在本屯附近打獵。因野獸一天少一天，兄弟二人請求父母准許他們到正南方百里外的赫連山去打圍。

兄弟二人帶領眾奴僕走了一天，到達赫連山境界，紮下帳房。次日，天氣晴和，眾人到山林打圍，滿載而歸，走到距離紮營三里的地方，從西南方忽然來了一陣大旋風，就在斯勒福羊古兄弟二人馬前馬後轉了兩三個圈子，仍往西南方去了。說也奇怪，兄弟二人同時打了一個寒噤，面色如土，覺得昏迷，日落天黑後，病情更加沉重，眾人急忙做了兩個抬板，八個人連夜把小主人抬回家，走了二十餘里，斯勒福羊古已氣絕而死。東方發白的時候，小主人斯爾胡德福羊古面如金紙，瞪眼不語，也氣絕病

故了。

　　巴爾道巴彥夫婦知道兩個兒子突然相繼身亡後，都頓時昏倒，不省人事。當家中忙著預備馬匹爲二位小主人過火及祭品時，門外來了一個乞丐模樣的老頭兒。巴爾道巴彥吩咐叫老頭隨意吃喝，老頭兒指點員外前往西面五十里泥什海河東岸請一新薩滿來過陰捉魂，否則再過幾天屍體腐爛，就難救活了。巴爾道巴彥騎著快馬找到了一新薩滿，請求救治兩個兒子。一新薩滿答應先請神下山查明兩個兒子的死因，於是拿來一盆潔淨的清水，把臉洗淨。在西炕上擺設香案，左手拿神鼓，右手拿鼓鞭，口中喃喃念咒，跳神作法，神靈附身，口中唱道：「巴爾道巴彥聽著，你那大兒子斯勒福羊古因註定壽數已到，萬無回生之理。不過你那次子斯爾胡德福羊古如果請來有本領的薩滿，依賴神力過陰，急速找尋他的真魂，攝回陽間，叫他附在原身，就能復活。」巴爾道巴彥聽說次子還有回生的希望，再向一新薩滿跪下叩頭，苦苦哀求。一新薩滿只得允諾，令巴爾道巴彥把薩滿作法所用的神鼓、神帽、神裙等件，用皮口袋裝好送到車上，迅速趕路。

　　不多時，一新薩滿來到祿祿嘎深，盧耶勒氏來到一新薩滿面前跪倒，號啕大哭。一新薩滿轉達神諭，大兒子斯勒福羊古是依爾木汗註定他在十五歲時歸陰，兩個兒子在赫連山得病的日子，鬼頭德那克楚領著依爾木汗的命令捉拿斯勒福羊古的真魂，用旋風來到赫連山，看見兄弟兩個容貌完全一樣，分不出那一個是斯勒福羊古，便把兄弟二人的真魂一齊捉回陰間，先領到自己的家中，將斯爾胡德福羊古的真魂留在家中，當作親生的兒子，然後帶領斯勒福羊古到依爾木汗的面前交差。一新薩滿答應過陰捉魂，三天以內叫他附體還陽，起死回生。

　　一新薩滿在巴爾道巴彥家中舉行過陰捉魂儀式，在院中擺上

香案，上面放著香爐，親自焚燒僧其勒，打開皮口袋，穿戴神帽、神衣、神裙、腰鈴，手拿神鼓，就在院中跳起舞來，神靈附身後問道：「為何事請我們眾神到此？」助唱神歌的三個札立對答了幾句話後，眾神見這三個札立全然不通神理，便不再問了。尼山薩滿又從竹布根嘎深請來熟通神理札立那林福羊古，重新降神作法，不多時，神靈附體，一新薩滿繞著香案，四面跳起舞來，那林福羊古也手拿神鼓，助唱神歌，對答如流，並令巴爾道巴彥預備板床一張，公雞兩對，黃狗一隻，黑狗一隻，醬十斤，鹽十斤，紙箔百疋，將雞犬殺了，和醬紙一併焚燒，給薩滿過陰時帶到陰間贈送禮物使用。這時一新薩滿躺倒在地，就像死人一般，過陰去了，那林福羊古急忙把一新薩滿抬到臥床上面，用白布蓋好她的身體，另用大布棚在上面遮蔽著日光，差人看守，那林福羊古自己也不遠離。

　　一新薩滿過陰後，吩咐眾神，攜帶各種物品，並令愛米神在前頭引路，往西南大路前進。不多時，到了一座高山，叫做臥德爾喀阿林，就是望鄉台，凡人死後到此山頂，才知道自己已死。一新薩滿一路上由眾神前後左右護衛著，走了一會兒，眼前有一條貫通南北的大河，因無船隻，一新薩滿把神鼓拋在河中，立時變成一隻小船，她和眾神一齊上了船，飄飄蕩蕩的渡到西岸。一新薩滿收起神鼓，再向西南大路走去，尚未走出一里路，路旁有一個夜宿處，從裡面出來一人擋住去路，此人就是一新薩滿三年前病故丈夫德巴庫阿，強逼一新薩滿救他還陽。因德巴庫阿的屍體早已腐爛，無法救活，但他怒氣沖天，不肯讓一新薩滿通過，一新薩滿只好騙他坐在神鼓上，令愛新布克春神把他丟到陰山後面。

　　一新薩滿繼續向西南大道而去，經過鬼門關，渡過紅河，才

到依爾木汗的城池，這城周圍有三道城牆，進城時要經過關門三道，各有門官把守，到了第三道門，一新薩滿搖身一變，變成一隻闊里即神鷹，騰空而起，飛進城內，到了德那克楚的房子上面，找到了斯爾胡德福羊古，讓他坐在背上，飛到第三道門外，變回原形，帶領斯爾胡德福羊古照舊路回去，途中遭到德那克楚阻攔，一新薩滿責備他私養斯爾胡德福羊古的眞魂，要上殿見依爾木汗，按照法律治罪。德那克楚恐事情敗露，不但有擅專的罪名，並且有遭抄家的災難，於是請求一新薩滿不再追究。德那克楚也答應增加斯爾胡德福羊古的壽限，由原有的五十八歲，添上三十歲，共有八十八歲，一新薩滿也把帶來的雞狗醬鹽紙錢等物都送給了德那克楚。

　　一新薩滿領著斯爾胡德福羊古的眞魂和眾神歡歡喜喜地奔向祿祿嘎深巴爾道巴彥的院中，把斯爾胡德福羊古的眞魂推進他的屍體裡面，使他魂附體，自己也隨後撲入原身，不多時，就還陽了，漸漸有了呼吸，那林福羊古急忙令人焚香，自己擊鼓，口中不停地念誦還陽咒語。過了一會兒，一新薩滿翻身坐起來，到香案前喝了三口淨水，繞著斯爾胡德福羊古屍首打鼓跳舞，口中唱著還陽神歌，那林福羊古跟隨敲鼓助唱。過了片刻，斯爾胡德福羊古徐徐的吸氣，聲音漸漸大起來，左右手腳齊動，隨後翻身坐在床上，睜眼往四面觀看，心裡只覺好像做了一場大夢似的⑥。

　　《一新薩滿》與《尼山薩滿傳》的內容，無論是故事發生的時間、地點或人物，都大同小異。《一新薩滿》開端就說到故事發生於明末清初，《尼山薩滿傳》也說是在明朝的時候；《一新薩滿》所說祿祿嘎深的巴爾道巴彥，就是《尼山薩滿傳》中羅洛村（lolo gašan）的員外巴勒杜・巴彥（baldu bayan），都是同音異譯。在薩滿信仰的後期，常見有善惡果報的故事。《一新薩

滿》敘述巴爾道巴彥夫婦樂善好施，信神敬仙，祝禱天地，求賜子嗣，果然在妻子盧耶勒氏四十五歲時生下一對男孩，大兒子取名斯勒福羊古，小兒子取名斯爾胡德福羊古，十五歲時，到赫連山去打圍。《尼山薩滿傳》未提及長子名字，但說大兒子於十五歲時到橫浪山打圍身故，員外五十歲時又生下小兒子色爾古岱・費揚古，並非雙胞胎。故事的「赫連山」，就是滿文手稿本「橫浪山」（heng lang šan alin）的同音異譯；「斯爾胡德福羊古」，即「色爾古岱・費揚古（sergudai fiyanggo）的同音異譯；奴僕「阿哈金」、「巴哈金」，即「阿哈勒濟」（ahalji）、「巴哈勒濟」（bahalji）的同音異譯。《一新薩滿》敘述雙胞胎斯勒福羊古和斯爾胡德福羊古兄弟二人都在十五歲時打圍同時身故；《尼山薩滿傳》則說員外大兒子在十五歲時行圍身故，後來生下小兒子色爾古岱・費揚古，也在十五歲時行圍身故，兄弟二人並非雙胞胎，但都在十五歲時身故，兩個故事內容很類似。《一新薩滿》和《尼山薩滿傳》都有神仙指點員外請求薩滿為兒子過陰追魂的情節，而且都很生動，也很神奇。

　　關於員外兩個兒子的死因，兩個故事的敘述，略有不同。《一新薩滿》敘述員外大兒子斯勒福羊古壽限已到，回生乏術，依爾木汗差遣鬼頭德那克楚前往赫連山捉拿其魂。因雙胞胎兄弟二人容貌相似，無法分辨，而把兄弟二人的真魂一齊捉到陰間，將大兒子斯勒福羊古交給依爾木汗，而把斯爾胡德福羊古留在自己的家中，當作親生兒子。《尼山薩滿傳》敘述員外在二十五歲時所生的大兒子在十五歲時到橫浪山打圍時，庫穆路鬼把他的真魂捉食而死了。員外五十歲時所生的小兒子色爾古岱・費揚古在十五歲時到橫浪山打圍時因殺了許多野獸，閻王爺差遣蒙古勒代舅舅捉了他的魂，帶到死國，當作自己的兒子慈養著。小兒子色

爾古岱‧費揚古的眞魂被捉到陰間的原委，兩個故事的敘述，不
盡相同。

　　一新薩滿和尼山薩滿過陰進入冥府所走的路線及所遇到的情
景，也略有不同。《一新薩滿》敘述一新薩滿領著眾神渡過貫通
南北的一條大河後，即向西南大路走去，尚未走出一里，就遇到
三年前死去的丈夫德巴庫阿，抓住她的衣襟，要求把他的魂追回
陽世。但因他的身體早已腐爛，無法還陽。他聽到不能復活的
話，愈加怒氣沖天，緊緊拉住一新薩滿的衣襟，不放他通過，而
被一新薩滿拋下陰山後面。《尼山薩滿傳》中的尼山薩滿是從死
國的歸途中遇到丈夫用高粱草燒滾了油鍋等候妻子，經過一番爭
辯後，尼山薩滿令大鶴神把丈夫抓起來拋到酆都城了。

　　《一新薩滿》、《尼山薩滿傳》對薩滿與德那克楚或蒙古勒
代舅舅爲色爾古岱‧費揚古或斯爾胡德福羊古要求增加壽限而討
價還價的描寫，都很生動。《尼山薩滿傳》對贈送雞、狗的描
寫，更是細膩。滿文手稿的敘述如下：

　　　尼山薩滿道謝說：蒙古勒代舅舅，你如此盡心封贈，把雞
　　　和狗都給你了，呼叫雞時喊「阿什」；呼叫狗時喊
　　　「綽」。蒙古勒代道了謝，非常高興，帶著雞和狗等行走
　　　時，心想喊著試試看，把兩個都放了，「阿什」、「阿
　　　什」、「綽」、「綽」地喊叫著，雞和狗都往回走，追趕
　　　尼山薩滿去了。蒙古勒代害怕了，拚命地跑去找，張口大
　　　喘地央求說：薩滿格格爲什麼開玩笑呢？請不要哄騙吧！
　　　若不把這兩樣東西帶去，實在不可以。王爺責怪我時，我
　　　如何受得了呢？這樣再三懇求，尼山薩滿笑著說道：開一
　　　點玩笑，以後好好地記住，我告訴你，呼叫雞喊：「咕
　　　咕！」呼叫狗喊：「哦哩！哦哩！」蒙古勒代說道：格格

開了一點玩笑，我卻出了一身大汗。按照薩滿告訴的話喊
叫時，雞和狗都圍繞著蒙古勒代的身邊，搖頭擺尾地跟著
去了⑦。

薩滿魂靈出竅過陰以後，其個性依然如故，在地府的魂靈，
仍然保留生前的特徵，尼山薩滿在陰間與鬼頭蒙古勒代舅舅的玩
笑，確實描寫細膩。《尼山薩滿傳》對地獄種種酷刑的敘述，更
是詳盡，而《一新薩滿》則未提及。比較尼山薩滿和一新薩滿這
兩個故事後，可以發現這兩個故事的內容，確實詳略不同。其中
最大的不同是：《一新薩滿》所述員外的兩個兒子是一對雙生
子，在十五歲同時出外打圍，同時得到同樣的病症而死亡；《尼
山薩滿傳》所述員外的兩個兒子年齡不同，但都在十五歲時打圍
得病身故。至於故事中的人名及地名，或因方言的差異，或因譯
音的不同，以致略有出入，但就故事的背景及情節而言，卻都很
相近，可以說是同出一源的故事，也是探討薩滿過陰追魂最具體
的珍貴資料。

從《尼山薩滿傳》、《一新薩滿》等故事的敘述，可以了解
北亞各民族多相信人們的患病，主要是起因於鬼祟為厲，倘若惡
鬼捉食了人們的真魂，則其人必死。薩滿作法過陰，只限於軀體
尚未腐爛的病人，才肯醫治，而且被捕去的魂靈也僅限於冥府所
能找到壽限未到者，始能倚靠薩滿的法術令其附體還魂，不同於
借屍還魂的傳說。從薩滿降神作法的儀式，可以了解其信仰儀式
是屬於一種原始的跳神儀式。薩滿口誦祝詞，手擊神鼓，腰繫神
鈴，札立助唱神歌，音調配合，舞之蹈之，身體開始擅抖，神靈
附身，薩滿即開始喋喋地代神說話，傳達神諭。薩滿魂靈出竅也
是經過跳神的儀式進行的，當神靈附身及魂靈出竅時，薩滿軀體
即進入一種昏迷狀態，停止呼吸。其魂靈開始進入地府，領著眾

神，渡河過關，在陰間到處尋找死者的眞魂，最後帶回陽間，推入本體內，病人復活痊癒。薩滿的精神異狀，或反常因素，使宗教心理學家及宗教歷史學者在探討薩滿信仰的起源時，都感到極大的興趣⑧。賀靈撰〈錫伯族《薩滿歌》與滿族《尼山薩滿》〉一文已指出《尼山薩滿》和《薩滿歌》在展現薩滿信仰儀式過程中，都反映了滿、錫兩族同時代的民間巫術，爲研究北方民族及其他崇奉薩滿信仰的國內外民間巫術的產生、發展和消失，提供了非常珍貴的資料。薩滿巫術作爲具有薩滿信仰的原始民族特有的精神狀態，隨著薩滿信仰的形成、發展而形成、發展。《尼山薩滿》和《薩滿歌》在反映滿、錫兩族巫術精神方面，可謂淋漓盡致。通過這兩部作品，可以清楚地認識巫術的本質，巫術精神在北方游牧狩獵民族中發展的特點，巫術精神和薩滿信仰的關係，以及巫術在藝術中的表現形式等。總之，從這兩部作品中可以看出，巫術是薩滿信仰得以長期存在的重要條件，也是廣大群衆之所以長期崇奉薩滿信仰的重要因素⑨。

【註　釋】

① 成百仁譯註《滿洲薩滿神歌》（漢城，明知大學，一九七四年），序文，頁 1-4。

② 莊吉發撰〈談「尼山薩滿傳」的滿文手稿本〉，《食貨月刊復刊》，第七卷，第七期（臺北，食貨月刊社，民國六十六年十月），頁 52-59。

③ 季永海撰〈《尼山薩滿傳》的版本及其價值〉，《民族文學研究》，一九九四年，第三期（北京，中國文聯出版公司，一九九四年八月），頁 59-69。

④ 莊吉發譯註《尼山薩滿傳》（臺北，文史哲出版社，民國六十六年

三月），頁 1-183。

⑤　季永海、趙志忠譯注〈尼山薩滿〉，《滿語研究》，一九八八年，第二期（哈爾濱，黑龍江滿語研究所，一九八八年十二月），頁 108-116。

⑥　凌純聲著《松花江下游的赫哲族》，頁 637-657。

⑦　莊吉發譯註《尼山薩滿傳》，頁 117。

⑧　莊吉發撰〈薩滿信仰的社會功能〉，《國際中國邊疆學術會議論文集》（臺北，國立政治大學，民國七十四年一月），頁 225。

⑨　賀靈撰〈錫伯族《薩滿歌》與滿族《尼山薩滿》〉，《阿爾泰語系民族敘述文學與薩滿文化》（內蒙古，內蒙古大學，一九九〇年八月），頁 267。

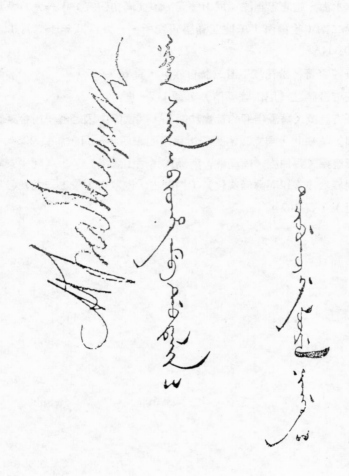

附錄一　海參崴本《尼山薩滿傳》滿文手稿

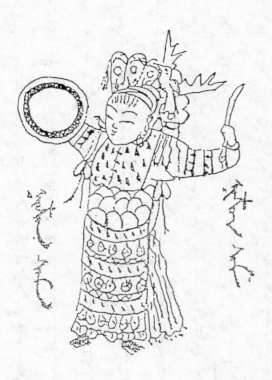

尼山薩滿畫像

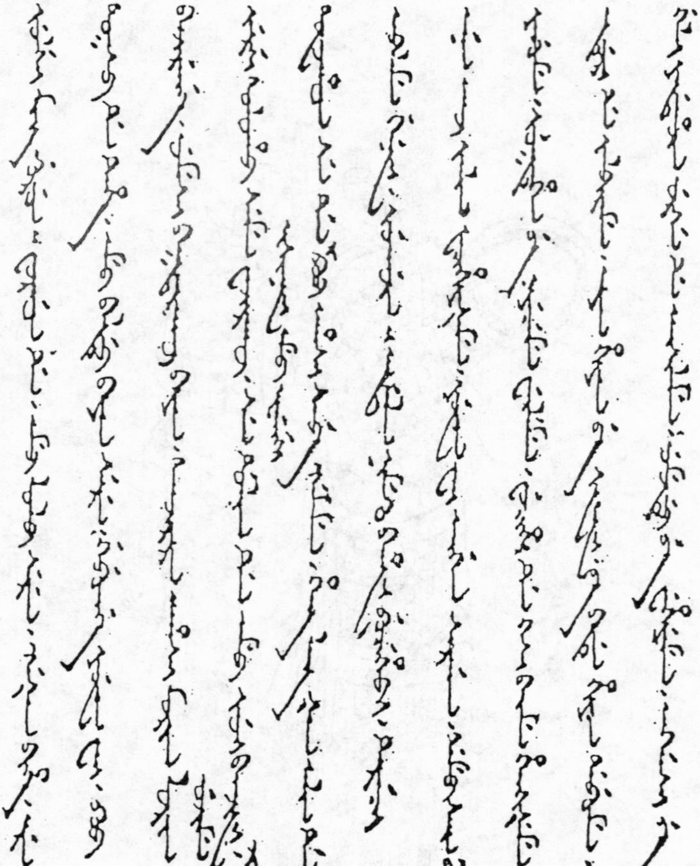

《尼山薩滿傳》首葉之一

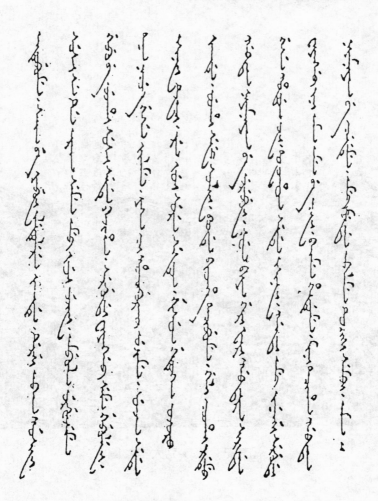

《尼山薩滿傳》首葉之二

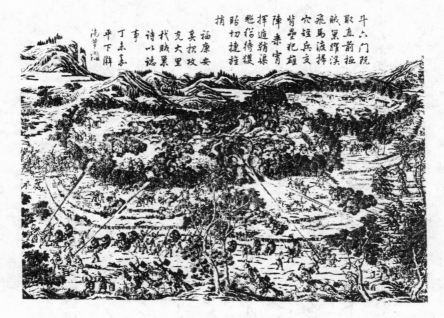

斗六門既取直前拒賊黑躍溪飛馬揮戈短兵穴峯肯望犯雄陳乘宵揮進鞘堞魁猶待獲聊切捷徒福康安奏捷攻克大里代詩以誌伐賊果事丁未平下浣

福康安奏報攻克大里杙圖

官逼民反－
臺灣天地會的發展與林爽文之役

一、閩粵地區的異姓結拜與秘密會黨的起源

　　有清一代，秘密會黨名目繁多，天地會是其中一個重要的秘密會黨，早爲世人所矚目。自十九世紀初葉以來，陸續發現了各種天地會文件，除各種圖像外，其文字部分，依照其性質，可以分爲結會緣起、誓詞、祝文、口白、歌訣、詩句、對聯、隱語、雜錄等項，因經輾轉傳抄，旣多訛脫，又有異文。專就天地會的結會緣起而言，或詳或略，神話成分居多。各文所述人物、時間、地點，亦互有牴牾，史學界探討天地會起源問題時，也因此存在著極大的歧見，異說紛紜，莫衷一是。

　　天地會的傳說，只是一種傳會的工具，並非天地會創立的歷史紀錄①。秦寶琦著《清前期天地會研究》一書已指出按照西魯傳說的內容爲藍本，尋找一件歷史上與之相似或相近的事例，說明傳說中某人某事，便是影射了歷史上的某人某事，人爲地在二者之間建立起一種並不存在的"聯繫"，這種影射推求的研究方法，至少是不科學的②。索隱派最大的弱點，就是捨棄豐富的直接史料不用，而徒事影射推論的臆測，僅僅根據神話傳說內容就推論出天地會的創立時間、地點及人物，穿鑿附會，忽略了「有幾分證據說幾分話，有七分證據不能說八分話」的客觀態度，以致對當時的社會經濟並未作進一步的研究分析，而始終圍於單純起源年代、地點的考證，一直無從得到較有說服力的解釋。

　　閩粵地區是宗族制度較發達的宗族社會，宋代以來，閩粵地區的血族宗法制已日益成長，以血緣爲紐帶的宗族社會，已經普遍存在，聚族而居，宗族由於長久以來定居於一地，其宗族的血緣社會，與村落的地緣社會，彼此一致，旣爲宗族，又是鄉黨，宗族制度遂成爲閩粵地區最引人矚目的制度之一。魏安國撰〈清代珠江三角洲的宗族、賦稅和土地占有〉一文指出，「宗族被視爲所謂的團體壟斷者，它爲其成員的利益尋求對本地資源的支配權。這種努力經常導致其地域性支配權的建立。強大的世系可以建立支配圈，把附近的弱小宗支置於他們的保護之下。這些世系的勢力在本族內聚力和周圍地域內依附宗支內聚力不斷增強的過程中得以發展和確認。」③宗族共同體旣以宗法血緣關係爲聯結紐帶，確實具有較強的凝聚力。但宗族制度在具有內聚性的同時，也具有排他性，二者在程度上成正比例發展。隨著宗族共同體自身力量的增長，其內聚力與排外力也同步提高，而宗族共同體的排外性，不僅表現在對外姓民人、外姓宗族，以及其他外部共同體的排斥，在某些方面也表現爲對國家政權，對整個社會的排斥④。

　　閩粵地區的宗族社會，強調血緣關係，聚族以自保，具有強大的內聚力，尤其在戰爭動亂的時期，宗族組織確實產生了團結禦敵的作用。朱勇著《清代宗族法研究》一書指出，受尙文風氣的影響，同時也作爲促進尙文風氣存續與發展的條件，江浙皖地區宗族共同體也表示出尙文風格。江浙皖地區的宗族要求族人接受儒家思想，同時要求他們尊崇禮教，恪守禮的儀式，正說明尙文與尙禮的統一性。與江浙皖尙文風氣相對應，閩粵地區則民風尙武，各宗族的宗族法受到尙武風氣的影響，也促進了尙武風氣的進一步流行。閩粵地區的宗族社會，亦設族產，但多用於修寨

築堡，打造兵器，甚至明文規定，以族產支持宗族械鬥。一些宗族法還設有"共禦外侮"條文，要求全體族人同仇敵愾，共拒外姓，本族與外姓發生爭鬥時，族人必須齊心協力，勇敢上前者給賞，躲避退縮者受罰⑤。

　　聚族而居的宗族社會，除了族田外，還有他們的祖祠。以祠堂族長爲代表的宗法勢力，隨著宗族經濟的成長而與日俱增，族田不斷增加，族長對宗族內部的控制，愈來愈強化，族田在閉塞的農村經濟中所佔比例的大小，充分反映了宗族勢力的強弱。廣東巡撫王檢在〈請除嘗租之錮弊以禁習風〉一摺，對族田用於支持宗族械鬥的情形，敘述頗詳。其原奏略謂：

　　　　廣東人民，率多聚族而居，每族皆建宗祠，隨祠置有祭田，名爲嘗租。大戶之田，多至數千畝，小戶亦有數百畝不等。遞年租穀，按支輪收，除祭祀、完糧之外，又復變價生息，日積月累，竟至數百千萬。凡係大族之人，資財豐厚，無不倚強凌弱，恃眾暴寡。如遇勢均力敵之戶，恐其不能取勝，則聚族於宗祠之內，糾約出鬥，先行定議。凡族中鬥傷之人，厚給嘗租，以供藥餌；因傷身故，令其木主入祠，分給嘗田，以養妻孥；如傷斃他姓，有肯頂兇認抵者，亦照因傷之人入祠給田。因而亡命奸徒，視此械鬥之風，以爲牟利之具，遇有雀角，各攘臂爭先，連斃多命，迨經挐訊，而兩造頂兇，各有其人，承審之員，據供問擬正法，正犯反至漏網，奸徒愈無顧忌，種種習惡，皆由於嘗租之爲屬⑥。

　　嘗租或嘗田就是宗族公產，械鬥軍需費用，俱出自宗族公產。當雙方械鬥將展開時，各宗族必先聚集於宗祠設誓拈鬮，拈得之人，給與安家銀兩，預備頂兇，其參加械鬥的丁眾恃有頂

兇，便恣意殺戮。兩家械鬥，旣有殺傷，則有對抵之法，即以此
家之命，與彼家抵算，當兩家對抵人命，抵算不足數時，乃議官
休或私休。所謂官休，即計其無對抵之命控之於官以候驗訊；所
謂私休，即出銀若干，付給死者之家，雙方和解，永不控官，地
方官雖有訪聞，亦以無事爲福，聽其消弭。監察御史郭柏蔭條陳
福建泉、漳習俗時，曾指出泉、漳各姓將有械鬥之舉時，必先刷
榜豎旗，地方官不之禁，募友、書吏、兵役因有械鬥，即有人
命，有人命，即有官司，所以聞有械鬥之信，無不撫掌快心，惟
恐其鬥之不成，惟恐其鬥之不速。械鬥之起，其釁甚微，當其控
訴時，在官有司視爲泛常，漠不加意，書差人等又復需索訟規，
以爲按捺。官不爲治，民乃自治，官不爲拘，民乃自拘，此即械
鬥之所由起⑦。民人自治，就是自力救濟的表現。福建巡撫汪志
伊於〈敬陳治化漳泉風俗〉一摺中亦云：

> 查閩省械鬥之風，漳泉尤甚，緣民俗獷悍，生齒日繁，仇
> 怨甚深。且聚族而居，大者千餘戶，小者亦百數十戶，大
> 戶欺凌小戶，小戶忿不能平，亦即糾合親黨，抵敵大戶，
> 每遇雀角微嫌，動輒鳴鑼號召，千百成群，列械互鬥，其
> 兇橫若此。且各立宗祠，元旦拜祖後，即作鬮書，寫多
> 名，以爲毆斃抵償之名次，拈得者頗以爲榮，族人代爲立
> 後，並設位於祠，其愚若此。間有稍知禮法，退避不前
> 者，即懷恨逞兇，毀其器而焚其房，挾以必從之勢，其脅
> 良從暴又若此。是以彼此報復，乘機擄掠，仇殺相尋，將
> 兩造被殺人數，互算互抵，有餘則以拈鬮之姓名，依次認
> 抵，到案茹刑，總不翻供，其甘心自殘又如此⑧。

泉州和漳州的宗族械鬥，仇殺相尋，彼此報復，形成極爲嚴
重的社會問題，丁杰於〈止鬥論〉中指出，「鬥之風，創於閩，

延於粵，盛於潮。」⑨姑不論閩粵地區的宗族械鬥是各自出現，獨自發展，或橫向聯繫，然而閩粵地區的宗族械鬥有其歷史背景，則是事實。福建巡撫毛文銓具摺指出，「福建一省，民風土俗，大率喜爭鬥，好奢靡，此千百年以來之習染，牢不能破者也。」⑩清代雍正年間，廣東碣石鎮總兵蘇明良具摺指出，「臣生長閩省，每見風俗頹靡，而泉、漳二府尤為特甚。棍徒暴虐，奸宄傾邪，以鬥狠為樂事，以詞訟為生涯，貴凌賤，富欺貧，巨姓則荼毒小姓。巨姓與巨姓相持，則爭強不服，甚至操戈對敵，而搆訟連年，目無王章，似此暴橫，誠國法之所不容，風俗之最驕悍者也。」⑪為整飭吏治民生，以厚風俗，以正人心，蘇明良奏請倣照浙江事例，於福建添設觀整俗使一員，巡行郡邑，賞善懲惡，使知儆惕，痛改前非。福建觀風整俗，使劉師恕到任後曾奏聞泉、漳民俗云：「同安縣之角尾地方，與漳州府屬龍溪縣之石碼地方，壤地相接，均有一種惡習，自正月初一日起至十五日，無論老少各懷碎石，聚集一處，相擊角勝，以傷人為吉。」⑫爭強鬥勝，表現於年俗方面，習為固然，俗成難變。閩粵地區的宗族械鬥風氣，就是當地世代相傳的遺習。明代嘉靖年間（1522～1566），閩粵等地，海盜猖獗，沿海居民因防海盜，每戶置有刀鎗器械，自行防守，尚勇尚氣，更助長了宗族械鬥風氣的盛行。廣東按察使石柱具摺時亦稱：「粵民非逼處海濱，即長居山谷，鹵莽之性未化，剽悍之心猶存。從前因盜風未熄，凡屋畔田旁，結成草寮，住宿守望，並多貯器械，以為抵禦之需。嗣即持之互鬥，兩人一言不合，輒至嗔爭，而其族親各相袒護，群趨寮內，分取刀鎗馬叉，互鬥不休，殺人亡身，均不顧惜，無論肩挑負販，牧豎農夫，相沿不改，即名列膠庠，身居閭閻者，亦漸染而弗覺。」⑬詔安縣隸福建漳州府，《問俗錄》記載詔安地

方的習尚云：

> 四都之民，築土爲堡，雉堞四門如城制，聚族於斯，其中
> 器械俱備。二都無城，廣置圍樓，牆高數仞，直上數層，
> 四面留空，可以望遠，合族比櫛而居，由一門出入，門堅
> 如鐵石，器械畢具。一夫疾呼，持械蜂擁。彼眾我寡，則
> 急入閉門，乞求別村，集弱爲強。其始由倭寇爲害，民間
> 自製藤牌、短刀、尖銳、竹串自固。後沿海不靖，聽民禦
> 侮，官不爲禁，至今遂成械鬥張本矣⑭。

宗族是血緣爲紐帶的社會組織，由於空間上的族居，所以宗族內部的成員很容易結合，一呼即應。閩粵地區，沿海不靖，惟當地的宗族械鬥，由來已久，並不始於倭寇滋擾。各宗族的城堡及武器，在宗族械鬥過程中確實起了不小的作用。姚瑩在福建平和縣知縣任內亦曾指出，「平和地界閩廣，從古爲盜賊之藪，自王文成平寇亂，而始建邑。其地溪嶺深阻，榛菁叢密，無三里之平遠，巖壑蔽虧，彼此阻礙。民皆依山阻水，家自爲堡，人自爲兵，聚族分疆，世相仇奪。故強凌弱，眾暴寡，風氣之頑獷，亦地勢使之然也。」⑮

由於各宗族在經濟發展過程中的不平衡，人口多寡的差異，因此出現了強宗大族左右地方政治經濟的局面。地方紳權一方面隨著宗族力量的發展而擴大，另一方面又隨著統治者的縱容而膨脹⑯。明代萬曆年間（1572～1620）以來，閩粵地區隨著宗族勢力的不斷加強，人口壓力的急劇增加，社會經濟的逐漸變遷，一方面使強宗大族得以武斷鄉曲，糧多逋欠，以強凌弱，以眾暴寡，另一方面也激起弱勢小姓及下層社會市井小民的強烈反抗。《泉州府志》記載泉州府南安縣徵租的情形說：

> 每春冬徵租，舊皆佃主親履田畝，以豐歉爲完欠，田丁例

供一飯，田主上坐，田丁之老傍坐，舉壺觴田主，或縉紳
之林下者，亦和顏與談農事勞苦而慰藉之，共飯畢，乃退
租，完將歸，以隻雞白粲二三斗爲贐，田主答以巾扇之
類，主佃相與以禮如此。其後貴家憚於親行，率俾其豪
奴，取盈之外，復多虐政，於是人心怨憤。未幾負郭田丁
集數人爲繰旗鼓吹，先請史相國家中斗栳而迎之，凡有負
郭租者數百人突至其家，必取栳較定可否。有識者云，此
亂始也。未久，南安之變作，一日而殺田主⑰。

　　田主被殺，就是升斗小民反抗地主鄉紳的具體行動。連立昌
著《福建秘密社會》引傅衣凌撰〈關於鄭成功評價的一些看法〉
一文後指出明末泉州南安縣就有過一個"斗栳會"的群眾組織。
斗和栳都是裝穀子的容器，起先農民群眾公認史相國收租的斗栳
最公平，每當交租時，旌旗鼓吹，把史相國家中斗栳請出遊行，
若遇黑心田主，就蜂擁而入，用史相國家斗栳較定，於是就被稱
爲斗栳會，後來終因團結抗租而釀成大案⑱。崇禎年間
（1628～1643），福建漳州平和縣境內，大姓鄉紳肆虐，地方百
姓，不堪其苦，各小姓謀結同心，聯合抵制。江日昇編著《臺灣
外記》敘述永曆四年（1650）記事說：

　　五月，詔安九甲萬禮從施郎〔琅〕招，領眾數千來歸。禮
　　即張要，漳之平和小溪人。崇禎間，鄉紳肆虐，百姓苦
　　之，眾謀結同心，以萬爲姓，推要爲首。時率眾統踞二
　　者，五月來歸⑲。

　　明代末年"以萬爲姓"集團，就是漳州平和縣小姓聯合抵制
大姓鄉紳肆虐的異姓結拜組織。

　　清初順治年間（1644～1661），閩粵地區由於地方不靖，連
年戰禍，造成人口下降。清廷又極力倡導宗族制度，宗族之間，

在經濟利益上的衝突，並不十分尖銳，社會相對安定，宗族械鬥較爲罕見。康熙中葉平定三藩之亂以後，閩粵地區的經濟逐漸復甦，宗族經濟亦迅速成長，宗族械鬥案件又層見疊出，大姓恃強凌弱，以衆暴寡，小姓聯合自保，異姓結拜的風氣，又再度盛行。強宗大族由於長久以來定居於一地，族旺丁多，有些村鎮多成爲一族所居，動輒數十里。例如漳州府屬平和縣，界連廣東，其縣境內有南勝地方，離縣城一百五十里，民居稠密，楊、林、胡、賴、葉、陳、張、李、蔡、黃諸大族，環列聚居。福州將軍暫署總督印務阿爾賽具摺指出，「漳州府平和縣屬之南勝地方，族大丁多，民風強悍，臣不時留心密行察訪。近訪得有葉揚一犯，暗結匪類，欺壓鄉民，行兇作惡。」⑳阿爾賽差遣兵役緝捕葉揚等人到案，葉揚聞拿逃竄，兵役擒獲同夥賴枋等人到案，供出葉揚招夥拜把，欲行搶竊。南勝地方，地闊人稠，風俗刁悍，倚山阻水，易於逃匿，地方官多以南勝最爲難治。

　　福建觀風整俗使劉師恕具摺時，亦指出泉州府所屬七縣中，以晉江、南安、同安三縣最爲難治，安溪、惠安二縣次之，永春、德化二縣又次之。晉江縣施姓爲施琅之子漕運總督施世綸、福建提督施世驃家族，人丁衆多，住居衙口、石下、大崙諸村。同安縣境內村鎮主要爲李、陳、蘇、莊、柯諸大族所叢居，安溪縣赤嶺地方則幾乎爲林姓一族所居。《泉州府志》記載同安民俗說：「瀕海之區四達交衝，游手攘臂之徒糾夥結盟，各立門戶，胥役兵丁爲之互張聲勢。蓋泉民剛質，頗有尙氣之習。郡城內多淫祠，畫地爲境，境有無賴少年，謂之闖棍，每遇迎神，輒與鄰境互相格鬥。其在鄉村大姓，聚族而居，睚眦之怨，率族持械，雖觸法不卒，晉、南、同皆然，近唯惠安、安溪少見耳。」㉑宗族械鬥的風氣，晉江、南安、同安三縣都同樣盛行。《永春縣

志》記載當地的民俗說：「性尤剛愎狠悍，喜鬥好訟，睚眦之怨，雀角之爭，疊架虹橋，鬩鬥不已，酷暗青烏之說，動輒拆屋毀墳，不顧法網。又人率聚族而居，以姓之大小爲強弱，始則大姓欺凌小姓，近則衆小姓相爲要結，大姓反有受其虐者。」㉒大姓欺凌小姓，衆小姓相爲要結，聯合抵制大姓，異姓結拜的活動，蔚爲風氣。

　　福建總督高其倬具摺指出，「福建叢山疊海，形勢險要，人情愚悍，向來藏奸伏莽，屢有其事。至於大姓恃衆，彼此械鬥，及倚恃山深逕險，抗糧抗訟者不乏。」「泉州府屬之同安一縣，幅幀頗大，海疆要區，居人龐雜，風習不純，大族既好械鬥，而偷渡及私梟盜竊頗多，其山邊深青蓮花等莊，大姓叢居，向極多事。同安相離甚遠，縣令實有鞭長不及勢。」「漳州府屬之漳浦、詔安二縣，俱在沿海，幅幀皆闊，民情刁悍，糧多逋欠，地最叢奸。」㉓高其倬訪查泉、漳等府宗族械鬥及異姓結拜的習俗後具摺奏稱，「福建泉、漳二府民間，大姓欺凌小族，小族亦結連相抗，持械聚衆，彼此相殺，最爲惡俗，臣時時飭禁嚴查。今查得同安縣大姓包家，與小姓齊家，彼此聚衆列械傷殺，署縣事知縣程運青往勸，被嚇潛回，隱匿不報。」㉔同安縣李、陳、蘇等大姓合爲包家，以“包”爲姓，各小姓及雜姓合爲齊家，以“齊”爲姓，包姓與齊姓彼此聚衆械鬥。福建觀風整俗使劉師恕亦奏稱，「其初大姓欺壓小姓，小姓又連合衆姓爲一姓以抗之。從前以包爲姓，以齊爲姓，近日又有以同爲姓，以海爲姓，以萬爲姓，現在嚴飭地方官查拏禁止。」㉕

　　泉、漳等府各縣聚族而居，大姓恃其既富且強，族大丁多，上與官府往來，下與書差勾結，倚其勢焰，動輒發塚拋屍，擄人勒贖，小姓受其魚肉，積不能平，於是聯合數姓，乃至數十姓，

以抵敵大姓，列械相鬥。福建巡撫毛文銓具摺指出，「查遏爭鬥，當始於大姓，次則游手好閒者，蓋閩省大姓最多，類皆千萬丁為族，聚集而居，欺凌左右前後小姓，動輒鳴鑼列械，脅之以威。而為小姓者受逼不堪，亦或糾約數姓，合而為一。遇其相持之際，雖文武官員率領兵役前往押釋，亦所不能。」㉖由此可知宗族械鬥的規模，必然不小，其激烈程度，形同戰場。

福建按察使德舒具摺指出福建宗族械鬥，「通省皆然，惟漳、泉為尤甚。」㉗由於宗族械鬥事件層出不窮，異姓結拜活動，遂成為各宗族在械鬥發生前的組織工作。所謂“以包為姓”集團，便是在宗族械鬥過程中大姓之間的異姓結拜組織，至於“以齊為姓”、“以同為姓”、“以海為姓”、“以萬為姓”等集團，則為各小姓之間的異姓結拜組織。質言之，閩粵地區異姓結拜風氣的盛行，與當地宗族械鬥的頻繁，確實有極密切的關係。

閩粵地區的異姓結拜組織，主要是承繼歷代民間金蘭結義的傳統。異姓兄弟舉行結拜儀式時，在神前歃血瀝酒跪拜天地盟誓的習慣，由來甚古，其起源可以追溯到戰國時代（西元前403年至222年）。《左傳》、《史記》等書記載戰國時代，諸侯大夫會盟，殺牲歃血，參加盟誓者，或口含牛馬雞犬的鮮血，或用獸血寫立盟書，以取信於人。西漢初年，劉邦在位期間（西元前206年至195年），亦曾與心腹大臣秘密舉行過“白馬之誓”。但所謂英雄豪傑或異姓兄弟的結義，其所以深入民間，實受《三國志通俗演義》及《水滸傳》故事的影響，桃園三結義及梁山泊英雄大聚義，在性質上，就是一種異姓兄弟的金蘭結義。劉備、關公、張飛三人在桃園以烏牛白馬祭告天地，焚香再拜，結為兄弟，宣讀誓詞，協力同心，救困扶危，不求同年同月同日生，但

願同年同月同日死，背義忘恩，天人共戮，這種強調義氣千秋的故事，早已家喻戶曉，耳熟能詳。《水滸傳》單道梁山泊好處一篇言語說：

> 八方共域，異姓一家。天地顯罡煞之精，人境合傑靈之美。千里面朝夕相見，一寸心死生可同。相貌語言，南北東西雖各別；心情肝膽，忠誠信義並無差。其人則有帝子神孫，富豪將吏，並三教九流，乃至獵戶漁人，屠兒劊子，都一般兒哥弟稱呼，不分貴賤；且又有同胞手足，捉對夫妻，與叔姪郎舅，以及跟隨主僕，爭鬥冤讎，皆一樣的酒筵歡樂，無問親疏。或精靈，或粗鹵，或村樸，或風流，何嘗相礙，果然識性同居；或筆舌，或刀鎗，或奔馳，或偷騙，各有偏長，真是隨才器使㉘。

引文中已指出異姓一家，三教九流，不分貴賤，都一般兒哥弟稱呼。異姓兄弟結拜後，都成一家同胞兄弟。金聖嘆修改的七十回本《水滸傳》敘述梁山泊英雄一百八員頭領在山寨忠義堂拈香歃血盟誓，由宋江為首宣讀誓詞，其誓詞內容如下：

> 竊念江等昔分異地，今聚一堂，準星辰為弟兄，指天地作父母，一百八人，人無同面，面面崢嶸；一百八人，人合一心，心心皎潔。樂必同樂，憂必同憂；生不同生，死必同死。既列名為天上，無貽笑於人間。一日之聲氣既孚，終身之肝膽無二。倘有存心不仁，削絕大義，外是內非，有始無終者，天昭其上，鬼闞其旁，刀劍斬其身，雷霆滅其跡；永遠沈於地獄，萬世不得人身，報應分明，神天共察㉙。

梁山泊英雄大聚義時宣讀的誓詞中「準星辰為弟兄，指天地作父母」，就是後世金蘭結義拜天為父拜地為母儀式的依據。老

一輩的人常說：「少不看水滸，老不看三國。」但在下層社會裡，《水滸傳》和《三國志通俗演義》卻是老少皆知的兩本小說，盛行於閩粵地區的異姓結拜，就是模倣其儀式，吸收其要素。異姓結拜，一方面模擬家族血緣制的兄弟關係，彼此以兄弟相稱，藉盟誓來約束成員，以強化內部的互助及組織；一方面吸收佛家破除俗姓，以“釋”爲僧侶共同姓氏的傳統，藉以發揚四海皆兄弟的精神。異姓兄弟結拜後，除了本姓外，另以象徵特殊意義的文字爲義姓，化異姓爲同姓，以打破各家族的本位主義，並消除內部彼此的矛盾。各小姓聯合後，或以“萬”爲義姓，象徵萬衆一心；或以“齊”爲義姓，象徵齊心協力；或以“同”爲義姓，象徵共結同心；或以“海”爲義姓，象徵四海一家。大姓因小姓聯合抵制而感受威脅，也聯合各大姓，舉行異姓結拜儀式，以“包”爲義姓，象徵包羅萬民。閩粵地區各宗族之間模擬血緣兄弟關係的異姓結拜集團，已具備秘密會黨的雛型。

　　《水滸傳》敘述宋江一打東平，兩打東昌後，回到梁山泊，計點大小頭領，共有一百八員，心中大喜，決定設壇建醮，至第七日夜間三更時分，從西北乾方天門滾出一團火塊，鑽入壇前地下，衆人掘開泥土，只見一個石碣，龍章鳳篆，前面三十六行，都是天罡星，背後七十二行，都是地煞星，天罡和地煞合計一百八員，就是梁山泊大小頭領的總數。宋江看過天書後，對衆頭領說：「鄙猥小吏，原來上應星魁，衆多弟兄也原來都是一會之人。上天顯應，合黨聚義。」㉚異姓結拜、合黨聚義的弟兄都是一會之人，就是會黨得名的由來。結合時，會員須對天跪地立誓，這種跪拜天地的儀式，就是天地會得名的由來。易言之，天地會的取名，正是從《水滸傳》梁山泊大聚義的誓詞而來㉛。福建布政使德舒具摺指出，「閩地僻處海濱，又多深山邃谷，習尚

強悍，以好勇鬥狠爲能，毋論秀頑，好學拳棒，往往創立會名，
聯合聲勢。原其初意，不過圖禦外侮，迨聚集日久，結交既廣，
或恃勇技過人，或逞機謀聚眾，肆然無忌。」㉜福建巡撫定長對
福建結會樹黨的緣起，剖析甚詳，其原摺略謂：

> 閩省山海交錯，民俗素稱強悍，凡抗官拒捕、械鬥逞兇之
> 案，歷所不免，近經嚴立科條，有犯必懲，此風已稍爲歛
> 戢。臣自抵任來，留心訪察，知閩省各屬，向有結會樹黨
> 之惡習，凡里巷無賴匪徒，逞強好鬥，恐孤立無助，輒陰
> 結黨與，輾轉招引，創立會名，或陽托奉神，或陰記物
> 色，多則數十人，少亦不下一二十人，有以年次而結爲兄
> 弟者，亦有恐干例禁而並無兄弟名色者，要其本意，皆圖
> 遇事互相幫助，以強凌弱，以眾暴寡。而被侮之人，計圖
> 報復，亦即邀結匪人，另立會名，彼此樹敵，城鄉效尤，
> 更間有不肖兵役潛行入夥，倚藉衙門聲勢，里鄰保甲，莫
> 敢舉首。小則魚肉鄉民，大則逞兇械鬥，抗官拒捕，亦因
> 此而起，是結會樹黨之惡習，誠爲一切奸究不法之根源
> ㉝。

結會樹黨，簡稱會黨。以年次結爲兄弟，就是異姓結拜，其
宗旨在求內部的互助，或求以強凌弱，或結連相抗，計圖報復，
秘密會黨就是由閩粵地區宗族械鬥過程中的異姓結拜集團轉化而
來的各種秘密組織。閩粵地區義結金蘭，結會樹黨，惡習相沿，
浸成風氣。郭廷以教授著《臺灣史事概說》認爲張禮、郭義、蔡
祿等締結同盟，以萬人合心，以"萬"爲姓，改姓名爲萬禮、萬
義、萬祿，依照行次有萬大、萬二、萬七之稱，後來的天地會則
爲其組織的擴大㉞。但是除了"以萬爲姓"集團外，尚有"以齊
爲姓"、"以同爲姓"、"以海爲姓"、"以包爲姓"等異姓結

拜集團。因此，與其說天地會是以"萬"爲姓組織的擴大，不如說清代秘密會黨就是由閩粵地區宗族械鬥過程中的異姓結拜集團轉化而來的各種秘密組織。

二、臺灣吏治與天地會的發展

　　清代臺灣的地方吏治，與天地會的發展有極密切的關係。閩粵民人移徙臺灣後，各分氣類，泉漳民人，心志不齊，惠潮客民，結連親故，氣勢甚盛，械鬥案件，層出不窮。郎擎霄先生撰〈中國南方械鬥之原因及其組織〉一文中從氣候、種族、人口、權利獨佔、教育、宗法觀念、遺傳性、風俗及盜匪等問題，以分析華南地區的械鬥原因㉟。惟就清代臺灣而言，其械鬥案件層出不窮的主要原因實爲地方吏治問題。清初，臺灣人口密度不大，土沃產阜，耕一餘三，但民變案件屢見不鮮。張菼先生撰〈清代初期治臺政策的檢討〉一文中將清廷對宦台文武官員所採取的措施歸納爲六項：任期短；任滿必升；文員不經部選；不許攜眷；崇其體制；旨其俸給㊱。在台成守總兵、副將、參將、遊擊等員，三年或二年任滿即轉陞內地，不使久任。其文官自道員教職以上，亦依武官之例，俸滿即陞。任期既短，縱有長才，亦難展布。福建巡撫於臺灣文職員缺，可就閩省現任官員內揀選調補，引薦私人，流弊叢生。地方官視臺灣缺分爲利藪，不以冒險渡海爲畏途，轉以得調美缺爲喜，惟利是圖，任意侵漁肥橐，以致欸怨殃民，擾累地方，會黨遂乘機起事。雍正初年巡視臺灣監察御史景考祥於「奏陳海疆情形」一摺已指出臺灣文武各員苟且彌縫的現象，其原摺略謂：

　　　　臣竊見今日之臺灣，非復五年以前之臺灣，亦非三年以前之臺灣矣。五年以前，官之求調補臺灣者，所圖惟三年陞

轉耳。而臺灣之兵民立社結盟，作盜爲姦，無分晝夜，官員見其難治，惟苟且彌縫而已，即三年以前，民之舊習未改，兵之強悍未除，而匪類潛蹤，難盡搜獲，有司雖竭力盡心，不能遽爲挽回㊲。

臺灣孤懸海外，五方雜處，土著之民少，流寓漢人與日俱增。巡視臺灣陝西道監察御史覺羅柏修曾指出「流寓之人，非係迫於飢寒，即屬犯罪脫逃，單身獨旅，寄寓臺灣，居無定處，出無定方，往往不安本分，呼朋引類，嘯聚爲奸。而考臺地變亂數次，皆係此等烏合之徒爲之倡首。」㊳流寓漢人既富於冒險犯難的精神，地方治安又欠佳，結盟拜會，動輒聚眾械鬥，甚至釀成大規模的民變。福建巡撫毛文銓具摺時亦指出臺地積弊，其原摺略謂：

臺灣一府，孤懸海外，該地又復五方雜處，兵民更多不法，而加以生熟各番天性兇頑，務須在臺文武同心合力，日夜提防，方免後患。今聞巡臺御史及鎮府各官俱大不相和，殊非地方之福。臣方始到閩，尚不知其所以大不相和之故，然既有所聞，不敢不奏也。至於該地原爲反側不常之所，凡屬蟻聚爲匪事發，類有富戶人等爲之謀主。臣前者在京面奉恩旨，該地富戶，必當設法移歸內地，此實皇上至聖至明，無微不燭者也。但查無事遷移，人情不無震駭，恐生意外之虞，此事所關甚大，不敢透露風聲，所以即該地文武亦不便輕忽諭知，臣惟密爲經畫，今欲飭行臺灣道府等員，無論強竊兇毆放火等項大小案件，一經發覺，即行通報批審，如內審有富戶人等爲之謀主者，除治罪外，即借此押移內地，不許容留在臺多事，並嗣後臺灣廈門兩處如有流匪事發，不必叛逆不軌，即聚眾劫殺，審

　　明有富戶人等爲之謀主，除治罪外，即抄沒其家，事外之
　　人雖有私議，亦不過爲海疆重地特嚴其法之意耳，如此漸
　　漸行之，則人不駭而事獲濟㉟。

　　清廷雖將臺地目爲「反側不常之所」，但並未能積極整飭吏
治。歷任總兵貪黷廢事，以致地方不靖。例如康熙四十七年
（1708）二月間，臺灣兵丁喧譟一案，即由總兵王元嗜酒廢事所
致。是年三月初三日，閩浙總督梁鼐與漕運總督桑格等在浙江湖
州府地方會勘建閘疏河處所時接到福建威略將軍水師提督吳英手
字，略謂：

　　臺灣鎮標戎旗兵丁爲賭博之事，有該鎮傳事領旗袒護隨
　　丁，只責營兵，眾兵以其乸擅不公，赴該鎮呈訴。而總兵
　　王元聽信先入之言，竟無發付，遂至眾兵譁譟，勒令罷
　　市，赴道擂鼓，齊集較場。經道府廳縣暨臺澎貳協副將多
　　方曉諭，眾兵勒要責革傳事領旗隨丁參人，併保眾人日後
　　無事，該鎮無奈依行，然後解散㊵。

　　據吳英指出總兵王元自從履任以來，日以沉酣爲事，兼之傳
事諸人壅蔽，致有此舉。梁鼐亦具摺奏稱臺灣爲海外要地，特設
重鎮，兵丁皆從內地調戍，其總兵一官，全在至公，必須寬嚴相
濟，始足以資彈壓。惟總兵王元年齒漸衰，調任臺灣以來，縱酒
廢事，舉動輕躁，實難勝海外重任。梁鼐同時又指出臺灣兵驕之
風亦不可長，以免悍暴要挾得志。旋奉清聖祖硃筆諭旨云「王元
即黃元，先任沙虎口副將，朕向所深知，爲人膽量雖好，做官平
常，所以不得官兵之心，原不欲用，因他海賊出身，慣曉海外情
形，故亦勉強用去，近日果有此事，爾等再細察訪奏聞。」王元
身患咯血症，又輕躁嗜酒，諸事廢弛。當兵丁與隨丁賭博爭鬧
時，其傳事領旗袒護隨丁，擅責兵丁，眾兵呈訴王元，然而王元

並不秉公處理，出言不善，以致引起兵丁的公憤，眾兵喧譟，齊赴較場，聲言「我等受朝廷厚恩，豈敢他爲，惟要會齊渡海告狀。」王元旋於閏三月二十八日病故。由臺灣兵丁喧譟一案可知營伍廢弛之一斑，兵驕將惰，惡習相沿，福建督撫一再指出「福建本地人做本地武官者，多瞻顧鄉情，討眾人之好，不嚴管兵丁，或更庇護，是其風習。」㊶梁鼐覆奏時亦亟陳其積弊，原摺略謂：

> 閩省臺灣，海外重地，總兵一官，關係封疆，其員缺尤爲緊要，在閩人生長海濱，海上情形，或所熟悉，而臺灣則兼統水陸，其重不盡在於水師，地方遼闊，番社雜處，更須威望懾眾，持重得體，方足以資彈壓。且以閩人而居此任，則其左右用事，必皆閩人，而親戚知交到彼探望貿易，因而藉勢招搖，俱所不免，即從內地調戍兵丁，其間亦多有本官同里共族之人，遇事未免徇情，多致不公招議，所以今年二月間已故總兵王元任內有兵丁喧噪之事也，臣愚以爲臺灣總兵一缺，閩人似非所宜㊷。

臺郡文武各員，人地既不相宜，因循貪縱，習氣已深，清世宗雖屢飭福建督撫整頓吏治，但積弊依然未除，辦理柔緩，教懲不力。據毛文銓奏稱地方大吏多虛應故事，例如黃國材初到巡撫之任時，原有整飭地方之心，其後因「奸民」不法，多貼無頭謗語，黃國材心懷畏懼，頓改作風，甚至多書字扇，散給頭人，遂致「奸民」益復驕恣㊸。總兵標下兵丁驕縱尤甚，原任總兵林亮不能彈壓，亦不能勤加操演，「台鎮三營之不堪，實同將軍標陸路提標一轍也。」㊹在臺武員，上下不協，各持己見，不能和衷共濟。據福建總督高其倬奏稱：

> 福建臺灣爲通省最要之地，離省最遠，且隔重洋，緊急之

事，皆須先出主見，即時料理，文武各員，必期得極妥之
人，方能於地方能有彈壓料理之益，若各員之中少有未
協，即須隨時留心，早思調劑。臣查臺灣總兵陳倫炯，操
守頗好，辦事勤愼，安平協副將康陵，自到任以來，實能
大改舊習，破除情面辦理，俱爲好些之官。但臣近訪聞得
二人因爭欲見好見長，意見不和。臣正在細察其實，近據
康陵詳稱，安平礮臺用木爲架，不如改用磚石壘砌，堅固
經久。臣行總兵再行酌議，陳倫炯以爲用石台，不如用木
架便於那移。後康陵又仍以必用石砌方好，陳倫炯仍以用
木爲是。彼此各執一說，雖料理營伍諸事爲經久之計，原
不妨各出己見參酌，期於極妥。但臣細審二人之文，皆中
含不平之氣，則其不和是實㊺。

至於滿漢不和的情形，亦極嚴重，據福建巡撫毛文銓奏稱滿
漢巡臺御史彼此不和，文武各員亦各分氣類，其原摺略謂：

臣因福州與臺灣，重洋阻隔，一時難以盡悉，未能細細指
明。今輾轉訪查，始知其概，而不和之中，惟獨巡臺滿御
史禪濟布與漢御史今授運使景考祥爲尤甚。臣聞禪濟布欲
有所行，景考祥務必再三執拗，兼且每在他人前訾詈禪濟
布操守不潔，材具不堪，所以禪濟布啣恨尤深。至文武中
如臺廈道吳昌祚、臺灣府范廷謀、海防同知王作梅、淡水
同知王汧及陞任參將呂瑞麟等皆直景考祥，而即爲禪濟布
所不悅，總兵林亮與禪濟布相得，而即爲景考祥所不悅，
不和之故，皆出於此㊻。

治理海疆重地，端賴文武達權通變，和衷共濟，以免搖蕩人
心。禪濟布與臺灣縣知縣周鍾瑄不睦，竟指使「刁民」聚集數十
餘人，拆毀臺灣縣糧書馬仁、黃成等房屋。徐琨到臺灣縣知縣新

任後，曾有--寡婦因護其子，與鄰居一男人角口打架，徐琨審理時，將男人責打二十餘板，寡婦亦責打十五板。寡婦以身非犯姦，實無打板之理，故至知府衙門孫魯處控訴，孫魯並不責備徐琨，含混了事，以致民情大爲不服。至於各衙門胥役侵盜錢糧，派累地方，更是所在皆然。乾隆年間，臺灣鎮歷任總兵，操守平常，聲名狼籍，深染綠營惡習，於所管各營，並不督率操演，平日亦不能嚴格管束兵丁，一任營兵游蕩曠玩。總兵柴大紀將所轄戍守兵丁縱令外出，貿易牟利，以致戍兵所存無幾。閩浙總督李侍堯赴任途中曾訪查柴大紀貪劣各款，內地派往臺灣的戍兵，多已賣放私回，其在臺地者，僅福建延建等兵留在營中當差，而漳泉兵丁多在外營生、開賭、窩娼，甚至販賣私鹽，恣爲奸利。鎮將等令其按月繳錢，若兵丁獲利甚厚，又須另有餽送。戍兵經年並不操演，迨各兵換班回來，鳥鎗俱已鏽澀難用。駐臺戍兵額數原有萬餘名，李侍堯咨查其實數，僅七千五六百名，其餘無著兵丁共有二千三四百名。在柴大紀所開戍兵原單內，臺灣府城存兵一項，戍兵共有三千七百餘名，但當林爽文起事以後據臺灣道府請兵稟內則稱府城內僅有戍兵五百名，⑰臺灣戍兵賣放缺額，弊端叢生。柴大紀自乾隆四十八年（1783）十月調任臺灣鎮總兵起至五十一年（1786）十一月林爽文起事前在任三年內僅巡查各營四次，其操演各營兵丁每年不過一二次，各營將弁相率效尤，皆不認眞訓練。臺灣南北兩路情弊相同，如出一轍，在各項弊寶中如夫價一節，據欽差大臣將軍福康安奏稱，臺灣向遇總兵巡閱時，各營員弁備辦人夫，抬送行李，漸至折送酒席下程銀兩，視營分大小定銀數多寡，統稱之爲夫價，柴大紀因襲舊習，亦令各營按照定數繳送，乾隆四十八年十一、十二等月，柴大紀巡查南北兩路，俱按營收取夫價，其中北路左營諸羅、中營彰化、北淡

水營，每營各送番銀六百圓，北路右營竹塹、南路鳳山、下淡水等營，每營各送番銀四百圓，共計番銀三千圓，俱係各營都司、守備，以至千總、把總，按其所得廉俸分股攤派彙繳，間有當時未經收取之處，即留其弟柴大經在營催取轉交。乾隆五十年（1785），柴大紀巡查彰化時，副將赫昇額以營兵不堪苦累，曾向柴大紀爭論，柴大紀不允，都司、守備等畏懼柴大紀，仍照數備送，統計柴大紀在任巡查四次，共得番銀一萬二千圓。柴大紀又得受所過廳縣餽送盤費，及折送下程酒席銀兩，每員二百餘圓至三百餘圓不等，共收七千三百餘圓。又每年收過各營員生日節禮番銀三千七百餘圓。鹿耳門海口例派遊擊、千總按季輪流駐守，凡是出入船隻掛號稽查船戶，向例俱送給陋規，如有例帶米石之外多帶米糧，仍須格外加送，管理海口將弁是由總兵派管，所得陋規，按季分送總兵。春季向來僅繳送九百七十二圓，柴大紀以春季船隻較多，飭令每月加增番銀二百圓，合計春季共繳送番銀一千五百七十餘圓，夏季一千二百七十餘圓，秋季九百七十餘圓，冬季六百七十餘圓。鹿仔港海口船隻較少，是由安平左營將弁管理，每年繳送番銀一千二百圓，北淡水通海港口雖未開設口岸，但船隻往來頗多，各汛員每年繳送番銀一千圓以上，統計每年共得番銀六千六百八十八圓，柴大紀任內共收受番銀一萬六千七百二十圓。此外貪賄之處頗多，乾隆五十年九月，淡水營經制外委缺出，上淡水營額外外委余登魁因差至府城，託巡捕鄭名邦帶同向柴大紀胞弟柴大經講定酬謝番銀八十圓，轉向柴大紀說明拔補照數交收。同年十二月內南路營及北路左營出有額外外委二缺，守備吳剛代步兵林長春即林上春、劉欽懇求拔補額外外委，柴大紀允准拔補，林長春即送番銀一百三十圓，劉欽送番銀一百二十圓，俱經巡捕鄭名邦帶同面交柴大紀收受。乾隆五十年

二月，有新拔外委甘興龍因班滿欲回內地，央託巡捕鄭英懇求柴大經關說早給委牌，當送番銀四十圓轉交柴大紀收受。同年八月，竹塹額外外委缺出，柴大紀以北路中營步箭兵伍永信拔補，收受番銀六十圓，由巡捕高大捷向柴大經說合轉交。乾隆五十一年十二月內柴大紀因步兵柴景山拔補鎮標在營額外外委，令巡捕高大捷索謝，柴景山即措備番銀一百二十圓交柴大經轉送柴大紀收受。從以上贓款可知臺灣歷任總兵貪婪之一斑，柴大紀因循舊習，弊端叢生⑱。當柴大紀被解送京師後，軍機大臣遵旨研訊，據柴大紀供稱：

> 我係浙江江山縣人，年五十九歲，武進士出身，由海壇鎮總兵於四十八年調任臺灣。是年我往南北兩路各營巡閱，聞得從前總兵查閱各營，俱預備人夫抬送行李，後來就折送酒席銀兩。我原糊塗貪小，照營分大小舊有規程收受。我共巡過四次，每次番銀三千圓，共得受過一萬二千圓。再我拔補各營外委，經巡捕鄭名邦、高大捷等說合，得受過余登魁、劉欽、林上春、伍永信、柴景山五人番銀，各七八十圓及一百餘圓不等。又外委甘興隆班滿要回內地，求我早發了委牌，給過我番銀四十圓。又鹿耳門等海口管理稽查，將弁向來都有陋規，每月各繳銀一百圓至三四圓不等。我因鹿耳門春季船隻較多，曾叫他們每月加增二百圓，都是有的。再我巡查時，經過廳縣，都送盤費銀兩二三百圓不等，共得過番銀七千三百餘圓，又每年受營員生日節禮番銀三千七百餘圓，亦是有的。總兵衙門內原有旗牌等四項頭目，他們所管兵丁代替該班，每月出錢三百文，是他們分用，我並未得過錢。又那兵丁在外貿易是有的，我實在沒有使令兵丁內渡營運的事⑲。

　　乾隆四十八年（1783），原任臺灣鎮總兵孫猛患病，因水師無人可調，閩浙總督富勒渾奏請將海壇總兵柴大紀署理臺灣鎮總兵，奉旨以柴大紀補授臺灣鎮總兵，柴大紀對其貪婪得贓劣蹟已供認不諱。

　　臺地兵丁皆三年更換，內地提鎮於兵丁換班之日，雖嚴加挑選始行撥遣，然而各營挑選之兵不盡過臺，每有半途賄買頂替者，凡熟習臺灣積慣生事的兵丁，前期換回，轉眼又到臺地，生事害民，不守法度㊿。乾隆年間，兵丁頂替的情形，益趨嚴重，臺灣鎮各營自守備以上，例有旗牌、材官、伴當、管班四項目兵，在衙門內輪流當差。其千總、把總等官分管的兵丁，或存營差操，或看守倉庫。其中漳泉兵丁因與本地民人大半同鄉，言語相通，多有在外生理之事。臺灣土產除米糖二項外，其餘無可興販，各兵原無資本，多在街市售賣檳榔、糕餅、編織草鞋，日積錙銖，作爲添補衣履之用。其汀州兵丁善於製造皮箱、皮毯，多在皮貨舖中幫做手藝，賺取工資，但非開行設肆。各兵丁日逐微利，閒散自由，憚於差操拘束，每月出錢三百文至六百文不等，僱倩同營兵丁替代上班，稱爲包差。此項包差兵丁以漳泉汀州爲最多，其他各府較少，而且向來操防兵丁又不按照內地原營歸整安設，一營之兵分作數十處，以致漳泉汀州兵丁散在各營，南北兩路處處皆有包差情事，其實每營每汛不過數名，所出包差錢文，俱交代班兵丁及署內四項目兵收受，柴大紀到任以後，遇事婪索，遂致備弁伙所顧忌，相率效尤，各營守備及千總、把總於所管包差兵丁，亦零星派繳錢文，各兵曠伍包差，南北兩路皆然。又因臺灣賭風甚盛，尤以所謂羅漢腳旣無家室，游手好閒，多以賭博爲事。南北兩路守備、千總、把總等對於所管汛地內派兵巡查時，兵丁遇有開賭之處，每處勒索錢百十文不等，據福康

安奏稱：

> 臣等以地方聚賭，自係積慣誘賭之人開場聚眾，抽頭漁
> 利，必有餽送營員規例，何以零星索詐，每處僅得百十
> 文，其中顯有瞞飾，再四窮詰，並密加察訪情形。緣臺灣
> 無籍游民，並無家室者，名爲羅漢腳，多以賭博爲事，每
> 人各帶錢數百文，即於街市環坐聚賭，骰牌跌錢之外，更
> 有僅用蓆片上畫十字，即可群聚壓寶，雖素未識面之人，
> 皆可普賭，朝東暮西，並無定所，實非開場設局誘令押寶
> 之人重貲聚賭可以肆行訛詐，多得銀錢。該汛兵丁遇見，
> 即將攤場錢文稍爲分潤，每處百餘文，或數十文，實不能
> 多爲婪索。四十八年以後，兵丁等所得錢文，均與本管營
> 員陸續分用。此內惟鎮標中左右三營向設千總、把總，輪
> 流值月，凡遇差務及上司過往，並收拾演武廳預備總兵將
> 備茶水點心，不無賠累，所得庇賭錢文，均爲添備值日之
> 費，該營守備等並不分用，間有零星費用之事，亦俱令值
> 月千總、把總代爲備辦⑤。

臺郡兵房營汛，統計不下二千四百餘間，或被焚毀，或任其
傾圮，所存已十無一二，多數兵丁俱不住兵房，而居住娼家。據
福康安奏稱：

> 兵丁窩娼一節，訊據供稱戍兵來至臺灣，因近年兵房坍
> 塌，無可棲止，租賃民房，力有不贍，娼家留兵居住，藉
> 以包庇，而兵丁既省房租，兼可寄食，並非自行窩娼，亦
> 無另得錢文，再三究詰，似無遁飾。查臺灣各營將弁不知
> 勤慎操防，整飭營伍，乃於上司巡閱，則餽送逢迎，於所
> 管兵丁，則貪得餘潤，縱令包差，曠伍貿易，甚索取庇賭
> 陋規，不論錢數多寡，自數十文至百餘文不等，遇事婪

索，卑鄙不堪，且任聽兵丁居住娼家，不加約束，以致存
營兵少，武備日益廢弛，其貪劣貽誤，釀成巨案之罪，實
爲重大⑫。

軍機大臣遵旨將貪黷廢弛等款詰問柴大紀云：

你在臺灣，廢弛營伍，全不認眞操演，縱令兵丁在外包庇
娼賭，販賣私鹽及任聽班兵丁得錢代替，你若非通同染指
及分用錢文，焉肯不行查辦？又各處兵房塘汛倒塌，何以
不隨時修葺？歷任總督難道任你如此疏縱怠玩，並不查
察，據實供來。

據柴大紀供稱：

臺灣營伍廢弛，我不能實力整頓，隨時操演，以致兵丁在
外包庇娼賭，原是有的，無可置辯。至兵丁販賣私鹽，實
無其事，各州縣海口時拏獲私鹽，若有兵丁在內，豈無一
二起敗露到案，可以查得的。至總兵衙門該班兵丁包差代
替，原是向來有的，所得錢數不過數百文，我實不曾分
用。兵房塘汛，係積漸坍塌，四十八九五十等年，經富雅
兩督疊札嚴查整頓，我因修費太重，難於詳請，又未能捐
廉辦理，後就有賊匪滋擾，已是追悔無及了⑬。

柴大紀因循綠營積習，其廢弛營伍，較歷任總兵尤甚。至於
府縣衙門，由於地方官平日倚爲耳目，不肖蠹役，私設班館，擅
置刑杖拶指，勾黨盤踞，肆惡殃民，擾害良善，以致激變民心。
林爽文起事以後，閩浙總督李侍堯提審會黨要犯後具摺奏稱：

臣因此案多係會匪，再三研究起會根由，據各犯所供，併
悉心察訪，緣此會由來已久，其始起於衙役下鄉，藉端滋
擾，隨有負氣好事之徒，興此一會，互相盟約，有事相
幫，冀圖拒差，使衙役不敢擾害，其後傳習益多，日覺強

橫，遂轉成無賴兇徒，藉作欺壓善良，搶劫財物之助，或十數人爲一夥，或數十人爲一夥，相遇則有手勢暗號，彼此相通，雖反覆刑訊，實不能指出此會之總頭人(54)。

乾隆五十二年（1787）十二月十六日，清高宗諭軍機大臣時已指出林爽文「糾衆倡亂」，是由於地方文武，平日貪索擾累，以致激成事端。而官吏騷擾地方，剝削百姓，實以文職爲多，其武職所轄，不過營伍兵丁，並不經管地方事務，雖從中婪索，然較之地方文職所得，不過十之一二而已。是月十七日，清高宗頒諭云：

福建臺灣府孤懸海外，遠隔重洋，地方遼闊，民情刁悍，無藉奸徒，往往借端滋事，皆由地方官吏任意侵婪，累民歛怨，而督撫遇有臺灣道府廳縣缺出，又以該處地土豐饒，不問屬員能勝任與否，每用其私人，率請調補，俾得侵漁肥橐。所調各員，不以涉險爲虞，轉以調美缺爲喜。到任後利其津益，貪黷伙厭，而於地方案件，惟知將就完結，希圖了事，以致奸民無所畏憚。始而作奸犯科，互相械鬥，甚至倡立會名，糾眾不法，遂爾釀成巨案，總因歷任督撫闒冗廢弛，地方官吏，竟不可問(55)。

有清一代，臺灣民變屢起，如蛾撲火，吏治腐敗，營伍廢弛，實爲主要原因。《嘯亭雜錄》一書亦謂：

雍正元年，以諸羅北境遼闊，增設彰化縣及淡水同知，地大物夥，俗日淫侈，奸宄竊發，官斯土者，又日事朘削。會漳泉二府之僑居者械鬥至數萬人，官吏不能制，水師提督黃仕簡率兵至，以虛聲脅和始解，自是民狃於爲亂，豎旗結盟，公行無忌。淡水同知潘凱方在署，忽報城外有無名屍當驗，甫出城，即爲人所殺，並胥吏殲焉，當事者不

能得主名，詭以生番報，使人以酒肉誘番出，醉而殺之，
奏罪人已伏法，而殺人者實脫然事外，於是民益輕官吏，
而番亦銜刺骨⑤。

民既輕視官，復輕視吏，樹黨械鬥，其風日熾，公行無忌，
官兵不能彈治，終於釀成巨案，林爽文之役就是因地方吏治敗壞
而以會黨為基礎的民變。

三、林爽文揭竿起事與會黨響應

林爽文，福建省漳州府平和縣人，生於乾隆二十二年
（1757），乾隆三十年（1773），隨其父林勸等徙居臺灣彰化大
里杙，趕車度日，素喜交結，曾充縣衙門捕役。是時天地會的傳
佈，蔓延已廣，據林爽文供稱，「時常聽見說，漳、泉兩府，設
有天地會，邀集多人，立誓結盟，患難相救。」⑤據天地會黨陳
丕供稱，天地會傳聞已久，其供詞云：

> 小的年六十四歲，福建漳浦縣人，祖居雲霄尾村家中，父
> 親已故，有母方氏，現年八十六歲，妻謝氏，兄弟陳令、
> 陳昌，並無兒子。小的自幼習學拳棒，會醫跌打損傷。乾
> 隆三十二年，聽得本縣高溪鄉觀音亭有提喜和尚傳授天地
> 會，入了此會，大家幫助，不受人欺負，小的就與同鄉的
> 張破臉狗去拜從提喜入會，從來因有同縣人盧茂等犯了重
> 案，拏獲治罪，官府凡遇地方有結盟拜會的人，都要拏
> 究，小的害怕，就在家裏耕種，不敢說出拜會的事，平日
> 並未到過臺灣，也無傳授過別人的事。那提喜和尚是漳浦
> 縣人，大家都叫他提喜和尚，他俗家住在何處？是何姓
> 氏？小的沒有問過，不敢妄供。提喜現年約有六十八九
> 歲，小的近年以來就不到觀音亭去，此時提喜是否還住在

那裏？實不知道。這會傳聞已久，不知始自何年何人？並
非提喜倡起的，他此外傳授何人？小的不知道。那陳彪、
趙明德也是天地會人，小的都認識的。陳彪住平和縣雲寮
鄉，年約六十多歲，小的與他久不見面了。趙明德住漳浦
縣雲霄城北門內倉邊巷，年約五十餘歲，小的到過他家，
住屋三間，有兩個兒子，大的約二十餘歲，小的約十三四
歲，不曉得他們名字，陳棟，小的實不認識，供不出年歲
住址的⑱。

　　提喜在漳浦縣高溪鄉觀音亭傳授天地會時，陳丕等人即加入
天地會，其後會黨勢力日盛，漳州詔安縣雲霄高坑菴、馬坑廟、
丁仔峽、石磜、尾溪等地都是傳會的地方，乾隆四十八年
（1783），陳彪借行醫為名在平和縣傳嚴煙即莊煙，又名嚴若海
等入會。據嚴煙供稱：

　　　凡傳會時在僻靜地方設立香案，排列刀劍，令在刀下鑽
　　　過，即傳給會內口號，結為弟兄，連父母妻子不許告知，
　　　也不寫帖立簿，那起會的朱姓叫朱鼎元，幫同傳會的本姓
　　　實在不知名字，他們兩家傳下一個洪字暗號，所以叫做洪
　　　二房，賊旗上書寫洪號字，並有五點二十一隱語，都是取
　　　洪字的意思，曉得暗號，就是同會，即素不認識之人，有
　　　事都來幫助⑲。

　　天地會除「五點二十一」等隱語外，尚有「取煙吃茶俱用三
指」、「說話不離本字」、「李朱洪」、「洪水漂流」、「以大
指為天，小指為地」、「遇搶奪之人即用三指按住心坎」等暗
號。有人問及「有無兄弟」，答以「左右俱有兄弟」。問從那裏
來？祇說「水裏來」，便知是同會之人。乾隆四十八年，嚴煙藉
賣布為名，渡海至臺灣傳授天地會。乾隆四十九年（1784），嚴

煙在溪底阿密里庄傳授天地會。是年三月十五日，林爽文聞知會
員衆多，便於糾搶，即聽從入會。乾隆五十一年（1786）八月十
五日，林爽文與林洋、林領、林水返、張回、何有志、王芬、陳
奉先、林里生等，因平日意氣相投，遂在大里杙山內車輪埔飲酒
結拜天地會，互相約誓，有難相救，有事相助，武斷一方，地方
官不敢過問。

是時，諸羅縣添弟會與雷公會因爭產械鬥，地方官查辦過
激，遂成爲林爽文發難的導火線。諸羅縣九芎林地方有捐職州同
楊文麟螟蛉長子捐貢生楊功懋即楊光勳，「好事游蕩」，楊文麟
親生之子監生楊功寬即楊媽世，「不安本分」，兄弟二人爭產不
睦。楊文麟溺愛楊媽世，將楊光勳析居相隔數里的石溜班地方，
每年給以定數銀穀，楊光勳不敷花用，時與楊媽世爭財吵鬧。乾
隆五十一年（1786）六月，楊光勳糾人潛至楊文麟臥室搬取財
物，爲楊媽世率衆逐散，楊光勳益懷忿恨，起意結會樹黨，秋成
搶割在田稻穀，遂約素好的何慶爲主謀，意欲弟兄日添，則爭鬥
必勝，故稱爲添弟會，設立會簿一本，登記入會姓名及住址。自
七月初一日起陸續糾集七十五人，每人給與番銀二圓，並允搶割
事成後另行分潤。據添弟會要犯陳輝等供稱：

> 楊光勳因被伊義父楊文麟析居，心懷不忿。楊文麟田園較
> 廣，冀圖糾衆搶割，兼備鬥毆，遂起意立會，每人先給番
> 銀二圓，藉其幫助，並許搶割之後，再爲分潤米穀，惟恐
> 會內不肯出力，是以立簿登名，倘有臨時退諉者，仍向討
> 還番銀。伊等貪圖微利，聽從入會⑥。

楊媽世聞知楊光勳結拜添弟會後，亦起意結會樹黨，商同素
好的潘吉爲主謀，以防楊光勳搶鬥，因楊光勳兇惡不肖，必被雷
擊斃，故稱其會爲雷公會。潘吉陸續糾集何稽等二十四人，每人

各給錢五百文⑥。據楊媽世供稱「聞知楊光勳結會之事，因離城較遠，且田穀將熟，告官禁阻，恐致無及，隨亦就近結會，以備抵禦。」因田穀將熟，楊文麟恐添弟會與雷公會爭鬥，釀成慘案，乃首告楊光勳結拜添弟會。楊光勳亦訐告楊媽世糾合潘吉等倡立雷公會。原任諸羅縣知縣唐鎰未即查辦，旋經同知董啓埏接署。閏七月初四日，署諸羅縣知縣董啓埏與北路協左營守備郝輝龍查拏會黨。旋拏獲二會首夥要犯楊媽世、黃鍾、張泮、張關、張仁、張汀、賴振、賴運、蔡孝、陳郡、何淡、黃冷、林奢、林晚十四名，並拏獲楊文麟及楊光勳之子楊狗押解回縣審辦，楊狗旋以賄釋去。閏七月初七日未刻，石溜班汛把總陳和奉文拏獲添弟會要犯張烈一名，陳和帶兵四名，即於是日酉刻起身解縣，亥刻，行至斗六門地方，在倪二飯店歇息。楊光勳、何慶、張能偵知能張烈被拏獲，起意劫囚，即邀集會黨何夜、盧桓、涂華、許微、姚托、劉信、魏景、沈典、賴丕、李鴻、吳潮、賴榮、陳輝、黃抱、黃添才、羅來、賴軍、賴省、賴丕、簡正、張燕、許誇、鄒旺、柯贊、郭卜、何養、何才、何郎、陳其三、柯英、柯三貴、吳遠、胡再、何嗣、陳道、黃青、吳三元、盧和、邱飽、蔡庇、楊池、張光輝、張猛等四十七人，各持刀棍，趕至倪二店前。楊光勳先令何才、林日、張光輝放火，並令何夜等圍店搶犯。把總陳和與兵丁各拔刀出店抵禦，陳和砍傷許微、姚托，兵丁伊盛、吳得陞砍傷盧桓、賴丕，旋因眾寡不敵，陳和被許微、姚托、張能、魏景、葉來用鐵串半斬刀殺傷斃命，其餘兵丁伊盛、吳得陞、游清被盧桓、賴丕、何夜、涂華、沈典殺傷身死，兵丁高玉恭被劉信砍傷走脫，張烈遂被奪去。斗六門汛把總陳國忠、外委陳得貴、巡檢渠永湜據報後即率領兵役，攜帶鳥鎗刀杖星赴救火拏犯。楊光勳、張烈率眾三四十人各持刀棍拒捕，李

鴻、吳潮傷斃巡檢家丁華喜,陳國忠飭令兵丁施放鳥鎗,打死何郎、陳其三、柯英、柯三貴、吳遠、胡再、何嗣、陳道八人,並鎗傷何慶等人,楊光勳等人始退散。因雨驟夜黑,會黨何夜、盧桓二名為兵丁擒獲。初八日,董啓埏、郝輝龍據報後即率兵馳赴斗六門,初九日,北路副將赫昇額續至。初十日,臺灣鎮總兵柴大紀、臺灣道永福亦率同臺灣府知府孫景燧、鎮標中營遊擊耿世文帶領兵役馳往諸羅,會同督飭文武員弁分路查拏,在諸羅及彰化縣境內陸續拏獲添弟會劫囚首從要犯楊光勳、何慶、張能、涂華、許微、姚托、陳輝、沈典、黃抱、黃添才、羅來、賴軍、賴省、賴丕、簡正、張燕、許誇、鄒旺、柯贊、郭卜及添弟會會黨賴茂、賴斗、黃憐、王碧、王弼、周桃等人,又拏獲雷公會夥犯潘吉、何稽、何歸、何啓明、呂僥、呂述、楊永、鄭忠、朱昶、方雅及楊文麟等人。旋於楊光勳家內搜出會簿一本,按名拏獲劫囚重犯李鴻、吳潮、劉信、魏景、何養、黃青、吳三元、盧和、邱飽、蔡庇、楊池、張光輝、何才、林日、葉東、張猛等人,此外又有添弟會要犯張刊、何夢、陳養、張散、蔡正、高杭、蔡佃、沈楊、林陳及雷公會要犯賴琳、林信、林力、陳清、吳勝、蘇應、張泮、楊衿、歐穎川、許開生、張賢等人。添弟會與雷公會合計會員一百零二人,統計先後拏獲八十九名,經臺灣鎮道審辦。其中楊光勳「始則為首妄立會名」,繼則何慶、張能起意率黨劫囚,張能又同許微、姚托、魏景、葉東、盧桓、賴丕、何夜、涂華、沈典、劉信下手殺害弁兵,張光輝、林日、何才放火,拒敵官兵,李鴻、吳潮傷斃巡檢家丁,以上十八名,俱因「不法已極」,而按照清代律例謀叛不分首從皆斬律擬斬立決,於閏七月二十九日先行正法梟示。其陳輝等聽從入會,復聽從劫囚,各持刀棍在場助勢,「同惡共濟」,除何郎、陳其三、柯

英、柯三貴、吳遠、胡再、何嗣、陳道八名先被鎗傷身故未議
外，其餘陳輝、黃抱、黃添才、羅來、賴軍、賴省、簡正、張
燕、許誇、鄒旺、柯贊、郭卜、何養、王青、吳三元、盧和、邱
飽、蔡庇、楊池、張猛二十名則照謀叛律擬斬立決梟示，各犯家
屬查明緣坐，財產入官。楊媽世係監生，爲首結會樹黨，從重改
發伊犁充當苦差。添弟會要犯黃鍾等二十五名，並未同往劫囚，
雷公會要犯潘吉等二十四名，以上四十九名，聽糾入會，從重均
發雲貴兩廣煙瘴地方充軍改發極邊足四千里。楊文麟係捐職州
同，平日不能管束其子，任聽結會圖鬥，發往雲貴兩廣煙瘴稍輕
地方，家產查抄入官。而拒捕各犯賴榮、張烈及會黨葉省、蔡
福、張員五名則已逃逸未獲。各逸犯紛紛逃匿彰化縣大里杙，添
弟會、雷公會與天地會遂互相結合。欽差大臣福康安詳查滋事緣
由後指出：

> 五十一年秋間，諸羅會匪楊光勳與伊弟楊媽世爭產不和，
> 楊媽世邀同張烈、蔡福等另結雷公會，互相爭鬥。伊父楊
> 文麟偏愛幼子，首告楊光勳入天地會，楊光勳復訐告楊媽
> 世糾合蔡福等倡爲雷公會。諸羅縣知縣唐鎰未即查辦，旋
> 經同知董啓埏接署，藉稱訪聞差拿會匪到案，外委陳和帶
> 兵護解匪犯張烈一名，行至斗六門，楊媽世糾約會匪攻庄
> 劫犯，將陳和等殺害，董啓埏並未嚴究羽黨，而在斗六門
> 攻庄受傷之犯潛匿彰化縣內。署彰化縣知縣事同知劉亨基
> 以楊光勳業被拏獲，希圖即邀議敘，逃逸匪犯又係諸羅之
> 人，心存推諉，不復嚴行查緝，雷公會匪遂與天地會合爲
> 一會，蔡福等逸犯即逃至大里杙藏匿⑫。

林爽文起事以後，清廷嚴查天地會，清高宗等遂以楊光勳案
內所稱添弟會，明係天地會名目，劉亨基私將天地二字改爲添弟

字樣，換以同音的字意，欲化大爲小，實屬有心取巧，希圖規避
處分。地方官將天地會改作添弟會，是何人的主見？清高宗諭軍
機大臣寄信閩浙總督李侍堯等確查嚴參。李侍堯細查楊光勳械鬥
案件，原卷內有臺灣鎮總兵柴大紀、臺灣道永福奏稿一件，臺灣
府知府孫景燧稟文一扣，俱書添弟字樣。永福被革職拏交刑部治
罪時亦供稱原案文稟，俱係添弟字樣，並非擅改，可見添弟會在
林爽文起事以前確已存在，並非由地方官改名而來63。由於地方
官查辦過激，兵役肆虐，凡有拏獲，立行杖斃，藉端索詐，焚燬
民房，牽連天地會，人心不服，林爽文等乘機起事，楊光勳與楊
媽世爭產械鬥案終於擴大成爲天地會抗拒官兵的群眾運動。據林
爽文供稱：

> 斗六門地方，有楊光勳弟兄，因分家起釁，立會招人入
> 夥，被人告發，並牽連我們，一齊呈告，彰化文武官員，
> 差人各處查辦，衙役等從中勒索，無論好人歹人，紛紛亂
> 拏，以致各村庄俱被滋擾。那時林泮等房屋已被官兵燒
> 燬，他同王芬、陳奉先、林領、林水返、陳傳、賴子玉、
> 蔡福、李七、劉升等起意招集各庄民人，抗拒官兵，就來
> 邀我64。

乾隆五十一年（1786）十月，知縣俞峻抵彰化縣新任，因聞
大里杙會黨恃險抗官，欲乘歲暮糾夥搶劫，而主張急治，差役黃
姓、傅姓等人藉端索詐，林泮等會黨的房屋俱爲兵丁所焚燬，林
泮等遂糾集會黨，抗官拒捕，揚言官兵欲來勦洗，並邀林爽文領
導會黨起事，經其族長林繞、林石、林湖、林全等勸阻，將林爽
文藏匿糞箕湖山內。十一月初七日，總兵柴大紀巡閱各營，行抵
彰化，經副將赫生額、彰化縣知縣俞峻稟報會黨聚眾抗官，並請
即撥兵前往查拏。柴大紀藉口調兵，返回府城。十一月十六日，

始派遊擊耿世文、知府孫景燧帶兵三百名馳赴彰化會同副將赫昇額等緝治會黨。臺灣道永福等見柴大紀遲遲不肯帶兵赴援，曾與楊廷理等私相議論云「我若是總兵，早帶兵前進。」⑥孫景燧駐劄彰化縣城，耿世文、赫昇額、兪峻帶領兵丁壯役於十一月二十日至距大里杙七里的大墩地方劄營。兪峻親往各庄搜捕，同時曉諭庄民擒獻林爽文及雷公會、添弟會各逸犯，聲稱「如敢違抗，即燒庄勦洗。」《嘯亭雜錄》謂兪峻「諭村民擒獻，否則村且毀，先焚數小村怵之，被焚者實無辜，爽文遂因民怨集衆夜攻營。」⑥是時，天地會爲擴充勢力，大量吸收會員，漳州籍庄民遂紛紛被邀加入天地會，據陳傍即陳榜供稱：

> 原籍漳州府漳浦縣人，年三十二歲，父母已死，並無伯叔兄弟，也沒有娶妻。乾隆四十六年往臺，在彰化縣大肚地方肩挑度日，與在臺居住的許溪同縣相熱。五十一年十一月初間，許溪邀小的入天地會，說入了這會，就不怕人欺侮，小的允從，同到王芬家中與郭盞們一同入會的。當時只見林爽文、王芬、許溪、郭盞、陳樵、吳帶、吳卞、李積、郭卻、阮澤、薛指、林倚、趙榮、林載生、陳典雄、陳良德、陳桃、王太、林旋、張玉、陳理、林泮這些人，餘外尚有何人？並不知道，縣主會營查拏，林爽文起意抗拒⑥。

林泮等見民怨沸騰，庄衆驚懼，欲乘機起事，又前往糾約林爽文。十一月二十五日，林爽文與劉升、林泮、王芬、何有志等聚集二百多人，在茄荖山（在南投縣草屯東北）豎旗起事，原推林爽文作盟主，因合庄耆老發誓不肯由林爽文爲首，另推劉升爲盟主。劉升爲漳州龍溪縣人，在臺生長，年四十六歲。劉升等糾合會黨及庄衆一千餘名於十一月二十七日夜間四更時刻往劫大墩

營盤，耿世文、赫昇額、兪峻及千把總等猝不及防，俱被殺害，全軍覆沒。是時，除添弟會、雷公會黨夥加入抗清陣容外，小刀會亦起而響應，其中如彰化小刀會首領林阿騫就是林爽文的同族，而且居住於其鄰村㉘。

劉升等率衆攻破大墩營盤後，自知事態嚴重，因思攻佔彰化縣城以爲根據地，即於沿途邀集會黨，裹脅庄民同行，衆至三千人，往攻縣城。知府孫景燧、北協中營都司王宗武、同知長庚、前署彰化縣事俸滿臺防同知劉亨基等督率鹿仔港巡檢馮敏宗、原任典史李爾和、外委許瑪率領兵役，調集熟番，掘濠插竹，分門戒嚴。因存城兵少，而縣城又係栽竹爲牆，遂爲會黨砍破，擁入城內。李爾和、許瑪皆受重傷，孫景燧、劉亨基、長庚、王宗武、馮敏宗等俱被殺戮㉙。關於劉升等攻破彰化縣城的時間，各書記載頗不一致。《清代通史》、《臺灣通紀》、《聖武記》等書俱謂林爽文於十一月二十七日攻破彰化縣城；《臺灣縣誌》、《彰化縣志》、《臺灣通史》等書則繫於是月二十九日。惟據大肚社番字寄大甲社通事稱「十一月二十九日晨，縣城已失陷，路途梗塞。」考其原因，或由於林爽文起事之初，地方文武員弁紛紛稟報，然多屬風聞，未得確信。據前往彰化投文的兵丁賴得林稱：

> 小的蒙差赴彰投文，在彰城中住宿，有賊匪數千圍攻城池，於二十八夜將縣城攻破，王都司被害，其餘各官因倉皇之際，不能深悉。小的假裝火頭，始得免害。次日，混出逃回㉚。

大肚社致大甲社通事的信函所稱彰化縣在十一月二十九日晨已經失陷與兵丁賴得林口述林爽文於是月二十八夜攻破縣城是彼此符合的，質言之，林爽文攻破彰化縣城的確切時間，是在十一

月二十八日夜間。

　　劉升等率領會黨攻破大墩、及彰化後，到處張貼安民告示，俱寫「大盟主劉」字樣，其後眾人議論，多不服領導，公推林爽文為首，劉升將令旗交出，林爽文做了盟主，封劉升為元帥，但劉升不情願，改封副先鋒，兼管北路協⑦。據天地會重要頭目林領供稱攻破彰化縣城後，「因林爽文為人爽快，有義氣，推他做大哥。」林爽文既佔據彰化縣城，稱為盟主大元帥，會黨對內仍呼林爽文為大哥，會員彼此則以兄弟相稱。黨夥搶奪舖戶綢布豎立旗號，初書「天運」年號，後稱「順天」。十一月二十九日，舉行慶功宴，以縣署為盟主大元帥府。彰化既破，旋即分路往攻鹿仔港、淡水、諸羅等處，留高文麟、楊振國、楊軒等帶同黨眾數百人守護彰化縣城，林領、林水返據守大里杙附近烏日庄、田中央等處，陳傳佔據南北投，蔡福佔據古坑，李七攻取斗六門。因恐村民充當義民，故令在辮頂外留髮一圈，便於識認。臺灣南路，天地會相傳已久，據莊大韮供稱「天地會名色，相傳已久，實不知道起自何時？但曉得入了會，如有衙役來欺侮我們，會內的人可以齊心幫助，並無別的緣故。」莊大田亦供稱「見面時，只有一個暗號，說五點二十一，就知道是會內的人了，所以我叫洪號輔國大元帥，算是會頭，此外並無別故。」莊大田為莊大韮族兄，莊大田為漳州平和縣人，乾隆七年（1742），隨父母渡臺，居住篤家港，種田度日。莊大韮係漳州龍溪縣人，居住鳳山阿里港，開設鞋舖。林爽文攻佔北路各處後，為增加聲勢，並牽制清軍，即於乾隆五十一年十二月間遣派陳天送前往南路糾約天地會黨同時起事。據莊大田供稱是月「有北路素識之陳天送到我庄上說，林爽文有書信來，要我招人造反，我就同陳天送招集一百餘人，在各舖戶斂錢搶劫，共湊錢三千錢，大家均分。並搶布

數十疋，做了許多旗子，叫手下人各處招人豎旗。」⑫莊大韭、
陳天送欲令衆人到北路歸順林爽文，衆人不肯遠行，原要推莊大
韭做大哥，因衆人不服，改請莊大田爲大哥。莊大田自稱洪號輔
國大元帥，其木質印信鐫刻「洪號輔國」四字，莊大田遂與林爽
文南北相應，設官分職，以強化組織。在北路方面，林爽文先後
以陳奉先、陳梅、董喜、及侯辰等人爲軍師，劉懷清即劉四爲彰
化縣知縣，劉志賢即劉鼎鉉，又名劉賢士爲海防同知，楊咏即楊
振國因林爽文念其從前賣放之情，許爲副元帥，高文麟許爲總
爺，楊軒委辦軍務，王作爲征北大元帥，陳秀英爲中南總統大元
帥，林水返、黃玉娘爲副元帥，王芬爲平海大將軍，又稱靖海大
將軍，賴達爲保駕大將軍，何洪爲武勝將軍，王茶爲遊巡將軍，
林九爲鎮北將軍，陳傳爲安南大將軍，謝檜爲都督將軍，溫道爲
護駕大將軍，柯春爲鎮國大將軍，林桂爲保駕大將軍，李春風爲
順勇將軍，林扇爲鎮北將軍，加封中路開國總先鋒、保駕大元
帥，郭鑒爲護國將軍，加封總監軍兼理詞訟，劉三即劉三嘉爲忠
武將軍，郭漢生爲輔信將軍，劉笑爲英武將軍，李載爲掃北大將
軍，林駕爲右衛大將軍，陳元、涂虎爲遊擊將軍，陳商爲水陸將
軍，林達爲宣略將軍，廖東爲將軍，陳泮爲征南大都督，林領爲
大都督，許尙爲靖海侯兼都督使，何有志爲右都督，蘇敬爲左都
督，蔡福總督內外諸軍務，鄭記爲總先鋒，劉升爲副先鋒兼管北
路協，陳天送巡查察院，林舊爲總先鋒，加封靖山大將軍，林全
總曹帥府兼管水陸軍務，涂龍爲左監軍，何泰爲中路總提督，林
楓爲九門提督，陳闊爲北路先鋒，林倉管理軍糧，林繞爲總名耆
老，管理總制帥府鈐印。各將領分掌各旗，每旗管理二、三百人
不等，其中陳泮與陳傳管理紅旗，把守南投；蔡福管理青旗，把
守諸羅；李七管理白旗，把守斗六門；何有志管理黑旗，把守大

肚；林爽文執掌黃旗，往來督陣。北路各軍所用的銀錢，是向富戶派出米糧，在各庄勒派，山田按一九抽收，水田按二八抽收，間有收糧人作弊，對半平分者，所抽米石，俱交林侯、林棍、林得壩、林水等分散各軍。在南路方面，莊大田先後以簡添德、李惠為軍師，簡添德旋加封總參軍，莊大九為護國元帥，何光義為順天副元帥，許光來、黃成為副主帥，莊大韭為開南大將軍，林漢為輔國左將軍，陳舉為洪號大將軍，陳寧光為護駕大將軍，黃潘即番子潘為金吾將軍，李出為保駕大將軍，蘇良為征西將軍，葉娥為洪號右將軍，陳牙為洪號開南左先鋒，王什方為副先鋒，張益光為招討使。南北兩路，會黨並起，聲勢日盛，官兵遂分起東渡。

四、福建水陸提督渡臺與鳳山再失

林爽文起事後，攻城略地，臺灣總兵柴大紀、臺灣道永福等聞彰化縣城失陷後即命鎮標遊擊李中揚、千總蘇明耀、魏大鵬等帶兵六百名馳往諸羅，因東邊三路可由羅漢門通達臺灣府城，另飭該汛守備李步雲防堵，並撥臺協水師兵丁協力截拏。同時因鐵線橋為諸羅與笨港（北港）通往府城必經之路，柴大紀於十二月初四日帶領鎮標兵丁督同臺協左營遊擊林光玉前往駐劄，又以中營遊擊楊起麟為後援，另檄調澎湖協兵丁八百名，由右營遊擊蔡攀龍帶領渡臺，聽候調用。鹿仔港守備陳邦光會同泉粵庄義民及受傷北協中營千總帥挺、外委許瑪在鹿仔港募集鄉勇者禦。駐劄竹塹的署淡水同知程峻會同守備董得魁帶領兵役鄉社番前赴中港（苗栗縣竹南鎮）堵截。福水師提督黃仕簡一面委令提標右營遊擊邱維揚先帶兵二百名渡臺赴援，一面挑選提標五營員弁及兵丁一千名候風放洋。閩浙總督常青則飛咨黃仕簡率領提標兵一千

名、金門鎮兵五百名、南澳鎮銅山等營兵五百名，合計二千名，由鹿耳門登陸進攻，派令副將丁朝雄、參將那穆素里帶領督標兵八百名、海壇鎮兵四百名、閩安烽火營兵三百名，俱聽海壇鎮總兵郝壯猷調遣，由閩安出口，至淡水登陸，以便南北夾攻。同時參將潘韜、都司馬元勳帶領陸路提標兵一千名赴鹿港堵禦，常青本人則駐剳泉州，會同陸路提督任承恩居中調度。又委令金門鎮總兵羅英笈前往廈門彈壓，嚴飭沿海州縣加強防範，以免偷渡，並分咨廣東、浙江等省嚴查海口。因郡城緊要，常青又與任承恩籌商增調提標兵千二百名，由任承恩統率從鹿耳門上岸，與黃仕簡聲勢相援。但清高宗尚不知事態嚴重，認爲常青的佈署，「皆過於張皇矣，豈有因一匪犯，使合省及鄰疆皆懷恐懼之理？」⑦⑶當清軍紛紛調遣馳援期間，諸羅、淡水、鳳山又相繼失陷。

　　諸羅縣城雖經柴大紀派兵增援，加強防禦，但林爽文率衆掘崩牆腳，乾隆五十一年十二月初六日卯刻，攻破縣城，攝諸羅縣事倖滿臺防同知董啓埏、署諸羅縣事唐鎰、遊擊李中揚、守備郝輝龍、典史鍾燕超等俱被殺。柴大紀統兵駐剳府城外十里的三坎店，永福則招募鄉勇堅守府城。次日夜，永福見府城危急，乃命典史易鳳翊等齎持臺灣道印信星夜出城，配船放洋，前往廈門求援。因鹽埕橋阨要，柴大紀即馳往巡查，見會黨船隻數百艘浮水而至，即命施放鎗礮，阻其來攻。初九日，陸上會黨萬餘人蜂擁而來，旋退旋進。在北路中港地方堵禦的淡水同知程峻於彰化城破後，即趨返竹塹（新竹市），會黨征北大元帥王作等分隊埋伏。十二月初七日，程峻遇伏擊，因衆寡不敵，程峻自殺，竹塹遂陷⑦⑷，巡檢張芝馨、把總高茂等被殺。程峻長子程必大恐印信被奪，改裝易服，懷取淡防同知關防潛往八里坌（臺北八里鄉）搭船內渡求援，北路竹塹營外委虞文光及兵丁王元浩亦往泉州求

援。十二月初十日，八芝蘭（臺北士林）會黨首領賴水、郭穩等
樹立大旗，招募千餘人，派吳異人即貢生吳志趙會同其胞叔吳尊
等取道前往艋舺（臺北萬華），聯絡會黨，於途次爲署都司易連
拏獲，押赴教場斬首梟示。同日，北路會黨四處響應：新莊林小
文、劉長芳、林三奇、賴欲等；下莊仔中港厝黃祖成、葉山林、
陳軒、李壬等；擺接莊（在臺北板橋境）賴樹、賴國等；滬尾
（臺北淡水鎮）、八里坌、長道坑何馬、何記、吳三奇、莊漢等
俱各招募黨衆千餘人，樹立大旗分踞各處，旋焚燬新莊衙署⑦。
是月十二日午刻，署鹿仔港守備事千總陳邦光邀約泉籍義民林
湊、林華等往救彰化。林爽文聞知清軍將至，即出西門外駐劄，
奪取彰化營汛鎗礮。陳邦光命義民分爲左右翼向前攻殺，林爽文
軍敗退，前後不能相顧，其執旗指揮的副元帥楊振國、協鎮高文
麟、先鋒陳高、辦理水師軍務桿軒等四名俱被擒獲，彰化縣城遂
爲義民等收復。原任彰化縣知縣張貞生、丁憂典史李爾和、教諭
王梁、訓導陳琔等仍被羈未⑦，收復縣城後始獲救。但林爽文軍
中陳泮、吳領等仍率衆據守彰化東南山虎仔坑、萬丹城一帶，聯
絡內山生番，連日出擾四處村莊。陳邦光鑒於彰化縣城逼近大里
杙，民心驚慌，各義民又無糧可支，難以駐劄，乃護衛被困官吏
眷屬及居民返回鹿仔港，以致空城莫守，復爲林爽文軍所奪取，
彰化縣城得而復失。

　　臺灣南路方面，鳳山參將瑚圖里於乾隆五十一年十二月十二
日已得莊大田欲攻打鳳山縣城之信，即帶兵三百名劄營城外。十
三日晨，莊大田軍二千餘人進攻鳳山縣城，瑚圖里督兵施放鎗
礮，莊大田佯敗，瑚圖里縱馬直追，莊大田乘虛由龜山北門撲入
城內。清軍鎗礮莫施，遂致潰散，瑚圖里單騎南奔。知縣湯大奎
雇募鄉勇守城，因衆寡不敵，即行自刎，其子湯荀業、典史史謙

同時被殺，臺灣道永福遣典史易鳳翊內渡請兵，楊廷理亦遣諸生曾廷豪赴澎湖告急。十三日，署都司易連帶領兵民先攻新莊，守備董得魁、把總蘇陞等帶領義民五百名由艋舺渡河南攻下莊，至草店尾大街。易連復會同千總席榮等帶領兵民三百名由草店尾河先斷浮橋，進攻國王廟附近，李因、鄭追等督率義民五百名由武勝灣進攻中港厝（在臺北縣新莊鎮境），監生黃朝陽、林講等督率義民六百名由中港厝分路進攻海山頭（在鶯歌與三峽間），粵庄義民邱龍四、林貴陽等埋伏彭厝庄（在臺北樹林南）。是日，滬尾庄蔡才、陳許等率領義民三百名，和尚洲（臺北縣蘆州鄉）鄭窗、楊景等率領義民六百名，大坪頂（在臺北新店鎮西）黃英、王步雲等率領義民四百名，進攻滬尾、八里坌、長道坑等處，救出同知程峻及新莊司李國楷兩家眷屬。十四日，易連與千總張正耀等率兵三百名，和尚洲鄭享、蔡論等率領義民五百名由北投唭里岸，孫立勳、黃光等率領義民六百名由上埤頭會攻八芝蘭，雙方爭持不下，義民被殺百餘名，大礅沉溺一門。是夜，會黨走擺接。十五日，易連督同營兵三百名及義民等由溪州登岸，直攻苧蕉腳，千總張正耀、把總譚朝亮等率領義民八百名由加臘仔過溪攻打南勢角，林賀、翁滿等率領義民五百名由大坪林攻打暗坑子，四面合攻，會黨不支，走藤寮坑山頂等處。十八日，程峻幕友壽同春，時年已七十，用計退敵，親赴各庄招集義民，會同俸滿巡檢李生椿及塹城書院掌教原任楡林縣知縣孫讓等率領義民收復竹塹，擒斬王作等三十餘人⑦。是日，彰化大突庄義民報稱咳哈等庄會黨謀攻鹿仔港。陳邦光即傳令泉粵庄義民乘夜行至大突、二林地方埋伏，前後夾攻，斬殺會黨百餘名，咳哈、湳仔、內灣、二八水等庄俱為清軍焚燬。十九日晨，據牛罵頭（台中縣清水鎮）義民報稱大肚等庄會黨焚劫泉粵各村，陳邦光即密

約各庄義民於二十日辰刻，由沙轆進攻水裏、大肚等處會黨根據
地，會黨敗退，走烏日庄。二十三日，莊大田軍往攻府城，旋聞
粵庄義民燒其村落，即行撤回。陳泮、吳領等則率會黨焚燒泉粵
各庄，爲陳邦光等率義民逐退，陳泮等分別退回南北投。二十七
日，林爽文與莊大田合攻府城，不利而退。在淡水方面，署都司
易連、新莊巡檢王增鐏等連日率領兵民攻打大姑坑等處會黨，殺
陳軒等百餘人。

　　林爽文豎旗起事後不及一月，南北會黨先後響應，全臺震
動，聲勢甚盛，將軍常青屢次奏請添派大軍赴援。福建水師提督
黃仕簡奉命渡臺後，陸路提督任承恩亦親往赴援。惟清高宗於林
爽文實力認識不明，尚不覺事態嚴重，以爲林爽文不過一時烏
合，與過去地方械鬥實無不同，不值水陸兩提督前往辦理。乾隆
五十一年十二月二十九日，清高宗諭軍機大臣云：

　　此等奸民糾眾滋事，不過么麼烏合。上年臺灣即有漳泉兩
　　處匪徒糾集械鬥，滋擾村莊等案，一經黃仕簡帶兵前往督
　　辦，立即撲滅，將首夥各犯殲戮淨盡。今林爽文等結黨橫
　　行情事相等，臺地設有重兵，該鎮道等業經會同剿捕。黃
　　仕簡籍隸本省，現任水師提督，素有名望，現已帶兵渡
　　臺。該提督到彼，匪黨自必望風潰散。即使該提督病後精
　　神照料未能周到，亦止可於內地添派能事總兵一員多帶兵
　　丁前往協勤幫辦。而漳泉爲沿海要地，某鎮將尚不可輕易
　　調遣，乃任承恩竟欲親往，豈有水陸兩提督俱遠渡重洋置
　　內地於不顧辦一匪類之理。至所稱簡派欽差督辦，更不成
　　話。督撫提鎮俱應綏靖地方，設一遇匪徒滋事，輒請欽派
　　大臣督辦，又安用伊等爲耶？從前康熙年間，臺匪朱一貴
　　滋擾一案，全臺俱已被陷，維時止係水師提督施世驃帶兵

渡台進勦，總督滿保駐劄廈門調度，不及一月即已收復蒇
功，伊等豈竟未之聞乎？看來常青未經歷練，遇事不能鎮
定，任承恩竟係年輕不曉事體，而黃仕簡尚能辦事，於此
案亦不免稍涉矜張⑱。

陳邦光以署守備防守鹿仔港汛地，僅有汛兵五十餘名，其能
攻克彰化縣城，屢敗會黨，實由於該處義民首林湊等糾募義民，
始克蒇功。壽同春等收復竹塹，同樣也是得力於義民的合作。林
爽文起事後，一方面遭受義民的堅強抵抗，一方面又面臨清軍的
壓力。常青屢次增調大軍馳援，其中分起開拔的延建兵一千名派
委延平協副將林天洛管帶，由陸路兼程赴廈門，並派汀州總兵普
吉保統率登舟。又於水師提標五營內挑備兵丁六百名由興化協副
將格綳額帶領，亦從廈門配渡。乾隆五十二年正月初二日，因藍
元枚爲福建世家，清高宗命其前往泉州署理福建陸路提督，幫同
常青調度接應一切事宜。又命福州府海防同知楊紹裘署理臺灣府
知府。福建水師提督黃仕簡於上年十二月十五日由廈門出口，陸
路提督任承恩於是月十七日放洋，因連日俱遇風暴，狂浪洶湧，
黃仕簡自金門收泊料羅，二十八日放洋。同日，任承恩亦由蚶江
放洋。二十九日，黃仕簡抵澎湖。乾隆五十二年正月初三夜，黃
仕簡乘潮進入鹿耳門，次日晨登岸進城，由閩安出口的海壇鎮總
兵郝壯猷、水師協副將丁朝雄及署福州城守副將那穆素里等亦於
是日抵臺。是月初六日，任承恩抵鹿仔港，因風暴大作，其所統
兵丁二千名延至初十日始全行上岸。清高宗因常青初任總督，未
能料理裕如，李侍堯久任封疆，初十日，命李侍堯調補閩浙總
督。

水師提督黃仕簡抵達臺灣府城後，鑒於府城爲全臺根本，周
垣廣闊，僅以木柵環植，乃親督官兵加強防禦。十二日，金門、

南澳、銅山等鎮營兵陸續抵臺，黃仕簡即遣郝壯猷率同丁朝雄、那穆素里、遊擊蔡攀龍、都司羅光炤等帶領兵丁二千三百餘名前往南路，以期收復鳳山，另由柴大紀率同參將潘韜、遊擊李隆、楊起麟、林光玉、守備邱能成等帶兵二千二百三十餘名前往北路，以期收復諸羅、彰化等處。任承恩於鹿仔港上岸後即於十一日分派遊擊穆騰額、守備潘國材帶兵五百名由員林進攻中路南投各庄，遊擊海亮帶兵三百名及鄉勇熟番等進攻南路嵌頂各庄，守備常萬雄帶兵三百名進攻北路北投各庄，又派都司馬元勳帶兵三百名駐剳大加多，以防堵濁水溪後路。十二日，遊擊穆騰額帶兵焚燬許厝寮等三處村庄。十三日，沈勇雲焚燬林厝仔等六處村庄，海亮攻克嵌頂，焚燬內灣等七處村庄，常萬雄進攻北投，焚燬月眉庄等七處村落。北路各庄義民、兵役、熟番等擒獲曾受林爽文封為掃北大將軍的林里生，並呈繳靖海將軍王芬首級。曾任彰化縣兵房書辦的劉志賢受林爽文封為鹿仔港同知後，即前往徵收鹽課、船規等稅，是日亦為清軍運糧官黃嘉訓擒獲。據任承恩所擒獲由林爽文派往各處探聽軍情的僧人西葉、心向、新法三人供稱林爽文久攻府城不下，且聞鹿仔港方面清廷援軍已至，乃由諸羅、斗六門繞回大里杙，並約會陳泮等招集會黨分拒清軍。任承恩命海亮、穆騰額領兵六百名、署都司張奉廷領兵二百名駐剳馬鳴山，馬元勳、常萬雄帶兵七百名駐剳埔心庄，餘兵七百名則留守鹿仔港。十八日，楊起麟等由鐵線橋行至下加多（臺南縣後壁嘉苳村）擊退會黨百餘台。十九日，前赴南路的郝壯猷經過大湖（高雄縣大湖鄉公所所在地）遇會黨數千人來攻，郝壯猷即會同丁朝雄率兵抵禦，自巳刻至申刻，連施鎗礮，會黨始退。是晚，會黨復來撲營。二十一日，在西園庄地方三路夾攻會黨，前後焚燬村庄數百間。是日，柴大紀在外三部竹地方與會黨接觸，

義民王守等擒獲護駕大將軍廖東等人⑲。二十二日巳刻，柴大紀在田洋與林爽文軍激戰，自午至酉？鎗礮並施，在被擒獲會黨八十餘人中，吳映是先鋒，侯辰、張清先二名是軍師，阮贊是千總。會黨退守諸羅，邱能成首先攻開城門，林爽文軍由北門退走，諸羅遂爲清軍收復⑳。諸羅城內文武衙署軍裝庫局已殘毀不堪，倉庫空無一物，各官印信亦不知下落。是日，海亮帶兵至柴坑仔，會黨於大肚溪東岸固守，因路徑窄狹，四面皆係竹叢、麻林，天色漸黑，清軍不敢追擊，行至蒯仔尾，會黨從竹叢內蜂擁突出，衝散兵丁縣勇，清軍千總葉榮、吳聊貴鎗傷陣亡，海亮見會黨逼近，鎗礮莫施，隨將官兵收回大營。

在南路方面，郝壯猷於正月二十一日探知莊大田軍三四千人據守新園庄（在屏東縣萬丹鄉南），乃於是月二十三日派遊擊蔡攀龍、署守備林芳帶兵由北路前進，參將瑚圖里、署守備盧思聰帶兵由南路前進，副將丁朝雄、守備黃喬帶兵與府經歷羅倫率同義民鄉勇由中路前進，三路夾攻，施放連環鎗，莊大田軍被殺三百餘名，焚燬草寮數百間。是日，常青所調汀州鎮總兵普吉保、興化協副將格綳額等帶兵抵臺。二十六七兩日，延建兵一千名陸續抵臺。二十九日，普吉保將原帶延建兵及水師兵率同格綳額、林天洛等馳赴諸羅、彰化一帶會同柴大紀相機進勦。是時，全臺增援清軍合計不下一萬三千餘人。

乾隆五十二年二月初五日，署都司張奉廷、署守備陳邦光、李漢升等分巡彰化一帶，午刻至大肚山。林爽文軍屯聚山梁，揮旗施礮，官兵鄉勇埋伏田坎，林爽文軍被誘下山，清軍三路夾攻，敗之，生擒手執紅旗頭目謝華等人。初七日，因山東省按察使楊廷樺曾任臺灣道，在閩省年久，乃命其調補臺灣府知府。是日，普吉保自諸羅啓程進攻大里杙，途經大埔尾時擊退來攻的林

爽文軍，擒獲張貴等四名，押往鹿仔港後俱被殺。十二日，探得林爽文軍聚集於離諸羅縣城二十里的大坪頂地方，楊起麟、林光玉、邱能成等帶兵八百名，武舉陳宗器、黃奠邦帶領義民於是夜五更啓程，次日黎明抵大坪頂，擊退會黨，生擒蔡慶、翁月等二十餘名。十三日，林爽文軍由番婆庄往攻鹿仔港，任承恩命穆騰額領兵抵禦，普吉保抄截後路，至番仔溝擊敗林爽文軍，生擒鄭實等十餘名。同日，馬元勳於埔心庄遇林爽文軍三四千人來攻。在清軍先後搜獲會黨五封書信內，有「由休生等門會齊進攻」等語，林爽文軍似曾運用八門遁甲戰法。十九日，清廷命易連補授臺灣鎮標中營遊擊，邱能成補授左營遊擊，陳邦光補授北路協都司。二十一日，南路方面，郝壯猷、遊擊鄭嵩等雖收復鳳山縣城，但所得僅一空城㊿。

　　乾隆五十二年三月初二日，副將徐鼎士、遊擊吳秀、易連、參將羅禮璋等在淡水所屬三貂、金包裏（在金山一帶）搜捕會黨。同日，會黨李阿七聯絡南路陳靈光率眾數千人屯聚牛稠山、北勢庄一帶，遊擊楊起麟、李隆等帶領兵丁義民往攻，敗李阿七等，在被殺會黨中有騎馬頭目一名，搜出輔國帥印一顆。初四日，南路參將瑚圖里自山豬毛（在屏東高雄二縣之間）被莊大田軍攔截後，迄未過溪，郝壯猷即遣鄭嵩帶兵六百名往援，鄭嵩行至硫磺溪時猝遇莊大田軍圍攻，清軍潰散。是日未刻，莊大田率眾猛攻清軍大營及鳳山縣城東門。初六日，郝壯猷將城外官兵移駐城內。初七日，莊大田四面猛攻。初八日，圍攻益急，是日午刻，南門不守，會黨蜂擁入城，四處放火攻殺，縣城二次失陷。鳳山城自初次收復後，守軍約三千餘名，至是俱被衝散。遊擊鄭嵩、延山等陣亡，署理理番同知王儁因解餉過臺派往鳳山支放，在佛頂頭地方被殺。郝壯猷損折兵丁達一千六百餘名。初十日，

郝壯猷逃回府城，遣回兵丁僅七百餘名⑱。鳳山再失後，林爽文
已將大里杙一帶掘壕放水，高築土牆，安設礮位，會黨聲勢益
盛，清軍兵力單薄，不敷遣派，統兵將弁多已觀望不前。李侍堯
曾指出此時臺灣形勢云：

> 現在情形既與春初稍異，則辦理亦不得不稍費力，自兩提
> 臣不能及早勦賊，兩月以來，賊愈蔓延。林爽文既以搶掠
> 之貲益招徒黨，其他豎旗糾眾或與林爽文相應，或效林爽
> 文所為到處焚劫，地無完村，被難之民無可資生，亦多去
> 而從賊，是以愈形賊多。今保聚尚完者惟府城及鹿仔港等
> 四五處，而府城為全郡根本，鹿仔港亦進兵要口，且近大
> 里杙，此兩處必須保固，方可措手。查臺地舊有之戍兵已
> 散失殆盡，前據楊廷理稟稱合內地調往之兵不過一萬三千
> 餘名，分作數處，自鳳山失事，折耗又多，兵力益形單
> 薄，臺郡人心不覺驚惶⑱。

黃仕簡與任承恩俱係提督大員，渡臺二月以來，黃仕簡株守
郡城，任承恩安居鹿仔港，一南一北，職分相等，不相統攝，呼
應不靈，各顧所轄，互相觀望，既不親率弁兵前往征戰，惟知添
遣官兵飛檄鎮將，東堵西禦，疲於往來，零星打仗，輕分兵力，
不知採取主動制敵機先，反而坐費時日老師糜餉。是年三月二十
一日，清廷命閩浙總督常青將黃仕簡、任承恩解回內地，革職拏
交刑部治罪。

五、常青抵臺督師與諸羅困守

黃仕簡、任承恩既因循玩誤，不能剋期竣功，清廷改命常青
渡臺督師。乾隆五十二年二月二十三日，常青至廈門登舟，因春
令北風甚弱，寄泊料羅。三月初六日，風順放洋。初九日，由澎

湖進鹿耳門，隨即登岸抵達臺灣府城。鳳山既再失陷，乃飛札調
兵馳援。惟常青鑒於奏調內地援兵尚需時日，於是先調澎湖兵四
百名及水師提標兵六百名，馳赴府城，以資防禦。自三月二十日
以後，林爽文留陳泮、林慶守大里杙，自率大隊南攻諸羅、鹿仔
港等處，府城因而稍得喘息。是月二十二、三等日，莊大田軍屢
逼府城。二十九日，林爽文復親率大隊往攻諸羅，柴大紀望見林
爽文身騎白馬，在山坡往來指揮。柴大紀即飛飭駐劄東門外遊擊
林光玉、駐劄南門外遊擊李隆加強防禦，又派署把總蔡開洋、孫
朝亮帶領鎗礮兵丁赴西門外要路堵截，柴大紀則親督遊擊楊起
麟、守備陳明德、楊彪、邱能成等在北門外田洋抵禦，清軍連放
大礮，林爽文軍敗退，清軍乘勢追過兩溪，直抵火燒庄，因日暮
兵單而收軍，會黨被殺八十餘名。

　　臺防同知楊廷理在稟文中已指出北路林爽文軍連日焚劫各
庄，涵西港為米糧通往府城要路，已為林爽文軍所梗塞，府城米
價益昂。南路莊大田軍又沿村脅迫，日聚日眾，常青雖屢次堵
禦，而會黨到處攻擾，彌覺增多。至於鹿仔港一路，據都司陳邦
光稟稱林爽文往來於大里杙、烏日庄等處，陳泮、吳領屯聚虎仔
坑、南北投。因此，如欲進攻林爽文，則陳泮等無兵可禦，如欲
進攻陳泮等，又慮林爽文乘間來襲，是鹿仔港亦亟需添兵增援。
臺灣各路新舊兵丁共一萬三千餘名，主要分佈於府城、鳳山、諸
羅、鹿仔港、淡水五處，備多力分，不克奏功。常青復奏請增兵
七千名，其中南澳、金門、銅山、海壇各營兵二千名，粵兵三千
名，浙兵二千名。但內地營兵，經屢次調遣，所存已無幾。李侍
堯以閩浙毗連，故知會覺羅琅玕、陳大用即將原派浙兵三千名星
速赴閩接濟。清高宗卻認為浙兵「脆弱無能，恐不濟事」，而改
調福建駐防滿兵一千名，命恆瑞帶領馳赴府城，命藍元枚仍帶閩

兵二千名由蚶江出口，前赴鹿仔港。四月初四日，清高宗正式授常青爲將軍，恆瑞、藍元枚俱爲參贊，藍元枚同時奉命調補福建水師提督。至是月十三日，先後抵臺粵兵計四千名。臺郡府庫實存銀二十五萬兩，倉穀十二萬石，俱已用盡，因此，解餉運糧更是迫不及待。署臺灣府知府楊紹裘因官兵南北分馳，所需運送兵糧等項，夫役繁多，府庫無項動撥，故稟請於福建藩庫撥解銀十萬兩。臺灣道永福亦稱鳳山、諸羅、彰化、淡水四廳縣倉庫悉空，所以請解米十萬石分路接濟。彰化縣屬僅存鹿仔港一處尙爲清軍固守，各村庄男女老幼俱來此避匿，不下十萬餘人，無可得食，永福等乃請倣照災賑之例，酌爲賑衈。至於鄉勇口糧向係義民公捐，但爲日旣久，義民告匱，難令再捐，亦請照出征兵丁例每名給米八合三勺，鹽菜錢十文。惟米穀碾運艱難，李侍堯再四籌謀，以閩省向食番薯，其切片成乾者，一觔可抵數觔，加米煮粥，即可度日。隨飭司道先於泉州採買薯乾一萬觔，撥米二千石，派員運解鹿仔港，設廠煮粥散食。因林爽文等據險堅守，官兵不易逼近，常青又奏請於內地沿海各營酌撥大礮。李侍堯即於泉州、廈門等營起出原存數千斤護城大礮，命各營將弁試演，挑取十尊，隨帶鐵子火藥等項派員解交常青應用。因鹿仔港接近大里杙，爲利於轟摧，復飭挑撥大礮十尊運往鹿仔港備用。

乾隆五十二年四月二十五日，因南路會黨屢攻府城，常青謀攻南潭，莊大田已先率衆往攻府城小東門、草店尾、桶盤棧等處。林爽文亦率萬餘人猛攻諸羅，屢卻屢進。草店尾、三坎店、大埔林、斗六門等處會黨更是出沒無常。五月初三日，普吉保帶兵至土庫，欲與柴大紀會攻斗六門，因聞林爽文軍乘虛往襲鹿仔港、埔心庄等處，遂收軍救援，但沿途所過基盤厝等庄已爲林爽文軍焚掠一空。是月初七日以後，諸羅縣屬沿海各庄俱爲林爽文

焚劫殆盡，居民紛紛逃往鹿仔港避難。十一日黎明，原已降清的會黨莊錫舍率領義民與常青裹應外合攻打南潭莊大田軍獲捷，會黨被殺五六百人，藉符咒助戰的番婦金娘及林紅等被擒。其中金娘曾受莊大田封為軍師，稱為仙姑，並受林爽文封為一品夫人㉞。二十四日，莊大田與林爽文等約期進攻府城，次日，常青甫出府城，即遇莊大田與林爽文南北兩路來攻。據恆瑞稱府城外會黨不下萬餘人，而埋伏各庄的會黨更不計其數，然而存留府城的官兵因水土不服，患病者已千餘名。二十六日，粵省守備千把總陣亡四人，清軍傷亡極重。府城北面三十里外的麻豆社為薪米入城必經途徑，共計三十餘庄，俱為會黨所焚掠，清軍補給路線遂被切斷。莊大田等採取「不與官兵接仗，而官兵已為所困」的策略，使清軍無計可施。彰化方面，藍元枚在北門外曾遇會黨七八千人，普吉保在快官庄遇會黨二千餘人，守備張奉廷在大肚溪遇會黨千餘人，俱被阻不庇前進，南北兩路會黨聲勢壯盛，清軍兵少力分，寸步難行。笨港為諸羅通海要口，亦為鹿仔港至府城海路必經之口。府城、諸羅、鹿仔港陸路原已不通，惟恃沿海使用小舟往來。是月三十日，笨港再失後，焚劫一空，船隻多為會黨所得，在海口攔截。因此，水陸兩路信息皆告中斷，清軍遂陷入南北各自為戰的局面。藍元枚因「賊多兵少」，只得於難民中擇其壯健者充當義民以助官兵戰守，並遣人往大甲聯絡熟番，令其進攻大里杙。常青再請增兵一萬一千名，清高宗諭李侍堯云「浙兵無用，不如召募閩兵為是。」但閩兵存營無幾，而漳州鎮兵四千名，因林爽文籍隸漳州，故未加調用，惟漳州兵丁素稱強勁，於是奏請將漳州兵丁派往藍元枚處，以便漳人統漳兵，既可約束，亦較得力。

　　乾隆五十二年六月初八日，莊大田乘雨直撲常青大營，初十

日，大營及桶盤棧復遭攻擾。林爽文則自是月初五日起往來攻擊
鹿仔港、二林、大甲溪岸裏社等處。清軍副將徐鼎士帶兵赴援，
藍元枚亦遣守備潘國材帶兵由海路前往，合計官兵一千八百餘
名。十七日，魏大斌留都司羅光炤帶兵五百名防守鹽水港，自帶
兵丁駐劄鹿仔草。十八日，魏大斌與副將詹殿擢、遊擊邱能成、
武舉陳宗器等帶領兵丁義民至埔心、大崙等庄與會黨接觸，會黨
萬餘人四面蜂擁圍攻，魏大斌等殺出重圍退回鹿仔草，陣亡把總
麥逢春、武承烈、劉聯陞及外委包定邦四員，兵丁六十六名，邱
能成、蔡國忠二員受傷，千總黃殿臣、把總陳世棟、陳彪三員及
兵丁二百餘名被衝散，下落不明。十九日，閩兵二千名抵臺。二
十日，以福康安年力富強，諳練軍旅，又能駕馭海蘭察，清高宗
即命福康安以陝甘總督嘉勇侯攜印由驛啓程前往熱河行在陛見，
預備差遣。林爽文自攻府城不利後，見府城兵多，遂移軍猛攻諸
羅。莊大田自麻豆庄敗退後，復糾集大武壠等處會黨往攻鹽水
港，欲斷絕清軍糧餉。林爽文日夜圍攻諸羅，常青雖遣魏大斌、
田藍玉、張萬魁等率兵往援，惟因林爽文軍放水灌田，又將田埂
削窄，以致官兵不能結隊前進，所有通往諸羅路徑皆遍插竹籤，
官兵難以行動，其圍困諸羅之計，常青亦歎稱「殊屬狡惡」。是
月二十日，林爽文率眾萬餘人往攻諸羅四門營盤，退而復來者三
次，兵丁義民亦覺畏怯，經柴大紀與林光玉等率所屬兵丁義民盡
力夾攻，林爽文軍始敗退，獲會黨旗一面，上寫五個雷字，四角
寫天地日月字樣。以日月隱喻反清復明的宗旨，日月遂成為後來
會黨的暗號，且會中腰憑亦常見日月字樣。同月二十五日黎明，
林爽文復擁眾環攻諸羅西北營盤。清軍疊發大礮，義民奮力堵
禦，林爽文軍仍冒死進攻，因四野積水泥濘，清軍怯而不進。是
役據報會黨重要頭目蔡福被礮打穿領頰傷重抬回打貓街（嘉義縣

民雄鄉公所所在地），旋即身故。二十八日，林爽文軍八九千人扛抬枋車，上蒙濕棉被，蜂擁圍攻諸羅西北兩門營盤，東南兩門山頂各有會黨六七百人遙為聲援。清軍大礮轟碎枋車數座，會黨犧牲雖重，但仍抵死猛攻，退而復進。是役會黨後將軍葉省被清軍大礮打傷肚腹，扛回牛稠山，至二十九日身死，其妻王玉娘散銀糾眾復欲攻城報仇。蔡福、葉省與林爽文為北路三房，俱為天地會重要首領，其中蔡福混號「遼東仔」，尤為兇悍，曾受林爽文封為提督軍門，故當蔡福、葉省身死時，林爽文曾為之痛哭，如失左右手⑧⑤。

　　乾隆五十二年七月初三日，莊大田遣許光來等往攻山豬毛，為粵籍村民擊退。是月初五日，莊大田親率大隊往攻鹽水港，為兵丁義民所敗。在各次戰役中，以粵省官兵及義民打仗最為出力，犧牲最多。二十四日，番仔溝粵民村庄被焚燒殆盡。二十七日，清高宗命護軍統領海蘭察為參贊大臣，舒亮、普爾普為領隊大臣，各帶侍衛、章京、拜唐阿二十名⑧⑥。舒亮領頭隊，海蘭察領第二隊，普爾普領第三隊，一同前往臺灣征戰。會黨作戰時固較清軍奮勇出力，但缺乏火藥鎗礮，每於清軍施放鎗礮之後，滿地檢拾鐵子鑄造。為利於進行肉搏戰，林爽文命其所屬訓練一支「敢死隊」，官兵與之接戰，猝不及防，每致失利。據孫士毅奏稱「近因官兵鎗礮利害，不能抵禦，竟敢練出一夥亡命奸徒，伏在賊匪隊裏，抵死直犯我兵。我兵倘不預為整備，尚爾持鎗在手，恐臨時轉致喫虧。」⑧⑦林爽文軍每於退卻清軍窮追時即反身投擲利刃，清軍受傷既重，往往畏縮不進。常青一再奏調大軍東渡，惟軍事迄未轉機。常青自是年三月初間抵臺後已閱半載，較之黃仕簡僅兩月耽延更為日久，且黃仕簡僅帶兵二千名，而常青所帶兵丁又數倍於黃仕簡。黃仕簡、任承恩等因循觀望，常青亦

僅能株守府城而已。清高宗諭軍機大臣時略謂：

> 據藍元枚奏稱鹿仔港四面皆有賊眾滋擾，而彰化、淡水交
> 界大溪等處，又有賊屯聚。昨常青又奏賊眾在桶盤山等處
> 圍繞大營，實有不能移動之勢。看來賊匪南北四出擾攘，
> 意在牽綴官兵，而常青、藍元枚等墮其術中，竟有應接不
> 暇之勢。用兵之道，合則勢盛，分則勢弱。今賊首林爽
> 文、賊目庄大田等明知重兵俱在常青、藍元枚兩處，而林
> 爽文牽綴北路，莊大田牽綴南路，使我兵分投堵禦，奔走
> 不暇，賊匪得以乘間蹈隙，將南北兩路緊要各港社隘口任
> 意搶佔，賊勢轉得聯絡，狡計顯然，乃常青等爲其所愚，
> 止知結營自守，分兵防備。遇賊匪擊東應東，擊西應西，
> 譬之奕棋，使賊人著著佔先，通聯一氣，而官兵止辦接
> 應，並無制勝之策，轉致疲於抵禦，何時方可竣事⑧⑧？

常青在府城督辦軍務，初時尚有振作之氣，及見不能取勝，
復見會黨日聚日眾，竟至一籌莫展，雖奏報屢有斬獲，並未能加
以痛勦。莊大田屢攻府城，肘腋之間，任其逼處，因循坐待，以
致師老力疲。大學士阿桂分析臺地軍事云：

> 緣臺灣地方，西臨大海，東憑大山，大山之東係生番居
> 住，爲民人所不到。大山迤西之麓則現爲賊匪全行佔據，
> 山麓之下以至洤②海平衍地方，始爲建設郡縣處所，官兵
> 駐劄即在於此。此時賊匪佔據山麓，官兵進勦，勢須仰
> 攻，無由察其虛實，而賊眾居高臨下，且其中如水沙連、
> 虎仔坑、斗六門等處，南北又在在可通，足以伺官兵之
> 隙，前邀後截，四出滋擾。若徒撥兵堵禦，則山徑叢雜，
> 不但現有之兵不敷派，即再添一倍之兵，恐仍不能一一盡
> 堵。現在惟有將緊要地方如郡城、諸羅、鹿仔港等處先爲

駐兵防守，而防守之兵必察力其保固，實可無虞，再選擇
可戰之兵二三萬進逼賊人巢穴，搗其要害，或兩路夾攻，
或全力專注，但得官兵連勝一兩次，則賊人膽落，其黨夥
附從當不攻而自潰。伏讀節次諭旨實已燭照靡遺，乃蒙垂
詢及臣，以臣曾膺軍旅，令就所見據實覆奏，臣再四思
維，方今國家全盛之時，帑藏充盈，威稜遠播，諒此么麼
草竊，豈能久肆鴟張。惟臺灣現有兵丁，除分守府城等處
外，似尚不敷勦捕，且其中亦少可用之兵，在初辦時若深
悉賊匪情形，就本省兵略為多調，趁賊情惶惑之際，未嘗
不可即就撲滅，今則賊人已漸知戰守，臺灣復被佔據過
半，從賊者為數已多，實又有不得不增添兵力之勢，此事
現奉旨令福康安前往督辦。福康安近年經歷軍務，聲威已
著，各省兵丁情形，均所深悉，計臣此摺到日，福康安亦
可馳抵行在。臣愚以為此時似應令福康安先行通盤籌畫，
臺灣現有兵丁若干，尚須添兵若干，及何省兵丁於山路崎
嶇之地，用之方可得力，雖距閩隔遠一兩省者，亦准其檄
調備用，或竟調慣於跋涉山路之黔楚兵各一萬，合之粵兵
萬餘，兵力充裕，賊必指日授首，雖目下似稍遲一兩月，
而功成反速矣⑧。

　　質言之，臺灣軍務久未蕆功，實因南北道路梗阻，清軍聲勢
未能聯絡。莊大田攻逼府城，牽制清軍，常青不能自南趨北，林
爽文因得乘隙圍困諸羅。因此，將府城及諸羅兩處會黨「痛加勦
洗」，以開通道路，就成為清軍作戰的緊要關鍵。

六、福康安奉命東渡與臺郡之平定

　　乾隆五十二年（1787）八月初二日，清高宗命協辦大學士陝

甘總督福康安攜帶欽差關防馳赴臺灣更換常青督辦軍務。因臺灣山深箐密，路徑崎嶇，而湖廣、貴州兵丁前曾調赴金川軍營，於馳陟山險較為便捷，故命舒常於湖北、湖南各挑備兵二千名，富綱、李慶棻於貴州挑備兵二千名，揀選曾經行陣將弁帶領。川省屯練降番，素稱矯捷，從前調往甘肅勦捕回亂時頗稱得力，故又命保寧挑選屯練降番二千名，分別由威寧鎮總兵許世亨及成都將軍鄂輝等帶領。是月初五日，福建按察使李永祺由鹿耳門抵達臺灣府城，奉命辦理軍需。常青與恆瑞約定於十六日啓程前往諸羅，留兵二千交梁朝桂駐守府城，卻揚言於十三日啓程，會黨即於是日辰刻分由東南北三路往攻清軍營盤，雖經常青率領將弁兵民分投堵禦，然已被阻不能前進。常青急檄副將貴林、蔡攀龍援應諸羅，陸路既已被阻，只能由水路沿海前進。但臺郡入八月以後暴風頻作，貴林等屢為風雨所阻，去而復回，遭風損失者不計其數，諸羅久困，糧食匱乏。駐劄鹽水港的遊擊楊起麟只得先雇番民各攜火藥、番銀等於晚間伏地而往，暗中運送。在諸羅城困守期間，其軍用火藥則取土熬煎以製硝。十八日，參贊藍元枚因患痢疾，卒於鹿仔港。二十日，蔡攀龍奉常青命帶兵五百名，貴林等帶兵一千一百名往援諸羅，行至半天厝時即遇林爽文軍萬餘名三路伏截，蔡攀龍率兵力戰，不料在大崙、竹仔腳等庄預先埋伏的會黨蜂擁突出衝殺。孫全謀、邱能成、楊起麟往攻東南角，貴林、杭富、馬大雄往攻東北角，蔡攀龍往攻南邊，各路清軍且戰且走，貴林等為林爽文軍層層圍裹，楊起麟急往救應，至老店庄時，貴林等二隊被衝散。蔡攀龍與孫全謀、邱能成等奮勇突圍，至三苞竹地方遇柴大紀親率將弁接應到諸羅縣城。遊擊楊起麟、都司杭富、守備馬大雄四員於正音庄陣亡，千總外委陳邦材、陳洪猷等十六員亦於是役被殺。守備楊彲在諸羅西門外防

禦，因中礮傷重身故。清軍潰敗逃至諸羅者僅六百餘名。鹽水港附近樹林頭、鹿仔草、新店等處於是月下旬先後為會黨所攻取，鹽水港庄民大半投順會黨。因此，恆瑞雖統兵三千名赴援諸羅，但始終被阻於鹽水港，而府城周圍十里內村庄悉被會黨裹脅，是時不惟諸羅受困，即府城亦在圍中，同時在府城等處臥病兵丁多達千餘名，士氣日益餒怯。

　　普吉保駐劄元長庄，離諸羅僅二十餘里，恆瑞駐劄鹽水港，離諸羅亦僅四十里，因道路梗阻，彼此觀望不進。乾隆五十二年九月十六日，普吉保幾經力戰始抵笨港，所帶兵丁包括粵兵二千、浙兵五百、漳兵二千、泉建兵一千，諸羅城外林爽文軍遂抽去十之四五往禦普吉保。莊大田見清廷援兵日增，乃將家眷移入大武壠，自率親信屯聚石仔瀨，常青即派副將丁朝雄等帶兵一千二百名及義民二千餘名往攻東港。二十五日，丁朝雄遣人將會黨所設大礮灌濕，官兵分三路登岸攻擊，生擒守港會黨首領吳豹等。莊錫舍亦自帶所部義民數百名欲會合粵庄居民往攻會黨，但粵民以其曾經附從會黨，後來降清得官，共相鄙薄，不聽約束，莊錫舍孤軍奮戰，負傷敗退。在北路方面，李化龍等於是月十八日在義民首許伯達引導下由八卦山直攻柴坑仔。二十日，清軍敗林爽文所部於中寮地方。二十二日，再敗之於大肚溪。二十五日，林爽文由土庫等處逼近清軍營盤，為普吉保及署副將琢靈阿腹背夾攻，會黨被殺百餘名。十月初六日，副將徐鼎士派遊擊吳秀等由岸裏社往攻大里杙，自率都司敏祿由牛罵頭等處進攻大肚溪。初七日，往攻豬篤庄。初十日，進兵麻園，清軍傷亡甚眾。十九日，普吉保在麥仔寮擊敗林爽文軍，遂收復笨港。常青遣梁朝桂帶兵一千名往援鹽水港。二十二日，鹿仔草、樹林頭等處亦為恆瑞等收復。

　　乾隆五十二年十月十一日，福康安在大擔門配渡後即被風打回。十四日，得有順風，與海蘭察同舟放洋。二十三日，因風信強烈，收入崇武澳停泊。二十八日，風勢漸轉，泛海東渡。二十九日，抵達鹿仔港，適遇退潮，不能進口，至十一月初一日晨始登岸。舒亮、普爾普及巴圖魯、侍衛等隨後繼至⑨，鄂輝、穆克登阿所帶屯練兵丁亦於是日抵達。是時諸羅被圍困已數月之久，清廷乃有更改縣名之議。《清史稿》福康安列傳敍述更改縣名之由來云「時諸羅被圍久，福建水師提督柴大紀堅守，上褒大紀，改諸羅爲嘉義，以旌其功。」⑨此謂嘉義一名在旌表柴大紀的功績，實非清高宗的本意。清高宗頒諭時指出「林爽文糾衆倡亂以來，提督柴大紀，統兵勦捕，收復諸羅後，賊匪屢經攻擾，城內義民，幫同官兵，奮力守禦，保護無虞，該處民人，急公嚮義，衆志成城，應錫嘉名，以旌斯邑。」⑨清軍平定林爽文所領導的抗官群衆運動，義民實有不世之功。清高宗爲欲褒獎義民，特賞給義民褒忠、旌義等匾額，並詔改諸羅縣名。十一月初二日，軍機大臣遵旨更定諸羅縣名，擬寫嘉忠、懷義、靖海、安順四名，進呈御覽，並奏請硃筆點出一名，以便寫入諭旨。清高宗就「嘉忠」與「懷義」二名中，各取一字，而定名爲「嘉義」，取嘉獎義民之義⑨。次日，正式頒諭，將諸羅縣改爲嘉義縣。

　　因八卦山地勢較高，距大里杙只有三十餘里，爲前往大里杙必經之地，林爽文乃在八卦山設卡豎旗，支架大礮。乾隆五十二年十一月初四日黎明，海蘭察帶領巴圖魯等二十餘人至八卦山一帶，索倫佐領阿木勒塔等首先上山仰攻，巴圖魯等鎗箭齊施，林爽文軍不敵，八卦山遂爲清軍攻佔。福康安謀解嘉義之圍，原帶廣西兵丁及四川純練已有五千名，復於普吉保營內挑選得力新舊兵丁六千餘名，另帶義民千餘名前往征戰，分爲五隊，義民分兩

翼搜索道路。初八日，清軍啓程，黎明時行抵崙仔頂，遭遇伏擊，林爽文軍由兩旁竹林蔗田及村庄內施放鎗礮，向清軍蜂擁衝殺。福康安沉著布置，鄂輝、穆克登阿帶領屯練降番扼守右首東庄溪橋，普爾普、侍衛春寧、參將吳宗茂等帶兵在左首各庄堵截，義民分投焚砍竹林蔗田及各處草寮，巴圖魯、侍衛等勇往衝殺，林爽文軍敗退，清軍於是打通道路。隨後又攻克埤長庄、西勢、潭仔、三塊厝、海豐庄等處，並將各庄房舍悉行燒燬。當海蘭察進至距嘉義七里的牛稠山地方時，林爽文軍萬餘人四面圍裹而至，海蘭察率隊渡過大溪，衝入陣內，搶上山梁，攻克山後竹柵，即於是日酉刻入城。天色已黑，雷雨交作，福康安連夜前進，帶兵入城，嘉義被圍五月有餘，屢次救援，皆被阻於途，福康安等一日一夜之間立解重圍，無怪城中兵民「歡聲震地」。孫士毅亦奏稱「兩邊跪了許多百姓，也有笑的，也有哭的，聽得福將軍也在馬上墮淚。」[94]是役，林爽文軍被殺八百餘名，騎馬指揮頭目陣亡六名。福康安在城內撫慰兵民後仍回牛稠山安營駐劄。據柴大紀奏稱嘉義久被圍困，縣城斷糧，花生地瓜俱盡，但取油籸舂末與蕉根同煮作食。而福康安認為柴大紀過甚其詞，因福康安進城時，面見柴大紀「形貌並非勞瘁，馬匹亦皆臕壯。」初十日，福康安搜捕會黨至大崙地方時，適恆瑞亦帶兵打通半天厝等庄前來會合。十五日，舒亮帶兵進攻大肚溪，牛罵頭義民則由大肚山向下抄襲，前後夾攻，林爽文軍潰散，清軍連破北大肚、南大肚、王田庄、內灣等十五庄。

　　臺南大排竹地方是南路會黨的重要根據地，莊大田恐清軍巴圖魯等馳馬衝突，故預將庄外舊有溝礮刨挖寬深，並於溪河下流築堤壅水。乾隆五十二年十一月十六日，海蘭察、恆瑞、鄂輝等帶領巴圖魯、侍衛進攻大排竹，越過溪河，決放溪水，清軍同時

並濟，焚燬草寮，殺死會黨百餘人，遂克大排竹。是日，普爾普等亦同時擊敗茅港會黨四五千人。是夜，普爾普駐剖灣裏溪。二十日黎明，福康安等進攻斗六門，約行十餘里即遇林爽文軍萬餘人分據大埔林、中林、大埔尾三庄，阻截道路，此三庄在嘉義境內，東西相去各數里，互爲聲援。福康安命恆瑞、普吉保等進攻大埔林，鄂輝、袁國璜等進攻大埔尾，左右並進，海蘭察帶領額爾登保等專攻中林，福康安帶領張芝元等往來策應。海蘭察一路首先攻克中林，恆瑞、鄂輝繼克大埔林、大埔尾，清軍窮追二十餘里，沿途砍殺六七百人，福康安稱「積屍遍野，無暇割取首級」，足見戰況的慘烈。日晡時追至菴古坑，該處原爲會黨首領蔡福的根據地，周圍挖壕立柵，外釘木板，內築土牆，防守堅固。福康安等帶兵直抵柵前，乘勢攻入，遂攻取菴古坑。斗六門距菴古坑三十餘里，爲四達之地，福康安等乘勝往攻。會黨最畏懼清軍騎馬衝突，故於前往斗六門的路口開挖陷坑，密佈竹籤。此時稻田已收割，泥濘漸乾，福康安乃繞道由稻田行走。二十一日，清軍抵斗六門，四面圍攻，用利刃長刀砍倒竹圍，破其隘卡，遂克斗六門。是役，林爽文軍被殺千餘名，各村庄居民三百餘名亦遭清軍屠戮。二十二日，清軍進攻水沙連山口，福康安由山右搜入，海蘭察、恆瑞、普爾普由山左搜入。林爽文軍搬眷入山，以千餘人護送車輛緣山梁行走，另以千餘人爲後衛，由蔣挺騎馬執旗往來指揮，粵兵、屯練、降番於蕉林竹圍內攀緣先上，海蘭察直前馳射，蔣挺腿中箭受傷被擒，巴圖魯、侍衛等先後趕殺三百餘人，林爽文軍眷屬車牛中礮驚逸，自相踐踏，傷亡枕藉。清軍直攻大里杙，乃檄調埔心、二林舊存兵丁移駐水沙連山口。二十四日申刻，清軍抵平台莊，距大里杙迤南五里。大里杙東倚大山，南繞溪河，砌築土城，密設大礮，內立竹柵兩重，城

外溝礮重疊，防守森嚴。清軍渡河，林爽文軍在城上施放鎗礮。清軍大隊甫過溪，林爽文軍即自城內擁出，衆至萬人，三面圍裹，鎗箭如雨，林爽文軍屢敗屢進，聲勢壯盛，且天色昏暮，福康安乃令兵丁在田礮溪邊分隊排開抵抗，欲俟次日探明路徑進攻。是夜，林爽文軍分隊襲營，往返撲壓，攻勢甚銳。二十五日卯刻，清軍分路進攻，衝入城內，張火、林素、林快等重要頭目及會黨二百餘名被殺，劉懷清、林茂等被擒，起獲林爽文軍大小礮一百六十餘尊，鳥鎗二百三十餘桿，稻穀六千餘石，牛八百餘隻，旗幟刀矛不可勝計。福康安命兵丁將城堡夷平，焚燬房屋，鎗礮器械交彰化縣運往鹿仔港封貯，所獲稻穀則散給義民作為口糧，牛隻衣物分賞兵丁。林爽文見清軍長驅直入，知難抵敵，已先於二十四日夜間攜帶家眷由大里杙東首僻徑遁入內山⑨⑤。

　　乾隆五十二年十二月初四日，福康安自平林仔發兵往攻集集埔。林爽文預為退守地步，已先於集集埔臨溪設卡，據險扼守。初五日，福康安前往察看山勢，見集集埔南北斜對，兩山之中橫繞濁水溪，林爽文軍阻溪自固，在陡崖上壘砌石牆，橫塞道路。福康安隨派普爾普、許世亨等由山路進攻，福康安、海蘭察等進至溪邊，山上石牆內鼓聲大作，林爽文軍萬餘人於牆內連放鎗礮，清軍亦以火力制壓，兼用大礮轟摧，雙方相持不下，海蘭察率領巴圖魯等乘馬渡溪，福康安、鄂輝督兵繼進，廣東、廣西、貴州屯練兵丁泅水而過，攀援上山，推倒石壘，擁入牆內，追殺十餘里，並焚燬附近草寮一千餘間。是役，計擒獲會黨百餘名，殺死二千餘名，奪得大小礮二十六尊，鳥鎗一百九十七桿，刀矛九百四十五件，鉛子四萬八千顆。會黨於潰散時滾跌下山及被趕入溪中淹斃者不可勝計。據福康安奏稱「河灘山下，屍體遍地縱橫。」此時普吉保等亦攻克草嶺隘卡，由山路來會。據後來被俘

的會黨重要頭目供稱「早聽得林爽文說要拼命打這一仗，若再不支持，就逃到內山去了。」足見此役實為決定雙方勝負的主要關鍵。因集集埔一帶大山重疊，竹樹茂密，路徑叢雜，處處可以奔逃，福康安等不敢窮追，故命普爾普駐劄科仔坑，普吉保駐劄林圮埔，葉有光駐劄藤湖口，謝廷選駐劄流藤坪，舒亮駐劄龜仔頭，格繃額駐劄清水溝。同時福康安因據報林爽文家眷藏匿水裏社，即遣義民首楊振文、舉人曾大源曉諭社丁杜敷前往擒獻。因水裏社距清軍大營七十餘里，山徑甚多，恐林爽文中途邀奪，故另派副將張芝元等帶領兵丁一千名前往援應。是月十三日黎明，張芝元等遇見杜敷帶同生番百餘人將林爽文之父林勸，母林曾氏，弟林壘，妻林黃氏在途中圍守，擒送清軍。同時被俘的尚有林爽文軍師僧悟天及重要頭目阮和、陳泮等。據阮和供稱林爽文逃入埔裏社後，餘黨衆二千餘人仍聚集小半天，據險堅守。是月十八日，福康安、鄂輝等為一路，海蘭察、恆瑞等為一路，俱由前山進攻，普爾普帶同張芝元等另為一路，於是日四鼓前進，繞過大山，三路夾攻。因小半天草深樹密，路徑逼窄，陡險難行。林爽文軍在山頂樹立木柵，柵內疊石作牆，搭蓋草寮，又將道旁大樹砍倒，橫塞路徑。清軍攀藤登陡，蟻附而上，林爽文軍在柵內投石放鎗。清軍前仆後繼，普爾普率領粵兵屯練先登，攀倒木柵，林爽文軍敗退，林追、林二、林添、孫東湖、王若敬五名被擒，其餘被殺者二百餘人。林爽文一日不獲，清軍一日不能撤，但三月以後，臺灣氣候漸熱，清軍內如屯練黔兵等素不耐濕熱，易生疾病，故擒捕林爽文等首義之人實刻不容緩。據社丁杜敷稟報林爽文率衆六七千人由埔裏向北路潛匿，福康安一面飭通事王松帶領獅子頭社番於要路迎頭堵截，一面令海蘭察、鄂輝等由龜仔頭連夜分路追趕。二十四日夜間，林爽文軍在東勢被生番截殺

四百餘人，餘眾沿山北退走。二十五日，清軍追至搜揀社、麻薯社一帶後即分兩路前進，先後趕殺二千餘人。二十七日，清軍行抵獅仔頭社，見山溝內屍骸「縱橫遍地，數里不絕」，河溪中淹斃尤眾。據稱林爽文等於二十五日途經獅仔頭社時因日夜行走，腿腳多已腫脹，過河時已淹斃一千餘名，社內生番堵截去路，又被殺二千餘名。林爽文隨從僅剩二百名，從貓裡社（苗栗鎮）向北潛逃。

　　乾隆五十三年（1788）正月初一日，清軍拏獲假扮林爽文的賴達一名，據供林爽文因聞三貂各社生番防堵嚴密，不敢前往，而在打鐵寮一帶山谷樹林內藏匿。因炭窯與南港仔山口相通，出山不遠即係海岸，恐林爽文向海口逃逸，福康安即派清軍由後壠至中港，另自竹塹至桃園沿山密佈防堵，福康安、海蘭察、鄂輝、舒亮、普爾普、六十七、春寧等分別在各隘口四路圍截，並揀派巴圖魯、侍衛二十員、貴州、廣東屯練兵丁數百名改裝易服，扮作村民，會同淡水義民差役及社丁通事等分投搜捕。是月初五日，在老衢崎地方捕獲林爽文與何有志、林琴、陳傳、吳萬宗、賴其壙等。福康安派舒亮帶領章京弁兵將林爽文等裝入木籠押解赴京⑯。首獲林爽文者是義民高振，但福康安於奏報時卻略而不提。清高宗曾諭福康安究係何人首獲林爽文，令其查明覆奏。據《彰化縣志》謂林爽文自知不免，乃投於所善高振家曰：「吾使若富且貴」，振縛之以獻⑰。惟據福康安於覆奏時稱清軍恐路徑不能諳習，侍衛章京中亦無認識林爽文者，或致當面錯過，故選派淡水義民首及社丁通事帶路作為眼目。正月初五日，巴圖魯侍衛翁果爾海等四員，貴州外委盧應朝，廣西把總譚金魁等，及屯練都司阿忠等至老衢崎地方時，義民首高振見林爽文與何有志一同逃走，恐其驚逸，即告知翁果爾海等三十餘人一同圍

住，將林爽文拏獲解送。福康安具摺指出高振等首先探知林爽文
蹤跡，告知清軍，由侍衛官兵等一同上前圍拏，因首先下手者為
高振，故奏請賞戴藍翎，並給千總職銜⑱。林爽文解京後經大學
士、軍機大臣等議奏除何有志、林湊等因病先行誅戮外，林爽文
與陳傳等俱按律凌遲處死，梟首示眾。

　　林爽文等被俘後，北路各處村莊，民心甫定，仍須留兵鎮
撫。福康安即命普吉保留駐東埔蚋，遊擊夏承熙留駐斗六門，都
司田智留駐南投，副將徐鼎士留駐大里杙，都司陳士份留駐彰
化，都司朱龍章留駐淡水，北路一帶統共留兵四千八百名。至於
南路方面，莊大田軍主要分佈於鳳山縣、水底寮、大目降等處。
清軍平定北路後，南路會黨多退踞近山一帶，偶亦至郡城及山外
村庄遙放鎗礮。莊大田等佔據嘉義東南大武壠地方，以為負嵎堅
守之計。大武壠地方，大山圍繞，溪深嶺峻，山僻路徑，處處皆
通，內有四十餘庄如噍吧哖街、大湖庄、樂陶庄、后崛朥等俱為
莊大田軍的重要根據地，並出沒於虞庄、加撥庄、赤山保等處。
福康安認為欲進兵南路，必先直搗大武壠，以覆其根本，並堵截
通往鳳山之路，故飭令山豬毛義民在旗尾庄、番薯寮要隘堵截，
一面令永慶帶領總兵陸廷柱、巴圖魯侍衛果爾敏色、副將官福等
就近由府城往攻水底寮以牽制莊大田軍。大武壠西面則派蔡攀龍
帶兵駐劄灣裡溪，烏什哈達駐劄哆囉國、梁朝桂駐劄茅港尾，鄭
國卿駐劄白水溪一帶。其東面一帶內山生番，則諭令熟悉番情的
貢生張維光、生員王宗榮、通事黃彥、黃三才、王和等前往曉諭
各社生番協同堵勦，並令臺灣縣知縣王露差貢生張維光密諭大武
壠內粵庄、番社招集義勇以為內應，佈署就緒後，福康安即於五
十三年正月十四日分路進攻大武壠，普爾普帶領格繃額等由內山
僻徑直趨大武壠北面，鄂輝帶領許世亨等由西面哆囉一帶進攻，

參將特克什布、遊擊葉有光沿山搜索。莊大田及林爽文之弟林勇往攻郡城，分軍擾灣裡溪欲截斷郡城要路。福康安、海蘭察帶領袁國璜等於十五日劄營灣裡溪。十六日，清軍進攻牛莊，莊大田軍阻溪迎拒，水深流急，恃險抵抗，終因眾寡不敵，黨眾被殺五百餘名，其中重要首領一名，項上掛印一顆，鐫刻「定南將軍蘇魁」字樣，被俘者七十餘名。清軍乘勝進擊，十九日，抵南潭、大目降（臺南新化鎮）一帶，莊大田軍被殺六百餘名，是時常青亦帶兵自沙岡來會。因渧仔仙至噍吧哖各處草寮俱為粵民焚燬，莊大田軍遂退至大武壠山口把截。鄂輝一路猛撲山梁，攻克莊頭社，莊大田軍被殺三百餘名，被擒百餘名。普爾普一路亦由內山大埔進攻大武壠隘口，莊大田軍自山溝內分作兩路猛撲清軍，普爾普帶領格繃額等分投抵禦，雙方激戰半日，莊大田軍被殺四百餘名，被擒一百二十餘名，大武壠遂為清軍攻取。福康安將前後所俘會黨計四百九十餘名於軍前屠戮後即帶兵南下，莊大田軍已再度佔踞枋寮。二十六日，海蘭察等遇莊大田軍二千餘名從沿山抄截清軍後路，海蘭察一面命穆克登阿等防備南路，一面命許世亨等回兵迎擊，海蘭察則自率巴圖魯、侍衛等由蔗園內橫衝會黨，射死陳建平、曾大達等騎馬指揮頭目十餘名。清軍傷亡雖較輕，但義民首鄭其仁因引導先行而遇伏陣亡。莊大田既遭敗績，乃率眾數千人潛往瑯嶠（屏東縣恆春鎮）。瑯嶠路徑崎嶇，樹林深密，山內十八社皆係生番。福康安欲四面圍拏，以防竄逸出海，一面密令該處民人假意容留莊大田，一面曉諭各社生番在沿山隘口堵截，佈置既定，隨令烏什哈達帶領水師及廣東兵丁乘舟由海道前往，海蘭察等則由山路進發。二月初四日，清軍行抵楓港，莊大田等由柴城欲往蚊率社，為生番所阻。是月初五日黎明，福康安等由楓港發兵，越箐穿林，約行二十餘里，莊大田軍

由樹林內突出攻擊清軍前隊，因眾寡懸殊，莊大田軍被殺三百餘名，被擒一百四十三名，清軍直追至柴城。福康安為欲生擒莊大田等，隨命穆克登阿帶領屯練降番為一隊，許世亨、岱德帶領貴州官兵各一隊，梁朝桂、張朝龍帶領廣東官兵各一隊，恆瑞、王宣帶領廣西官兵一隊，山豬毛義民首劉繩祖帶領粵庄義民為一隊，都司莊錫舍及北路義民首黃奠邦等各帶義民共為一路，自山梁挨次排下直抵海岸。烏什哈達所帶水師兵丁適值順風，連檣齊至，密佈於沿海各處，水陸並進。海蘭察、鄂輝帶領袁國璜、六十七及巴圖魯等往來衝殺，自辰至午，莊大田軍被殺二千餘名，其餘投海被水師兵丁放鎗斃命及泅水被擒殺者屍浮海面，不計其數。莊大田等潛匿樹林山溝內，清軍分投搜捕，侍衛博斌，都司張占魁及山豬毛義民首鄭福等首先擒獲莊大田，林躍興一名則為義民首高振拏獲。其餘莊大韭、許光來、簡天德、許尚及其家屬等八百餘名同時被擒，柴城居民及各社生番縛獻者計三百餘名，俱於軍前被戮。莊大田素患吼喘病症，清軍追趕時於樹林內因黑夜墜馬跌傷頸項於押赴府城後被殺。旋據報林爽文弟林勇等在大板埒地方奪取船隻，福康安即命烏什哈達帶領水師前往圍拏。莊大田家屬見清軍查拏緊急，欲往山後暫避，舵工不肯駛行，即將舵工許誥砍傷，棄船登岸。但清軍義民已預先埋伏於潭底、灰窯窟一帶，遂將莊大田養子莊天義、莊天勇、孫莊阿莫、婿楊田、莊大田妻莊童氏及葉省、蔡福等家屬四百九十餘名擒獲。林勇等在大武壠為普爾普所擒，莊大田次子莊天畏據報已為生番所殺㊟。

七、清廷對臺郡的善後措施

　　林爽文之役自乾隆五十一年十一月二十七日天地會黨攻陷大

墩正式豎旗起事開始至乾隆五十三年二月初五日莊大田等被俘清軍平定臺灣南北路止，前後歷時一年又三個月之間，大致可劃分為三個階段：自乾隆五十一年十一月至五十二年二月，計三個月，屬於第一個階段。天地會黨連陷彰化、淡水、諸羅、鳳山等廳縣，清軍居於劣勢，節節失利。福建水師提督黃仕簡、陸路提督任承恩相繼渡臺，惟因清軍兵單力薄，綠營怯懦，彼此因循觀望，老師糜餉，貽誤軍機；自乾隆五十二年三月至同年十月，計七個月，屬於第二個階段。清廷將黃仕簡、任承恩革職送京，閩浙總督常青、參贊恆瑞、藍元枚先後東渡，屢次請兵赴援，但是會黨日聚日眾，漸知攻守，林爽文與莊大田南北呼應，聲勢甚盛，柴大紀困守諸羅，岌岌不保，常青株守府城，一籌莫展，清軍東堵西禦，陷入南北各自為戰的局面；自乾隆五十二年十一月至五十三年二月，計四個月，屬於第三個階段。會黨方面糧餉不繼，器械缺乏，泉粵村民，誓不兩立，清廷命將軍福康安、參贊海蘭察等統領巴圖魯、侍衛，湖南、貴州、廣西兵丁及四川屯練降番連檔東渡，軍威既振，遂解諸羅之圍，連克斗六門、大里杙，繼破集集埔、小半天、大武壠，終於生擒林爽文、莊大田等，南北兩路遂告平定。在歷次戰役之中，會黨固然慘遭屠戮，惟清軍傷亡亦重。就福康安咨送兵部陣亡清軍名冊所載，自乾隆五十一年十一月起至五十二年十月止，陣亡官弁計一百四十一員，滿漢兵丁計四千零九十五名。又自五十二年十一月福康安等奉命進兵臺灣起至五十三年二月平定南路止，節次打仗陣亡漢屯官弁兵丁計四百七十八名。至於無著潰兵據福康安等奏報當彰化、嘉義、淡水、鳳山及崗山營汛初次失陷時共潰散無著戍兵八百八十二名，郝壯猷在鳳山失事時共潰散無著戍兵八十九名，徵調兵一千二百九十二名，魏大斌赴援嘉義潰散戍兵七十一名，楊

起麟等再援嘉義潰散戍兵三十八名，合計無著潰兵達二千三百七十二名之多。又據戶部題本所開列四川屯土弁兵傷亡共計二千八百七十八名⑩。

　　清初駐守臺灣的戍兵是由福建水師陸路各標營派撥，調集廈門，經水師提督點驗配渡，輪班更換。惟各兵丁內，其有手藝之人及親族在臺者甫經班滿，又藉端換防，老弱充數，其不願渡臺者每於廈門逗留不住，遷延時日。各營戍兵離營散處，不能按期操演，技藝生疏，即遇操演之期，亦復虛應故事，不按名到齊。自總兵至守備衙門皆有兵丁聽候差遣，分爲旗牌、伴當、內丁、管班四項，各由目兵管領，分班輪值。其在外自謀生理兵丁，多在此四項內掛名貼錢，代班差操，名爲包差。總兵營私牟利，備弁相率效尤，兵丁貿易離營包庇娼賭，將惰兵驕，曠伍滋事。林爽文等起事時，柴大紀因存營兵少，不能即時前往查辦，藉口返回府城調兵征勦，及會黨逼近城池，仍不敢帶兵出城作戰。因此，柴大紀雖有守城之功，其激變釀亂之罪，實難輕貸。清高宗屢稱綠營積習，最爲可惡，勇於私鬥，怯於公職，平時強取民物，騷擾嚇詐，臨陣畏葸不前，捏詞謊報，往往遇敵先行奔潰，未見敵人即行施放鎗礮，竟有因聞鎗礮聲音而恐懼戰慄者。至於浙省綠營兵丁，向來懦弱，更遜閩省。清高宗南巡時，閱看閩浙兵丁技藝，見浙兵畏怯退縮，頗爲不堪。閩粵等省駐防滿兵，累世受朝廷厚恩，但安逸年久，沾染惡習，置技藝於不問，打仗時不過隨衆行走，臨陣脫逃，私自覓船內渡，甚至僱轎乘坐。清廷最精銳的勁旅實爲海蘭察、鄂輝等所率領的東北索倫猛將與四川屯練降番，清軍征討林爽文後期，每役必與，屢建殊勳，惟犧牲慘烈，傷亡甚夥。

　　林爽文未能攻下府城，彰化、諸羅等處得而復失，鹿耳門與

鹿仔港亦未能扼守，都是林爽文的失策。其軍火糧餉缺乏，或檢拾清軍遺留的彈片，或將牆上年久石灰煎熬成硝，並在北路生番山裏私換硫磺配製火藥⑩，但僅能取自南北兩路，隨取隨盡，不能久支。而且器械粗陋，俱非利器。福康安曾將所獲會黨兵器挑選解送軍機處，除竹盔、紙甲奉旨交學藝處外，其鐵尖竹弓二張，撒袋連箭二付，半截刀二把，撻刀二枝，鉤鐮刀二枝，牛角叉二枝，三角叉二枝，竹篙矛二枝，竹篙鎗二枝，鳥鎗二桿，炮二個，奉旨於紫光閣及熱河萬壑松風每樣各貯一件。此外竹藤牌一面，亦貯紫光閣，皮藤牌一面則貯萬壑松風⑩。其軍需各項補給，尤為困難，清軍方面則從內地各省絡繹運送，源源接應。然而林爽文失敗的主要關鍵實因遭遇義民的強烈反對，惟所謂義民與會黨，實即當時民間分類械鬥的對立團體。林爽文起事就是憑藉民間的力量，以天地會為基礎，並標舉反清復明的口號。但由於番漢、閩粵、漳泉多種對立團體的存在，而產生與會黨誓不兩立的敵人。當林爽文起事以後，南北兩路會黨固然如響斯應，然而由民間自存的對立團體所組成的廣大義民，亦形成一股不可抗拒的強大力量。清廷為嘉獎義民，曾屢飭地方官查明優賞，「如係務農經生理者，即酌免交納賦稅。若係首先倡義紳衿，未有頂帶者，即開列名單，奏明酌予職銜，以示優異。」清高宗以廣東、泉州民人急公嚮義，故賞給匾額，令福康安遵照鉤摹，徧行頒賜，以旌義勇。同時為了將漳人從會黨中分化出來，清高宗復諭將臺郡全屬應徵地丁錢糧悉行蠲免，以示「一體加恩，普施惠澤」之至意。福康安曾指出南路山豬毛粵庄係東港上游，粵民一百餘庄，分為港東、港西兩里，因康熙年間平定朱一貴，號為懷忠里，在適中之地建蓋忠義亭一所。林爽文、莊大田起事後，曾遣涂達元、張載柏執旗前往招引，兩里民人誓不相從，將涂達

元、張載柏即時擒斬。粵民齊集忠義亭，供奉萬歲牌，同心堵
禦，挑選丁壯八千餘名，分為中左右前後及前敵六堆，按照田畝
公捐糧餉，由舉人曾中立總理其事，每堆每庄各設總理事、副理
事，分管義民，劉繩祖等充任副理事。清高宗為獎勵義民，特頒
御書褒忠匾額，並賞給曾中立同知職銜，南北路平定後，福康安
奏請賞戴花翎。其教授羅前蔭協同管理義民，頗著勞績，福康安
奏請照曾中立之例賞給同知職銜。義民副理事劉繩祖、黃衰、涂
超秀、同敦紀四名最為出力，俱請賞戴藍翎⑩。各處義民，除少
數由地方官衙門招募充當外，多由紳衿舖等招集，義民每日口糧
亦多由義民首捐貲備辦。捐納四品職銜楊振文、文舉人曾大源，
世居彰化。林爽文起事後，拒絕加入反清陣容，棄家避至泉州。
福康安在大擔門候風時，將楊振文、曾大源帶赴鹿仔港，招募義
民，隨清軍進勦，經福康安奏請賞戴花翎，曾大源因年齒尚輕，
予以知縣實缺，恐不諳民社，福康安指出臺灣風俗以得授京職為
榮，故奏請將曾大源以內閣中書補用。旋奉旨曾中立同知實缺補
用，曾大源准照所奏，職員楊振文原以開墾地畝謀生，杜敷係屬
社丁，不願出仕，俱以翎頂榮身。嘉義縣義民首黃奠邦、鄭天
球、王得祿，元長庄義民首張源懃等隨同清軍打仗，搜拏會黨，
購線招出會黨頭目，離間會黨，又各差義民假扮會黨，四出偵探
敵中情事。淡水義民首王松、高振、葉培英，東勢角義民首曾應
開，熟諳內山路徑，深悉番情，奉諭前往屋鰲、獅子等社，在各
要隘地方堵截會黨，福康安奏請將各義民首分別賞給翎頂，並於
平定南北路後奏請賞給黃奠邦巴圖魯名號，張源懃、王得祿等換
戴花翎。

　　乾隆五十二年十二月，臺灣軍務即將告發，一切善後事宜必
須大員籌辦，清廷即命福建巡撫徐嗣曾將撫卹難民、估計城工、

清查入官田產等事宜，妥籌議奏，旋命福州將軍魁倫渡臺協理善後事宜。當清廷將諸羅縣改名嘉義縣後，福康安復奏請將「臺灣」二字另易嘉名，福康安奏稱「臺灣土語謂殺爲臺，而呼官字又與灣字無異。」⑩但清高宗認爲「臺灣地方自聖祖平定後，設立府縣，即以臺灣命名，沿用至今。其土語與字音，偶有訛用之處，亦無甚關係，況並未前聞，自不當輕議更改。即此時另改他名，而臺灣二字沿習已久，人亦必仍稱舊名，是即更改亦屬無謂。」⑩

　　臺灣產米雖甚豐饒，惟米價漲跌幅度極大，其主要原因實爲變亂或兵燹。自林爽文起事以後，全府米價每石俱在三兩以外。清廷先後將乾隆五十二、三年分臺灣府屬應徵地丁錢糧悉行蠲免，惟各處久經兵燹之後，未遑耕種，生理維艱。內地各省先後撥到米糧共三十二萬餘石，除撥過兵糧外，存米僅七萬餘石。清軍雖陸續分起內渡，但尚未全撤，必須廣爲平糶，以減市價。臺灣府屬一廳四縣內查出難民大口共四十四萬八千八百七十八口，小口共二十一萬八千九百七十口，計應給賑銀十六萬七千五百餘兩。難民中有煢獨殘疾等及極貧而難以度日者，大口共十四萬一千九百六十八口，小口共八萬六千九百七十二口，尚須展賑一月，共應支給賑銀五萬五千六百三十餘兩，並給銀修蓋草寮計九萬八千餘間，需銀二萬四千五百餘兩，合計賑銀約二十四萬七千六百餘兩。府城所存米石僅足支放兵糧及平糶之需，不敷散賑，因此，福康安、徐嗣曾等奏請每石以三兩折結，惟按之舊例實覺較多，仍先照舊例給予二兩折結⑩。

　　林爽文起事以後，漳州民人固然紛紛響應，即泉州民人亦有被裹脅附從者，其後雖經投出，清廷不得不貸其一死，但已不便仍令其留在原地，以免再滋事端，必須酌量遷徙內地安插。因西

北各地路程遙遠，解送旣煩，中途尤恐逃脫，而江浙廣東濱海省
分，皆有海道可逕達臺灣，亦不便遷往，衹有貴州、湖南、廣西
等省適於安挿。徐嗣曾等奉旨將投出會黨詳加查核，以示區別，
除脫逃復獲陳泮一名仍解京審辦外，其阮和等九十名自投出後即
隨同清軍作戰，帶領路徑，擒獻亦多，均交與延建各鎮總兵令其
入伍食糧，以藉資約束。至李祖生等一百餘名則發往湖南、貴
州、廣西煙瘴地區分縣安挿，交與地方官嚴加管束。分撥旣定，
即於乾隆五十三年（1788）于令其搬取眷屬登舟配渡，以十餘人
作爲一起，由廣東官兵押赴內地交李侍堯按指定省分分起解送。
其餘爲林爽文等裹脅附從被清軍所俘獲者則發往吉林、黑龍江等
處，分給滿洲兵丁爲奴，以防其逃回原籍。全郡所遺田土房屋旣
未便仍撥給漳泉村民令其徒享利益，自應將其田產查明入官，另
行分撥。清廷因念熟番向化日久，於軍興以來並無附從林爽文
者，而且淡水等處所招集鄉勇多爲熟番，故曾議及將入官田產比
照四川屯練舊例，分給熟番耕種，按則例升科，令其安居管業，
自爲守護，藉此招撫生番。乾隆五十三年四月，福康安等奉旨稱
內地兵丁渡台防守，若無恒產，恐所得錢糧不敷資給，可將入官
田產酌量分撥作爲補貼，換班時仍令前後交代收取餘息。經福康
安等妥籌議奏後指出臺灣近山地方，原係荒蕪土地，居民開墾後
稱爲埔地，可於此項埔地內撥給番民自行耕種，不需另給糧餉，
仿照屯田舊例，將壯健熟番挑作屯丁，設立屯弁，以埔地畝數定
屯丁多寡，約計數目可得四五千人，田畝漸關，人數尚可增多，
番性樸實強壯，能嫻技勇，無事時各力田疇，防守隘口，如有越
界滋事民人及逃犯盜匪，皆可令其緝捕。所有撥給番丁埔地，即
照番田定例，概免升科。至於戌兵有操防之責，往返更替，不能
自行耕種，福康安等乃奏請將入官田畝交與地方官經理收租，會

同各處駐剳營員按名散給，每名先借銀二兩，撥產後徵收歸款。林爽文及會黨要犯在原籍的祖墳，俱被刨挖。至於應行解京緣坐犯屬年在十五歲以下者，則解交內務府閹割，充當太監，以備內廷洒掃之役，首先解到內務府者爲莊大田孫莊阿莫，其餘分三起陸續解京，第一起：陳泮子即陳尙德，年十二歲。陳文德，年十歲。陳瑞，年六歲，許光來子即許番江，年四歲。陳梅子即陳水來，年十歲。林水子即林喂，年十歲。陳寧光孫即陳大振，年四歲，張益光子即張媽福，年七歲。陳斌又名陳武郎子即陳生，年十三歲。陳芳，年七歲。賴水子即賴問，年五歲。林顏子即林寧，年十四歲。湯喜子即湯璧，年十五歲。池地子即洪海成，年十四歲；第二起：賴達弟即賴乞，年十一歲。林侯子即林好，年十一歲。涂龍弟即涂唱，年十一歲。何榜子即何泉，年九歲。林士芳子即林伙，年七歲。蘇藍子即蘇水，年十三歲。吳機子即吳回，年十二歲。李井子即李祖青，年十歲。李祖聖，年六歲。番他覓即他覓是子埒仔，年十四歲。張壽子即張老，年六歲。張繼，年四歲。莊刊子即莊魯，年九歲。朱安子即朱柯，年五歲。林乾子即林盛，年六歲。陳來子即陳恩，年十四歲。李運子即李媽爲，年五歲。徐雪子即徐生，年十歲。以上共三十四名俱於乾隆五十四年（1789）正月二十七日起解；第三起：郭彩子即郭耀，年十三歲。郭添，年八歲。郭完，年五歲。以上三名於同年二月初八日起解入京⑩。

　　林爽文起事之初，臺灣戍兵旣無作戰能力，其防守城池亦未得力，俱賴義民保衛地方，如府城、諸羅、鹿仔港等處，會黨大隊屢次進攻，得以固守無事，實藉義民之力。南北兩路會黨聲勢旣盛，不得不多招義民，地方文武認爲多增一千鄉勇，即減去一千黨夥，所以義民衆多，因未經訓練，打仗進攻，雖不能獨當一

隊，用以防守地方維持治安，則頗為奮勇可恃，十分得力。乾隆
五十二年十二月，嘉義等處先後收復，不需多人防守，福康安即
將中路各處官給口糧義民大加裁減。南北兩路平定後，各處義民
陸續歸庄，所有自備刀矛，俱令其逐件繳銷，發交地方官改鑄農
器，散給貧民耕種，俾無私藏軍械之弊。是年十月，清高宗曾諭
軍機大臣稱臺灣五方雜處，泉州、漳州、廣東三處民人互相搆
釁，欲乘戰勝兵威，酌為遷徙，依其籍貫各為一庄，相離既遠，
爭端可杜。惟因南北兩路地方寬廣，房舍多寡，田畝腴瘠，既難
適得其平，而派往查辦各員又不能不假手於胥役，辦理稍有未
妥，轉恐紛爭滋事。若令義民仍守世業，查明附從會黨者即行遷
徙，又屬難於區別。村民各有田產，安土重遷，一時概令離析，
勢難辦理。閩粵民人各分氣類，彼此鄰近，即偶有舉動，不能合
成一氣，轉可互相糾察，按籍遷徙之議遂作罷論。而且民風之淳
薄，全視吏治為轉移。乾隆五十三年四月，福康安等奏請整頓吏
治，添調佐雜各員。南路鳳山縣城移建埤頭街後，其舊城地處海
濱，乃將下淡水巡檢一員移至鳳山舊城駐劄。下淡水在東港上
游，南達水底寮，將阿里港縣丞一員移駐下淡水，其阿里港地
方，因與新移鳳山縣埤頭街相近，一切可歸知縣管理，足資稽
察。北路斗六門地當衝要，原設巡檢一員，官職卑微，另添設縣
丞一員，歸嘉義縣管轄。大武壠山內村庄甚多，形勢險要，除安
設汛防，撥兵駐守外，仍將原設斗六門巡檢一員移駐大武壠。臺
灣道府向係三年俸滿，乾隆四十九年（1784），改為五年。因海
疆重地，必需久任，福康安等又奏請將各廳縣照道府成例，一律
改為五年報滿，俾能多歷歲時，以盡心民事。臺灣向來祇派御史
前往巡視，職分較小，不能備悉地方情形，有名無實。自乾隆五
十三年（1788）二月起正式將巡臺御史之例停止，改由福建督

撫、福州將軍及水師陸路兩提督每年輪派一人前往稽察。同時臺灣道向係調缺，福建督撫及各官因臺灣道出缺，視爲利藪，往往貪緣徇情。爲釐剔弊端，清高宗格外賞給臺灣道按察使銜，俾有奏事之責，遇有地方應辦事件，即可專摺奏事。

臺灣負山面海，外控澎湖，原設臺澎水陸兵丁共一萬二千一百七十六名，除水師四千一百六十三名外，南北兩路計八千零十三名，分撥汛防。但因生齒繁盛，從前荒廢土地，日闢日增，村落相連，野無曠土。自大雞籠以至枋寮，南北綿亙千餘里，近山一帶地方如大里杙、水沙連、大武壠、水底寮等處最稱險遠，溪深嶺峻，外則番社環居，內則流民雜處，向因人跡罕至，未設汛防，而各縣城內兵力較少，不足以防衛。乾隆五十三年四月，福康安等奏請於各處緊要地方及通衢大路，每處添兵一百數十名不等，並將各海口水師酌爲移撥，均於徵兵內挑補，指定營分，派歸原營官管轄。臺灣戍兵向由內地撥換，清高宗曾飭將戍兵一半換防，一半酌募當地義民社番充補。惟福康安等認爲臺地甫平，新募兵丁難資防禦，故奏請仍於內地撥派，分班輪換。但此等兵丁籍隸漳泉者居多，須令泉州之兵在漳人村庄附近防守，其籍隸漳州之兵即以防守泉人各庄，彼此互相監視，可以防微杜漸，而他府之兵，與之互相錯處，易地駐防，以杜亂謀。而且福康安奏添戍兵係於內地督提一標及福寧、海壇、汀州、金門、建寧五鎮標內抽撥渡臺，因此，籍隸漳泉兵丁已較前減少，更易於稽察。因臺灣向無馬兵，福康安等又奏請於巴圖魯、侍衛及各官繳回馬匹內酌留一百匹，改設鎮標馬兵一百名，北路協標馬兵一百名，所需馬匹，則由內地各營抽調，換班時留交接戍兵丁。

自康熙年間以來，臺灣府廳各縣俱未建立城垣，僅以莿竹木柵編插。朱一貴起事後，全臺俱陷，但在五十日之內，復爲清軍

收復，未嘗不是得力於薊竹容易攻克。閩浙總督覺羅滿保曾議建城垣，因雍正年間吳福生又再度發難，清世宗鑒於臺民多亂，曾頒無須改建磚石城垣之諭旨。無城雖難於防守，但失之易，復之亦易，是以久未建城。林爽文起事後攻陷縣城，屢復屢陷，就是因為薊竹不易防守。清高宗認為與其失之復取，既煩征討，又駭眾聽聞，不如有城可守，有備無虞。而且國帑充盈，府城廳縣五處城垣，動用銀兩不過百萬，何惜而不為。乾隆五十三年（1788）正月，清高宗命德成馳赴臺灣會同徐嗣曾等估勘城工。同年四月，福康安、德成、徐嗣曾率同隨帶司員及道府等踏勘，並會銜具奏。據稱郡城舊址周圍共長二千六百七十餘丈，大小八門，城臺八座，舊式矮小，城身通用木柵，內外排插，高一丈一二尺至七八尺不等，不足以捍禦，自應改建城垣。德成等指出府城東南北三面均可依照舊址興修，惟西面臨海，舊排木柵已多朽廢，又當潮汐往來日受沖刷之區，若就原址施工，必甚費力。即使向內移進二三十丈修建，卻因其間又有港汊數道，為商民船隻避藏颶風之所，不便施工。經德成等勘得小西門至小北門，有南北橫街一道，遠距海岸，計一百五十八丈餘尺，形勢曲折，於此興修，則較舊址可收減一百五十二丈餘尺，足稱完固。但郡城地方土性浮鬆，若用磚石修砌，必須下釘椿木，再立根腳，需費頗多，而且石料產自內山，距城甚遠，拉運艱難，河道淺狹，舟行不易，至於磚塊一項，原可設窯燒造，但因沙土燒磚，有欠堅實，況柴價昂貴，殊費經營，因此，德成等指出一切物料，應按臺灣則例，俱在內地購辦，按例核算，用磚成砌，約需銀三十八萬六千餘兩，帑費繁多，若用石成砌，更為浩大。經德成等妥議後奏請修築土城，城身通高一丈八尺為率，頂寬一丈五尺，底寬二丈，舊有各城臺七座，上截一律加高八九尺不等，新添西門券

臺一座，並添建城樓八座，卡房十六座，看守兵房八座，共計照
例辦買土方工匠等價約需銀十二萬四千餘兩，費省而功倍⑩。嘉
義縣城，較府城為小，計通長七百四十四丈餘尺，原係土城，距
山約二里，形勢扼要，自可悉照舊規加高培厚，添建城樓券臺等
項，共約需銀四萬三千八百餘兩。此外如彰化、鳳山、淡水等處
城圍仍用莿竹栽插繞城，加浚深壕。其中彰化縣城於八卦山上添
設石卡一座，以捍衛縣城。鳳山縣城逼近龜山山麓，地勢低窪，
氣象局促，其城圍衙署民房已被焚燬殆盡，居民遷回者甚少，故
於城東十五里埤頭街移建新城，插竹為城。

　　乾隆五十三年（1788）五月，福康安、徐嗣曾於「清查臺灣
積弊酌籌善後事宜」一摺中臚列善後章程十六款，其要點如下：

　　一、各營操演宜設法稽查以核勤惰。水陸各營按照操演鎗箭
之期，兵丁等齊集教場逐名點驗，將備帶同弁目親往校閱，分別
等第，開單登記呈報，總兵官親自較查，其分防營汛，不論衝僻
地方，均一律按期操演，一體開單呈報，委員親往查察，總兵官
將查閱原單及抽驗各營兵丁技藝名冊等第，統於年底彙送總督衙
門察核。

　　二、水師兵丁安按期出洋巡哨。水師將弁按期親自出洋周歷
各處，實力哨查，不得裝點軍容，應將出汛回汛日期報明督提各
衙門稽核，如能擒拏盜賊匪徒者，准其記功陞用，其在內港往來
虛應故事者嚴參究辦。

　　三、嚴總兵巡查之以肅營制。總兵巡查全郡，一切供應夫
價，盡行革除，不許絲毫派累，出差兵丁應照內地出差官兵給與
差費之例，酌給盤費，所有巡閱地方，務須北自淡水石門，南至
鳳山水底寮，不論衝僻汛地，一律按汛操閱兵丁技藝，點驗屯
番，巡查後將營伍地方情形據實陳奏。

　　四、兵丁貿易離營等弊宜嚴行禁止。將各處營汛兵房一律趕緊興修，分派安設，於充公叛產內酌給兵丁收取餘息以為貼補當差之用，各鎮將都司守備等應嚴行約束，除操演日期按名點驗外，平時仍派員逐日稽查，如不居住兵房，在外游蕩，即行革伍枷號半年，遞回原籍，嚴加管束，永不許食糧入伍。

　　五、禁革四項目兵名色以杜包差之弊。自總兵至守備衙門所置旗牌、伴當、內丁、管班四項目兵名色，應全行禁革，總兵署內酌留差遣班兵一百名，副將酌留八十名，參將以下至守備，照此按等遞減，分防千總准留兵十名，其餘悉令歸營，不得藉端曠伍。

　　六、換防戍兵宜分交水陸提督互相點驗。臺郡戍兵係由內地水師陸路各標營派撥輪班更換，調集廈門，經水師提督點驗配船渡洋，陸路提督駐劄泉州府，距廈門甚近，應令親赴廈門互相點驗，倘有應名充數及屢次藉端換防情弊，立時究參駁回另換。

　　七、海口城廂各礮位宜清查安設以資守禦。臺郡海濱遼闊，沿海口岸舊設礮臺數十處，應照舊安置，外禦內守，以備不虞，其改建城垣之處，亦應相度形勢，添置礮位，以資守禦。

　　八、嚴禁搶奪械鬥以靖地方。臺郡盜案，按照新例從嚴究辦。械鬥殺人及起意糾約者，均照光棍例擬斬立決，傷人之犯，從重問擬發遣。搶奪案件，聚至十人仳及雖不滿十人，但執持器械倚強肆掠者，為首之犯照糧船水手搶奪例，以強盜律治罪，為從各犯，發新疆給種地兵丁為奴，其搶奪人數在三人以下審有糾謀持械逞強情形及雖未逞強而數在三人以上者，均照回民搶奪例發極邊煙瘴充軍。

　　九、清查臺灣戶口搜拏逸犯以別奸良。編查保甲，原有定例，應實力奉行，登記戶籍，開載姓名人口，無業游民犯事到

官，即在笞杖以下者，亦押令回籍。在臺安分良民情願攜眷者，由地方官查實給照，准其渡海，由地方官將眷口編入民籍，地方官盤獲內地逸犯從優獎敘。

十、嚴禁私造器械旗幟以靖地方。民間除菜刀農具外，如弓箭、腰刀、撻刀、半截刀、鏢鎗、長矛之類，一概禁止，倘若私藏寸鐵，即行從重治罪。各村聚衆械鬥，多用旗幟號召，即使不肯助鬥的村庄，亦須豎立保庄旗一面，方免蹂躪，隨同官兵打仗的義民亦各製造一旗，以示進退，俱應嚴定章程，若有私造旗幟者，即照私造軍器一體治罪。

十一、賭博惡習宜從嚴懲治。嚴禁賭博，地方文武員弁實力稽查，有犯必懲，即壓寶跌錢之類，亦從重枷杖，押遞回籍，如敢不服拘拏，照拒捕之例治罪，各弁兵徇隱故縱勒索錢文者以枉法論，若失於查察別經發覺雖訊無得賄情弊，亦即革伍椅責示儆，並令各汛弁每月出具並無賭博切結，呈報總兵查核。

十二、臺灣文武各官應責成巡察大員隨時核奏。因臺灣孤懸海外，鎮道各員恃有重洋間阻，恣意妄爲，通同徇隱，應令將軍督撫提督大員，分年巡察，出具考語具奏，其備弁佐雜則咨部存案。

十三、臺灣道員准令具摺奏事以專責成。臺郡道員遇有緊要案件，雖准會同總兵會銜具奏，但鎮道體制不相統屬，應令道員專摺奏事，毋庸與總兵會銜，並將營伍是否整飭，兵丁曾否操演之處，按月呈報督撫查考。

十四、請開八里坌海口以便商民。淡水八里坌港口寬闊，可容大船出入，距五虎門水程約有六七百里，淡水爲產米之區，內地商船多收泊八里坌，載運米石，管口員弁藉端需索接受陋規，徒有封禁之名，毫無實際，應明設口岸，以便商民。

　　十五、沿海大小港口私渡船隻宜嚴加申禁稽查。應責各港口員弁實力稽查，如能拏獲私渡民人，即將船隻貨物賞給兵丁，以示獎勵，並飭內地沿海地方一體申明禁例，實力訪拏積慣船戶客頭，以清私渡之源。

　　十六、臺灣南北兩路宜安設舖遞修治道路船隻以肅郵政。臺灣郡城距廳縣治所遼遠，向來遞送公文俱係番社應役，但番社相距較遠，馳遞不能迅速，遇有要事，信息難通，應仿照內地安設舖遞，每三十里一舖，遞送文報，於封面上填寫時刻，以備稽考⑩。

　　福康安等將善後章程及審擬案件辦理就緒後即於乾隆五十三年五月初九日由鹿耳門登舟內渡，十四日，抵廈門，凱旋官兵亦分起內渡。據福康安奏稱福州駐防一起官兵在鹿仔港更換大船，候風放洋時，有領催蘇楞額等乘坐哨船，已至港口，未上大船，陡起風暴，漂至大洋，正在危險，忽有異鳥飛集船頭，以示神祐，漂流兩日夜，果未覆沒，適於黑水洋遇救，軍裝搬運甫畢，見原坐哨船下有數丈大魚浮出水面，哨船登時沈沒。清高宗以官兵渡臺，多獲平穩，疊徵靈異，皆賴天后助順，故先後降旨令李侍堯等修葺天后宮，並御書聯額二份，於廈門、興化兩處懸掛。及平定林爽文後又降旨在天后舊有封號上加增顯神贊順四字，並御書佑濟昭靈匾額一面，交福康安等於沿海口岸廟宇敬謹懸掛⑩。平定林爽文之役，以福康安、海蘭察、鄂輝、普爾普、舒亮等人功績最著，職分亦大，故奉諭於臺灣府城及嘉義兩處共建生祠，塑立像貌，祠內設立木牌，書寫功臣官階姓名，俾使該處民人「望而生惕，日久不忘」，並繪從征二十功臣像於紫光閣。清高宗以大功告藏，特將辦理顛末，御製生擒林爽文、莊大田紀事語、平定臺灣功臣像贊序、御製碑文各一篇，用滿漢文書寫發交

福康安、李侍堯於臺灣府城及廈門等處配建碑亭，勒石鐫刻，以
紀其事。

【註　釋】

① 劉美珍等撰〈關於天地會歷史上的若干問題〉，《明清史國際學術
討論會論文集》（天津，人民出版社，一九八二年七月），頁
1025。

② 《清前期天地會研究》，頁84。

③ 魏安國撰，陳春聲譯〈清代珠江三角洲的宗族、賦稅和土地占
有〉，《明清廣東社會經濟研究》（廣州，廣東人民出版社，一九
八七年六月），頁329。

④ 朱勇著《清代宗族法研究》（長沙，湖南教育出版社，一九八七年
十二月），頁162。

⑤ 朱勇著《清代宗族法研究》，頁118。

⑥ 《皇清奏議》（臺北，文海出版社，民國五十六年十月），卷五
六，頁30。

⑦ 《月摺檔》（臺北，國立故宮博物院），道光十八年十二月二十一
日，掌山西道監察御史郭柏蔭奏摺抄件。

⑧ 《皇朝經世文編》（臺北，國風出版社，民國五十二年七月），卷
二三，頁42。

⑨ 丁杰撰〈止鬥論〉，《清史研究通訊》，一九八五年，第三期（北
京，中國人民大學書報資料中心，一九八五年），頁6。

⑩ 《宮中檔雍正朝奏摺》，第五輯（民國六十七年三月），頁583。
雍正四年二月初四日，福建巡撫毛文銓奏摺。

⑪ 《宮中檔雍正朝奏摺》，第十一輯（民國六十七年九月），頁
714，雍正六年十一月初六日，廣東碣石鎮總兵蘇明良奏摺。

⑫　《宮中檔雍正朝奏摺》，第十九輯（民國六十八年五月），頁
　　351，雍正十年正月二十四日，福建觀風整俗使劉師恕奏摺。

⑬　《軍機處檔·月摺包》，第 2740 箱，43 包，6171 號，乾隆十五年
　　七月十二日，廣東按察使石柱奏摺錄副。

⑭　劉興唐撰〈福建的血族組織〉，《食貨半月刊》，第四卷，第八期
　　（上海，新生書局，民國二十五年九月），頁 40。

⑮　《皇朝經世文編》卷二三，頁二七，〈上汪制軍書〉。

⑯　譚棣華撰〈略論清代廣東宗族械鬥〉，《清史研究通訊》，一九八
　　五年，第三期（北京，中國社會科學出版社，一九八五年），頁
　　7。

⑰　黃任等纂《泉州府志》（臺北，國立故宮博物院，乾隆癸未刊
　　本），卷二〇，頁 13。

⑱　連立昌著《福建秘密社會》（福州，福建人民出版社，一九八九年
　　十二月），頁 162。

⑲　江日昇編著《臺灣外記》（臺北，臺灣銀行經濟研究室，民國四十
　　九年五月），第七冊，卷三，頁 12。

⑳　《宮中檔雍正朝奏摺》，第二十三輯（民國六十八年九月），頁
　　765。雍正十二年十一月十八日，福州將軍署總督印務阿爾賽奏
　　摺。

㉑　《泉州府志》，卷二〇，頁 17。

㉒　杜昌丁修《永春州志》（臺北，國立故宮博物院，乾隆二十二年刊
　　本），卷一六，頁 2。

㉓　《宮中檔雍正朝奏摺》，第十二輯（民國六十七年十月），頁
　　160，雍正六年十二月二十八日，福建總督高其倬奏摺。

㉔　《宮中檔雍正朝奏摺》，第九輯（民國六十七年七月），頁 311，
　　雍正五年十一月十七日，福建總督高其倬奏摺。

㉕　《宮中檔雍正朝奏摺》，第十四輯（民國六十八年二月），頁441，雍正七年十月十六日，福建觀風整俗使劉師恕奏摺錄副。

㉖　《宮中檔雍正朝奏摺》，第五輯（民國六十七年三月），頁583，雍正四年二月初四日，福建巡撫毛文銓奏摺。

㉗　《宮中檔雍正朝奏摺》，第二輯（臺北，國立故宮博物院，民國七十一年六月），乾隆十六年十一月二十一日，福建按察使德舒奏摺。

㉘　施耐庵著《水滸傳》（臺北，陽明書局，民國七十三年三月），頁728。

㉙　施耐庵著《水滸傳》（臺北，桂冠圖書公司，民國七十四年十一月），七十回本，頁947。

㉚　《水滸傳》，七十回本，頁942。

㉛　羅爾綱撰〈水滸傳與天地會〉，《會黨史研究》（上海，學林出版社，一九八七年一月），頁3。

㉜　《皇朝經世文編》，卷七一，頁29。

㉝　《宮中檔乾隆朝奏摺》，第二十二輯（民國七十三年二月），頁804，乾隆二十九年十月初八日，福建巡撫定長奏摺。

㉞　郭廷以著《臺灣史事概說》（臺北，正中書局，民國六十四年二月），頁118。

㉟　郎擎霄撰〈中國南方械鬥之原因及其組織〉，《東方雜誌》，第三十卷，第十九號。

㊱　張棻撰〈清代初期治臺政策的檢討〉，《臺灣文獻》，第二十一卷，第一期（臺灣省文獻委員會，民國五十九年三月），頁22。

㊲　《宮中檔雍正朝奏摺》，第四輯（臺北，國立故宮博物院，民國六十七年二月），頁389。

㊳　《宮中檔》（臺北，國立故宮博物），第78箱，242包，3993號。

雍正十一年三月初三日，覺羅柏修奏摺。

㊴《宮中檔雍正朝奏摺》，第五輯（民國六十七年三月），頁248。

㊵《宮中檔康熙朝奏摺》，第一輯（民國六十五年六月），頁611。

㊶《宮中檔雍正朝奏摺》，第六輯（民國六十七年四月），頁517。

㊷《宮中檔康熙朝奏摺》，第一輯，頁842。

㊸《宮中檔雍正朝奏摺》，第七輯（民國六十七年五月），頁155。

㊹《宮中檔雍正朝奏摺》，第七輯，頁164。

㊺《宮中檔雍正朝奏摺》，第九輯（民國六十七年七月），頁186。

㊻《宮中檔雍正朝奏摺》，第五輯，頁506。

㊼《軍機處檔・月摺包》（臺北，國立故宮博物院），第2778箱，161包，38743號。乾隆五十三年正月初十日，李侍堯奏摺錄副。

㊽《軍機處檔・月摺包》，第2778箱，161包，38857號。乾隆五十三年四月十八日，福康安等奏摺錄副。

㊾《上諭檔》（臺北，國立故宮博物院），方本，乾隆五十三年秋季檔上，頁265，七月二十一日，柴大紀供詞。

㊿《宮中檔雍正朝奏摺》，第十輯（民國六十七年八月），頁396。

(51)《軍機處檔・月摺包》，第2778箱，161包，38854號。乾隆五十三年四月十八日，福康安奏摺錄副。

(52)《軍機處檔・月摺包》，第2778箱，161包，38854號，福康安奏摺錄副。

(53)《上諭檔》，方本，乾隆五十三年秋季檔上，頁275，七月二十一日，柴大紀供詞。

(54)《軍機處檔・月摺包》，第2778箱，161包，38759號。乾隆五十三年正月二十六日，李侍堯奏摺錄副。

(55)《清高宗純皇帝實錄》，卷1295，頁8。乾隆五十二年十二月庚戌，上諭。

56　汲修主人著《嘯亭雜錄》，見沈雲龍主編《近代中國史料叢刊》，第七輯（臺北，文海出版社）。

57　《軍機處檔・月摺包》，第 2778 箱，161 包，38807 號，林爽文供詞。

58　《軍機處檔・月摺包》，第 2778 箱，161 包，38231 號，乾隆五十三年十一月初十日，陳丕供詞單。

59　《宮中檔》，第 2774 箱，215 包，53455 號。乾隆五十三年三月初六日，福康安等奏摺。

60　《宮中檔》，第 2774 箱，198 包，48881 號。乾隆五十一年九月十八日，李永祺奏摺。

61　《明清史料》（臺北，中央研究院歷史語言研究所，民國四十二年三月），戊編，第二本，頁 228，刑部「為內閣抄出福建水師提督黃仕簡奏」移會，楊光勳一案。

62　《宮中檔》，第 2774 箱，215 包，53565 號。五十三年三月二十二日，福康安等奏摺。

63　拙著《清代天地會源流考》（臺北，國立故宮博物院，民國七十年一月），頁 27。

64　《軍機處檔・月摺包》，第 2778 箱，161 包，38807 號，林爽文供詞。

65　《宮中檔》，第 2774 箱，215 包，53495 號。乾隆五十三年三月十三日，福康安奏摺。

66　汲修主人著《嘯亭雜錄》，卷三，頁 36。

67　《軍機處檔・月摺包》，第 2778 箱，161 包，38789 號，乾隆五十二年二月十五日，陳傍供單。

68　佐佐木正哉編《清末之秘密結社》，前編，〈天地會之成立〉（東京，巖南堂書店，昭和四十五年十二月），頁 242。

⑥⑨　《宮中檔》，第 2774 箱，201 包，49859 號。乾隆五十二年正月初
六日，常青奏摺。

⑦⑩　《宮中檔》，第 2774 箱，200 包，49723 號。乾隆五十一年十二月
十七日，常青奏摺。

⑦⑪　《軍機處檔‧月摺包》，第 2778 箱，161 包，38814 號，劉升供
單。

⑦⑫　《軍機處檔‧月摺包》，第 2778 箱，161 包，38813 號，莊大韭供
單。

⑦⑬　《清高宗純皇帝實錄》，卷一二七一，頁 26。乾隆五十一年十二
月丁卯，上諭。

⑦⑭　案淡水廳治，是時設於竹塹，《彰化縣志》、《臺灣縣誌》、《臺
灣通史》等書俱載淡水陷於十二月初一日。

⑦⑮　《宮中檔》，第 2774 箱，200 包，49774 號。乾隆五十一年十二月
二十四日，常青奏摺。

⑦⑯　《宮中檔》，第 2774 箱，201 包，49833 號。乾隆五十二年正月十
三日，常青奏摺；《宮中檔》，第 2774 箱，201 包，49919 號。乾
隆五十二年正月十四日，任承恩奏摺。《彰化縣志》載北庄粵監生
李安善與張貞生等克復縣城，惟據前檔張貞生等實被羈未釋。

⑦⑰　《欽定平定臺灣紀略》，卷四，頁 12。乾隆五十二年二月初一日，
據徐嗣曾奏。《彰化縣志》將收復竹塹城繫於十二月十三日，且楡
林縣作楡陵縣，俱誤。

⑦⑱　《宮中檔》，第 2774 箱，201 包，49909 號。乾隆五十二年正月十
三日，常青奏摺抄錄字寄；《清高宗純皇帝實錄》，卷一二七一，
頁 28。乾隆五十一年十二月戊辰，上諭。

⑦⑲　《宮中檔》，第 2774 箱，207 包，51801 號。乾隆五十二年七月十
八日，李侍堯奏摺，據廖東供稱於是年正月十八日被擒。

⑧ 《宮中檔》，第 2774 箱，201 包，50003 號。乾隆五十二年正月二十四日，黃仕簡奏摺。《彰化縣志》將收復諸羅縣城日期繫於正月二十三日。

⑧ 《宮中檔》，第 2774 箱，203 包，50335 號。乾隆五十二年三月初一日，李侍堯奏摺。清軍收復鳳山縣城日期，《彰化縣志》、《臺灣縣誌》俱繫於二月二十三日。

⑧ 《宮中檔》，第 2774 箱，203 包，50402 號。乾隆五十二年三月十一日，黃仕簡奏摺；《宮中檔》，第 2774 箱，203 包，50477 號。乾隆五十二年三月二十二日，李侍堯奏摺。郝壯猷身為總兵官，當莊大田復攻鳳山縣城時，既不能事先防禦，城陷時又不能身先士卒，畏怯倖生，後於四月初四日清高宗諭常青將郝壯猷於府城正法。四月十九日，郝壯猷被押赴軍前正法，見《欽定平定臺灣紀略》，卷一七，頁 6。《彰化縣志》將斬郝壯猷日期繫於三月初九日常青甫抵臺灣府城之時。

⑧ 《宮中檔》，第 2774 箱，203 包，50528 號。乾隆五十二年三月二十八日，李侍堯奏摺。

⑧ 《欽定平定臺灣紀略》，卷二○，頁 2。

⑧ 《宮中檔》，第 2774 箱，207 包，51366 附 1 號。乾隆五十二年七月十八日，李侍堯奏摺。《彰化縣志》將葉省被擊斃日期繫於六月二十四日。

⑧ 拜唐阿，滿文讀如 " baitangga " ，意即聽差之人，或執事人，漢字音譯又作柏唐阿，內務府一種小差使，或內外衙門部院管事無品級人，又隨營聽用之各項匠人、醫生等具是。

⑧ 《宮中檔》，第 2774 箱，208 包，51499 號。乾隆五十二年八月初八日，孫士毅奏摺。

⑧ 《欽定平定臺灣紀略》，卷二五，頁 19。乾隆五十二年七月十五

日，上諭。

⑧　《宮中檔》，第 2774 箱，207 包，51402 號。乾隆五十二年七月二
十四日，阿桂奏摺。

⑨　巴圖魯，滿文讀如"baturu"，意即英雄，或勇士，爲清朝封諡等
處用語。

⑨　《清史稿》，列傳一一七，福康安列傳，頁 2。

⑨　《清高宗純皇帝實錄》，卷一二九二，頁 9。乾隆五十二年十一月
丙寅，上諭。

⑨　《上諭檔》（臺北，國立故宮博物院），方本乾隆五十二年十一月
初二日，更定諸羅縣擬寫縣名清單。

⑨　《宮中檔》，第 2774 箱，212 包，52865 號。乾隆五十二年十二月
二十二日，孫士毅奏摺。

⑨　《宮中檔》，第 2774 箱，211 包，52511 號。乾隆五十二年十一月
二十五日，福康安奏摺。

⑨　《宮中檔》，第 2774 箱，213 包，52963 號。乾隆五十三年正月初
四日，福康安奏摺。

⑨　《彰化縣志》，卷十一，頁 367，見《臺灣叢書》，第一輯，第六
冊。

⑨　《宮中檔》，第 2774 箱，215 包，53493 號。乾隆五十三年三月十
三日，福康安奏摺。

⑨　《宮中檔》，第 2774 箱，214 包，53220 號、53275 號，福康安奏
摺。莊天勇、莊阿莫、莊童氏，《彰化縣志》依次作莊天養、莊阿
若、盧氏。

⑩　《明清史料》，第四本，頁 361。乾隆五十四年十二月十一日，戶
部題本。

⑩　《軍機處檔・月摺包》，第 2778 箱，161 包，38807 號，林爽文供

單。

⑩　《上諭檔》，方本，乾隆五十三年七月初十日，奉旨。

⑩　《軍機處檔‧月摺包》，第 2778 箱，161 包，38806 號。乾隆五十三年二月十九日，福康安等奏摺錄副。

⑩　《宮中檔》，第 2774 箱，212 包，52830 號，乾隆五十二年十二月十九日，福康安奏摺。

⑩　《清高宗純皇帝實錄》，卷一二九七，頁 4。乾隆五十三年正月己卯，上諭。

⑩　王世慶撰〈清代臺灣的米價〉，《臺灣文獻》，第九卷，第四期（民國四十七年十二月），頁；《宮中檔》，第 2727 箱，217 包，53934 號。乾隆五十三年五月初二日，福康安奏摺。

⑩　《軍機處檔‧月摺包》，第 2778 箱，165 包，39376 號，乾隆五十四年三月，覺羅伍拉納咨呈。

⑩　《軍機處檔‧月摺包》，第 2778 箱，161 包，38837 號。乾隆五十一年四月十一日，德成等奏摺錄副。

⑩　《軍機處檔‧月摺包》，第 2778 箱，161 包，38873 號。乾隆五十三年五月初九日，福康安等奏摺錄副。

⑩　《清高宗純皇帝實錄》，卷一三〇三，頁 2。乾隆五十三年四月戊申，上諭。

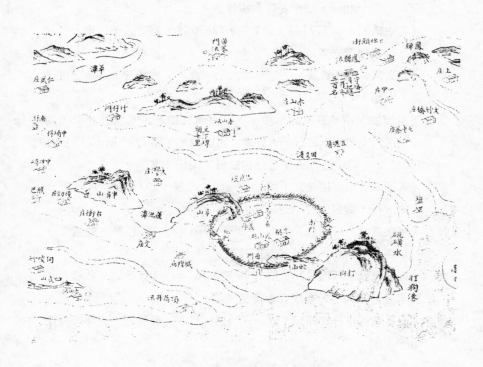

乾隆年間鳳山縣城示意圖

文獻足徵－國立故宮博物院現藏
清代臺灣檔案舉隅

一、前　言

　　史料與史學，關係密切，沒有史料，便沒有史學。史料有直接史料和間接史料的分別，檔案是一種直接史料，具有高度的史料價值。歷史學家憑藉檔案，比較公私記載，作有系統的排比、敘述與分析，使歷史的記載，與客觀的事實，彼此符合，始可稱為信史。發掘檔案，掌握直接史料，就是重建信史的正確途徑。近數十年來，由於檔案的不斷發現及積極整理，頗能帶動清代史的研究。

　　有清一代，檔案浩瀚，地方檔案，固不待言，即清宮檔案，可謂汗牛充棟。民國十四年，故宮博物院成立之初，即以典藏文物為職志，亦以整理檔案刊佈文獻為一貫的計畫。其後由於時局動盪，遷徙靡常，檔案的整理，暫告中斷。惟其遷運來臺的清代檔案，為數仍相當可觀。民國五十四年，國立故宮博物院在臺北士林外雙溪恢復建置以來，即積極展開檔案的整理工作，將院藏清代檔案進行有系統的分類整理，逐件編號，建立卡片，摘錄事由，一事一卡，俱依年月先後排列，並出版文獻檔案總目，頗便於查閱。

　　國立故宮博物院現藏清代檔案，計約四十萬件冊，按檔案當時存放的位置，大致可以分為宮中檔、軍機處檔、內閣部院檔、及史館檔四大類。宮中檔主要為清代康熙中葉開始各朝君主親手

御批的滿漢文奏摺及其附件，計約十五萬八千餘件，因當時貯存於宮中懋勤殿等處，後人遂習稱這批檔案爲宮中檔。就其來源而言，除少數部院廷臣的摺件外，主要爲來自各省督撫將軍藩臬提鎮等外任文武大員。因此，宮中檔含有非常豐富的地方史料；軍機處檔案主要可分爲月摺包與檔册兩大項，前者爲宮中檔奏摺錄副存查的抄件，其未奉御批的部院衙門奏摺，則以原摺歸包，此外尚有咨文、稟文等文書，計約十八萬九千餘件，因其按月分包儲存，故稱爲月摺包。後者爲各種檔册，例如上諭檔、專案檔、月摺檔等，計約六千二百册，其中月摺檔爲抄錄外任官員奏摺按月分裝的檔册，同樣含有豐富的地方史料；內閣部院檔包括史書、絲綸簿、外紀檔等，各科史書爲題本的摘要或抄件，外紀檔爲外任督撫等員奏摺抄件裝訂而成的檔册，都具有不少的地方史料；史館檔包括清代國史館及民初清史館的檔案，主要爲紀、志、表、傳旳各種稿本及其檔案資料，計約二萬二千餘件册。其中傳包除各種傳稿外，多保存了當時爲纂修列傳而抄錄或咨取的各種傳記資料，例如履歷單、事蹟册、出身清册、行狀等珍貴的列傳資料。

國立故宮博物院典藏清代檔案中，含有頗豐富的臺灣史料，尤以宮中檔、軍機處檔、史館檔傳稿最值得重視。奏摺抄件及其原件中頗多涉及臺灣史的資料，例如閩浙總督、福建巡撫、福州將軍、福建布政使、福建水師提督、福建臺灣鎮總兵官、巡視臺灣監察御史、巡視臺灣給事中等人的摺件，奏報臺郡事宜者頗多。

二、城垣的建築

興建城垣是開拓經營過程中的一個重要措施，具有時代的意

義。自從康熙年間以來，臺灣府廳各縣俱未建立城垣，僅以莿竹木柵編插。朱一貴起事後，全臺俱陷，但在五十日之內，又為清軍收復，未嘗不是得力於莿竹容易攻克。福建浙江總督覺羅滿保曾奏請建築臺灣府城，因雍正年間吳福生起事，清世宗曾頒無須改建磚石城垣的諭旨。臺灣郡治，背山面海，一望曠遙，缺乏藩籬之蔽，為加強防衛，亟需修築工事。雍正三年（1725）三月，巡視臺灣監察御史禪濟布與監察御史丁士一、福建臺灣鎮總兵官林亮、臺廈道吳昌祚公同商議，建築木柵，週圍環蔽，以別內外，宮中檔禪濟布奏摺略謂：

> 其基三面環山，周經壹千捌百丈，每丈木植鐵灰土人工料估用銀肆兩，木長壹丈陸尺，下載肆尺，用石灰沙泥填築，以收水氣，以杜蟻侵。木杪上頂釘以鉤釘，用木板上中下橫連參道，大鐵釘釘固，每隔肆拾丈蓋小望樓壹座，上安砲壹位，撥兵支守，於要衝之處開闢四門，各築高大門樓壹座，安設砲位。木柵之西兩頭俱抵海邊，各設砲位，千把總輪值，以司啟閉，以固屏障①。

郡治東南北三面環山，西面臨海，是屬水道，以通舟楫，不設木柵，僅於南北兩頭木柵盡處安設大砲，撥兵防守。木柵每枝長一丈六尺，入土四尺，埋木坑內，用石灰和沙土填築，以防水濕蟻侵②。木柵全長一千八百丈，建築木柵的工程是從雍正三年三月十七日起施工。其經費的來源是由禪濟布、丁士一、林亮、吳昌祚、臺灣縣知縣周鍾瑄等文武弁員公捐，全郡紳衿士庶亦發動捐輸。清世宗據奏後以硃筆批諭云：「兩年來臺灣文武官弁與禪濟布等皆實心任事，即此建築木柵一事，籌畫甚屬妥當，深為可嘉，著將摺內有名官弁該部議敘具奏。」

無城垣雖難於防守，但失之易，復之亦易，因此臺灣久未建

城。林爽文起事後攻陷彰化縣治，屢復屢陷，就是因為荊竹不易防守。清高宗認為與其失之復取，既煩征討，又駭眾聽聞，不如有城可守，有備無虞，而且國帑充盈，郡治廳縣五處城垣，動用銀兩不過百萬，何惜而不為？乾隆五十三年（1788）正月，清高宗命德成馳赴臺灣會同福建巡撫徐嗣曾等估勘郡城工程。同年四月，福康安、德成、徐嗣曾率同隨帶司員及道府等踏勘，並會銜具奏。據稱郡城舊址周圍共長二千六百七十餘丈，大小八門，城臺八座，舊式矮小，城身通用木柵，內外排插，高一丈一、二尺至七、八尺不等，不足以捍禦，自應改建城垣。德成等指出府治東南北三面均可依照舊址興修，惟西面臨海，舊排木柵已多朽腐，又當潮汐往來，日受沖刷之區，若就原址施工，必甚費力，即使向內移進二、三十丈修建，卻因其間又有港汊數道，為商民船隻避藏颶風之所，不便施工。經德成等勘得小西門至小北門，有南北橫街一道，遠距海岸，計一百五十八丈餘尺，形勢曲折，於此興修，則較舊址可收減一百五十二丈餘尺，足稱完固。但郡城地方土性浮鬆，若用磚石修砌，必須下釘椿木，再立根腳，需費頗多，而且石料產自內山，距城甚遠，拉運艱難，河道淺狹，舟行不易，至於磚塊一項，原可設窯燒造，但因沙土燒磚，有欠堅實，況柴價昂貴，殊費經營。因此，德成等指出一切物料，應按臺灣則例，俱在內地購辦，按例核算，用磚成砌，約需銀三十八萬六千餘兩，帑費繁多，若用石成砌，更為浩大。經德成等妥議後，奏請修築土城，城身通高一丈八尺為率，頂寬一丈五尺，底寬二丈，舊有各城臺七座，上截一律加高八、九尺不等，新添西門劵臺一座，並添建城樓八座，卡房十六座，看守兵房八座，共計照例辦買土方工匠等價約需銀十二萬四千餘兩，費省而功倍③。德成等會銜具奏的奏摺錄副存於軍機處月摺包內，是探討臺

灣府築城的重要資料。

　　嘉義縣城，較府城為小，計長七百四十四丈餘尺，原係土城，距山約二里，形勢扼要，悉照舊規加高培厚，添建城樓券臺等項，共約需銀四萬三千餘兩。彰化縣城在八卦山上添設石卡一座，以捍衛莿竹栽插的縣城。鳳山縣治周圍也是用莿竹栽插繞城，加浚深壕，其地逼近龜山山麓，地勢低窪，氣象局促，林爽文、莊大田之役以後，其城圍衙署民房已被焚燬殆盡，居民遷回者甚少，故於城東十五里埤頭街移建新城，插竹為城。

　　據報載原鳳山縣城被拆除部分城牆的左營舊城，建於清康熙六十一年（1722），屬於鳳山縣治所在，乾隆五十一年（1786），林爽文之亂後遷治鳳山，此處即改稱「鳳山舊城」，它是臺灣第一座石造的城牆，極具歷史價值④。報紙的說法是值得商榷的，現藏軍機處檔月摺包內含有福建巡撫韓克均奏摺錄副，奏報鳳山縣城垣建造情形頗詳。據韓克均指出鳳山縣城垣原來是建設於興隆里地方，乾隆五十一年（1786）林爽文起事之後，移駐埤頭，插竹為城，以資守衛。嘉慶十一年（1806），海盜蔡牽竄擾臺灣，鳳山縣城被殘毀，經福州將軍賽沖阿察看興隆里舊城，有龜、蛇二山，左右夾輔，迤南即打鼓港海口，控制水陸，是天然險要，與其修復新城，不如移回舊城，具摺奏報，奉旨准行，但因經費浩繁，未經移回舊城。道光四年（1824），福建巡撫孫爾準巡閱臺澎營伍，親詣鳳山查勘，看見舊城雖已殘廢，尚有基址，其地界居龜、蛇兩山之間，龜山近臨雉堞，俯瞰城中，難於守禦，將城稍向東北遷移，相去蛇山較遠，而將龜山圍入城中，居高臨下，堪稱形勝。隨即派員測量，計週圍一千餘丈，較舊城基址八百丈增加二百丈。其後臺灣府知府方傳穟、鳳山縣知縣杜紹祁先後詳報查勘興隆里地方重修城垣，所有知縣、

典史、城守、參將、千把總及外委兵丁俱應移駐舊城,其埤頭地方即以興隆里巡檢及舊城把總一員、兵丁一百一十六名移駐彈壓。隨後由地方選舉紳士吳春祿、劉伊仲等就舊城基地移向東北,將龜山圍入城中,重新插界測丈,彎曲取直,週圍實計八百六十四丈,所有城垣、城樓、砲臺各工,估計共需番銀九萬二千一百二元,折算紋銀六萬五千七百九十兩。道光五年(1825)七月十五日,興工修築,道光六年(1826)八月十五日,完竣。由臺灣道孔昭虔督同鳳山縣杜紹祁親自前往查勘新城,石牆除去彎曲,實計八百六十四丈,城樓四座,砲臺四座,一切規模體制高寬丈夫,俱符合規定。福建巡撫韓克均將鳳山縣修建城垣官民捐輸各姓名、銀數開列清單呈覽,其官捐項下包括臺灣道、臺灣府、淡水廳、臺防廳、鹿港廳、澎湖廳、噶瑪蘭廳、臺灣縣、鳳山縣、嘉義縣、彰化縣,共捐番銀四萬元,浙江提督王得祿捐番銀二千元。民捐項下,包括:候選員外郎吳尙新捐番銀四千元,職員葉顯章捐番銀四千元,職員林平侯捐番銀二千元,例貢陳秀捐番銀二千元,例貢劉天錫捐番銀二千元,童生郭祥波捐番銀二千元,童生楊捷瓊捐番銀一千五百元,民人陳加禮捐番銀一千二百五十元,前海澄縣訓導黃化鯉捐番銀一千三百元,例貢蘇德純捐番銀一千三百元,例貢韓必昌捐番銀一千三百元,歲貢杜嵩捐番銀一千元,監生林紹賢捐番銀一千元,武舉張簡騰捐番銀一千元,例貢藍文藻捐番銀一千元,武生孫新魁捐番銀一千元,民人林元美捐番銀一千元,民人蘇萬利捐番銀一千元,民人金永順捐番銀一千元,民人李勝興捐番銀一千元,生員楊登輔捐番銀八百元,捐職同知吳春祿捐番銀七百元,監生蕭瑞鳳捐番銀七百元,捐納布經歷張國柱捐番銀六百元,民人王九栳捐番銀六百元,捐納衛千總職銜鄭克剛捐番銀五百元,監生林春桂捐番銀五百元,

軍功七品頂戴武生方耀漢捐番銀五百元，貢生莊文治捐番銀五百元，童生藍烏歡、藍光興合捐番銀一千元，民人林光亮捐番銀五百元，以上共捐番銀三萬九千六百五十元，每番銀一元折紋銀七錢，核算俱在三百兩以上，生員劉伊仲首先勸捐番銀五萬餘元⑤。道光五年移建的鳳山城垣，就是現在的左營舊城古蹟，目前北門的構造尚稱完好，表門額書「拱辰門」字樣，內門額書「北門」，上款題「大清道光五年」，下款為「督建總理吳春藏、黃化鯉，督造總理黃耀漢、吳廷藏。」其中「吳春藏」當即「吳春祿」，「黃耀漢」即方耀漢⑥。

　　軍機處月摺檔內也含有奏報鳳山縣城的資料，兼署閩浙總督福建巡撫徐繼畬於「為查明鳳山縣治移駐埤頭毋庸改建石城興隆舊城亦無須另行分防」一摺略謂：

> 竊查臺灣鳳山縣城原建於興隆里地方，乾隆五十一年奏請移駐埤頭，插竹為城。嗣因埤頭距海較遠，又於嘉慶十一年奏請移回興隆舊治，旋復奏明查照舊城基址，移向東北，建築石城。迨道光二十一年，前督臣劉韻珂渡臺閱伍，該縣紳耆士庶聯名呈叩，各以興隆里舊城地地勢如釜，居民咸苦卑濕，懇以埤頭作為縣治，當查埤頭居民至八千餘戶，興隆居民不過五百餘家，且興隆僻處海隅，規模狹隘，埤頭地當中道，氣局寬宏，而鳳山文武員弁又向在埤頭駐劄，體察輿情，扼據形勢，均當以埤頭為鳳山縣治，遂會同臣奏懇仍援前欽差大學士公福康安奏請移駐之案，即將鳳山縣城移駐埤頭，俾免遷移而資捍扞，經軍機大臣會同兵部照例核覆，並令將埤頭地方應否改建石城，興隆舊城應否另行分防，詳慎妥議，次第奏辦等因，於道光二十七年十一月十二日具奏，奉旨依議，欽此，欽遵轉

行到閩，當經劉韻珂檄行臺灣鎮道妥議籌辦去後，茲據臺灣鎮呂恒安、臺灣道徐宗幹督同臺灣府裕鐸查明埤頭種竹為城，歷時已久，根本既極堅茂，枝葉亦甚蕃衍，其城身之鞏固，實不下於石城，若復改建磚石城垣，則所需工費，計甚不貲。若將興隆原有石城移建埤頭，則多年料物一經拆卸，又未必全行合用，似不若於竹城之內再行加築土垣，藉資捍衛，其所需土垣經費，即由該官紳等自行捐辦，無庸動項。至興隆地方原有巡檢一員，把總一弁，駐劄分防，亦無須另行添設等情，移由福建布政使慶瑞、兼署按察使事督糧道尚阿本覆核無異，會詳請奏前來。臣查興隆地方，原係鳳山舊治，此時縣雖已移駐埤頭，而該處切近海濱，防禦之工本，不便輕議裁撤。況興隆與埤頭相距止十五里，原建石城，既可為本地之保障，且足為埤頭之外衛。現在埤頭地方，既據該鎮道等查明舊有竹城極為鞏固，祇須加築土垣，即可藉以捍衛，自無須改建石城，亦不必將興隆舊城移建埤頭，仍責成該縣隨時補種新竹，以期日益周密⑦。

因興隆舊城卑濕，僻處海隅，規模狹隘，居民稀少，埤頭地當適中，氣局寬宏，所以將鳳山縣政府遷回埤頭，興隆舊城從此以後就逐漸傾圮了。

鳳山縣所轄瑯璚，地勢險要，雍正初年，福建臺灣鎮總兵宮林亮即議開瑯璚之禁，移巡檢於崑麓，並設汛兵⑧。同治末年，因琉球事件，日人窺伺臺灣。同治十三年（1874）四月，清廷命沈葆楨巡視臺灣，兼辦各國通商事務。沈葆楨為鎮撫民番而消除窺伺，決定在瑯璚築城設官。同治十三年十二月十三日，沈葆楨帶同臺灣府知府周懋琦等由臺灣府城起程，前往履勘瑯璚形勢，

次日，抵鳳山。十五日，宿東港。十六日，宿枋寮。十七日，宿風港。十八日，抵瑯璹，宿車城，接見夏獻綸、劉璈，知已勘定車城南十五里的猴洞可以作爲縣治。沈葆楨具摺指出「臣葆楨親往履勘，所見相同，蓋自枋寮南至瑯璹，民居俱背山面海，外無屏障，至猴洞忽山勢迴環，其主山由左迤趨海岸而右，中廓平埔，周可二十餘里，似爲全臺收局。從海上望之，一山橫隔，雖有巨砲，力無所施，建城無踰於此。劉璈素習堪輿家言，經兼審詳，現令專辦築城建邑諸事。」⑨沈葆楨所擬定的縣名叫做「恒春」，先設知縣一員，審理詞訟，並撥給親勇一旂，以資號召。

　　臺北在開闢之初，因係新墾之地，土著既少，流寓亦稀，經百餘年的休養生息，荒壞日闢，口岸四通，同治末年統計臺北戶口已達四十二萬之多，沈葆楨鑒於外防內治政令難周，於光緒元年（1875）七月奏請建立臺北府治，統轄一所三縣，略謂：

> 伏查艋舺當雞籠龜崙，而大山前之間，沃壤平原，兩溪環抱，村落衢市，蔚成大觀，西至海口三十里，直達八里坌、滬尾兩口，並有觀音山、大屯山以爲屏障，且與省城五虎門遙對，非特淡、蘭扼要之區，實全臺北門之管籥，擬於該處創建府治，名之曰臺北府，自彰化以北，直達後山，胥歸控制，仍隸於臺灣兵備道，其附府一縣，南劃中櫪以上至頭重溪爲界，計五十里而遙，北劃望坑爲界，計一百二十五里而近，東西相距五、六十里不等，方圍折算百里有餘，擬名之曰淡水縣，自頭重溪以南至彰化界之甲溪止，南北相距百五十里，其間之竹塹，即淡水廳舊治也，擬裁淡水同知，改設一縣，名之曰新竹縣，自遠望坑迤北而東，仍噶瑪蘭廳之舊治疆域，擬設一縣，名之曰宜蘭縣⑩。

　　沈葆楨曾議及設立臺北府後，改噶瑪蘭通判爲臺北府分防通判，移駐雞籠。臺灣建省後，其省會建置經過，軍機處檔月摺包內奏摺錄副言之頗詳，據福建臺灣巡撫邵友濂奏稱：

　　查臺灣分治之初，經前撫臣劉銘傳會督臣楊昌濬奏請以彰化縣橋孜圖地方建立省城，添設臺灣府臺灣縣，以原有之臺灣府改爲臺南府，臺灣縣改爲安平縣。建議之始，原爲橋孜圖當全臺適中之區，足以控制南北，且地距海口較遠，立省於此，可杜窺伺，意識深遠。惟該處本係一小村落，自設縣後，民居仍不見增，良由環境皆山，瘴癘甚重，仕宦商賈託足爲難，氣象荒僻，概可想見。況由南北兩郡前往該處，均非四、五日不可，其中溪水重疊，夏秋輒發，設舟造橋，頗窮於力，文報常阻，轉運尤艱。臺中海道淤淺，風汛靡常，輪船難於駛進，不獨南北有事接濟遲滯，即平日造辦運料，亦增勞費，揆諸形勢，殊不相宜。且省會地方，壇廟衙署局所在所必需，用款浩繁，經費又無從籌措，是以分治多年，迄未移駐，該處自今以往，亦恐舉辦無期。臣等督同臺灣司道詳加審度，亟宜籌定久遠之計，似未便拘泥前奏，再事遷延。查臺北府爲全臺上游，巡撫、藩司久駐於此，衙署庫局次第觕成，舟車多便，商民輻輳。且鐵路已造至新竹，俟經費稍裕，即可分儲糧械，爲省城後路，應請即以臺北府爲臺灣省會⑪。

三、人口的變動

　　臺灣與閩、粵兩省，一衣帶水，內地民人移居臺灣，對臺灣的開發與經營，具有重大的意義。宋、元以來，閩、粵民人已逐漸入居臺灣，明代嘉靖、萬曆年間，來者愈衆，以商販爲多。顏

思齊、鄭芝龍入臺後，漳州、泉州民人移居臺地者，與日俱增。鄭芝龍獎勵拓殖，招徠閩南饑民渡臺開墾，受撫以後，稟請福建巡撫熊文燦招集饑民數萬人，每人給銀三兩，三人給牛一頭，用海舶載至臺地墾荒，這種大規模的移民，對於漢人在臺灣的基礎之奠定，裨益不小⑫。

　　荷蘭人據有臺灣之初，商務日趨繁盛，漢人渡臺者日眾。當時臺南一帶，漢人散居於各土著村落之間，從事米鹽的貿易。天啓四年（1624），荷蘭人由於勞力的需要，積極獎勵漢人的移居。崇禎九年（1636）以後，荷蘭人發展農業，增加蔗糖的生產，漢人的移植，絡繹不絕。據統計當時在臺灣的漢人總數約有二萬五千戶⑬。鄭成功驅逐荷蘭人以後，實施寓兵於農的政策，其意義更加重大，渡臺漢人更多，在清世祖順治年間，即鄭氏時代，全島的漢族移民人口總數至少在十萬人以上⑭。

　　清代初年，經過長期的休養生息，戶口日增，食指愈多。由於人口與土地的分配已經失去均衡的比例，地區性的人口壓迫問題日趨嚴重。福建地方，依山濱海，山多田少。其中漳、泉等府地狹民稠，內地產米不敷食用，沿海小民計圖覓食，遂相繼渡海過臺。廣東惠、潮各府非山即海，無田可耕，勤奮小民，迫於生計，亦紛紛冒險東渡，移居臺灣。臺地土沃人稀，尚可容納內地過剩的人口。閩、粵民人渡海來臺，無形中解決內地部分人口壓迫的問題，然而一方面基於經濟因素，閩省兵民所食，多仰賴臺地米穀的接濟；一方面有部分政治因素，即清廷對漢人的防範。因此，清廷為限制臺地漢人的增加，而嚴禁偷渡，頒佈偷渡條例，嚴加懲治。但由於閩、粵地狹民稠，生計維艱，於是禁者自禁，渡者自渡，接踵偷渡臺灣⑮，臺灣移民人口的增加遂更加迅速。

　　閩、粵民人偷渡臺灣，人口壓迫是最主要的推動力。探討內
地民人移殖臺灣，或統計臺灣人口，現藏宮中檔臣工奏摺是不可
或缺的資料，可補方志的不足。據高拱乾修《臺灣府志》的記
載，康熙二十二年（1683），通計臺灣府屬的實在戶數是一萬二
千七百二十七，口數是一萬六千八百二十，另八社土番口三千五
百九十二。康熙三十年（1691），奉文編審，臺灣新增口數為六
百三十，戶數仍前，並無增減⑯。據周元文修《臺灣府志》的記
載，康熙三十五年（1691）編審，新增口數為三百二十三。康熙
四十年（1701）編審，新增口數為二百九十九。康熙四十五年
（1706）編審，新增口數為四百九十。康熙五十年（1711）編
審，新增口數為二百六十五⑰。易言之，康熙五十年（1711），
通計全臺口數僅一萬八千八百二十七。《臺灣府志》所載人口總
數的不可信，不言而喻。連橫著《臺灣通史》列表統計清代臺灣
人口，雍正九年（1731），鳳山縣計三千三百人，乾隆二年
（1737），臺灣縣計一萬零八百六十五人，諸羅縣計三千九百五
十人，彰化縣計一百二十五人。乾隆二十七年（1762），澎湖
計二萬四千零五十二人。乾隆二十九年（1764），淡水廳為三萬
零三百四十二人，以上各縣廳合計共七萬二千六百三十九人⑱。
連橫先生指出府志所載如彰化縣人口係就完納丁銀之人而言，各
廳縣人口似就土著而載，流寓之人尚不編列，以致人口數甚少。
從康熙至乾隆年間，臺灣流寓人口眾多，但府志並未編列，其人
口統計亦不可信。

　　閩、粵民人渡海來臺，奠定了漢族在臺灣經營的基礎，了解
臺灣人口的增長是探討漢族開發臺灣的重要課題。雍正十年
（1732）五月，據廣東巡撫鄂彌達奏稱，閩、粵民人在臺灣立業
者多達數十萬人⑲。乾隆年間，臺灣府各縣廳的戶口，已經編定

保甲，其民番實數亦另款具報。乾隆二十八年（1763）十二月，巡察臺灣給事中永慶指出「臺地自開臺以來，多係閩、廣人民寄居，迄今百餘年，生息蕃衍，占籍陸拾餘萬，番民歸化者柒捨餘社⑳。」是年據福建巡撫定長奏報臺灣府屬實在土著流寓及社番男婦大小丁口共六十六萬六千零四十名口㉑。乾隆二十九年（1764），據福建巡撫定長奏報臺灣府屬實在土著流寓及社番男婦大小丁口共六十六萬六千二百一十名口㉒。乾隆三十年（1765），定長奏報臺灣府屬大小丁口共六十六萬六千三百八十名口㉓。福建巡撫每年循例奏報人口的摺件，多保存於宮中檔，都是研究人口變動的珍貴資料。林爽文之役以後，大學士阿桂等指出臺灣生齒繁盛，雖然是海外一隅，而村莊戶口較之內地郡邑，不啻數倍，人數既多，每年開報丁口，都是任意填寫，並不實力清查。當臺灣府城被天地會黨圍攻時，因恐會黨潛為內應，清查城內民數共有九十餘萬人，而阿桂等檢查臺灣縣民冊內僅開十三萬七千餘口，數目迥不符合㉔。乾隆末年以降，臺灣人口增加更快，據日人伊能嘉矩著《臺灣文化志》載甲午戰爭前夕一八九三年，臺灣人口增至二百五十五萬人㉕。

　　在臺灣人口中，土著少而流寓多，其中粵籍移民以惠、潮兩府及嘉應一州為主，渡海來臺後，列庄而居，稱為廣東庄，戶多殷實，流於匪類者較罕見；閩籍人口中，以漳、泉等府為主，來臺以後，窮窘而散處。福建巡撫潘思榘指出漳、泉之人散處各地，或從事小本貿易，或代人傭作，或佃人地畝，或搭蓋寮廠，養鴨取魚，以資其生，甚至侵墾番界，抽藤吊鹿㉖。閩、粵移民與日俱增，對於臺灣的開發，其功不可沒，現存清代檔案對先民開拓臺灣時期人口的變動以及社會經濟的發展，提供了相當豐富的史料。

四、耕地的開墾

　　閩、粵兩省漳、泉、潮、惠各府民人，因知臺郡地寬，可以私墾，因此，紛紛冒險渡臺開墾耕地。其耕田之人可以分爲兩類：一類是自墾田土自身承種的自耕農；一類是承種他人田土的佃戶㉗。有田地的業主，往往召募流民種地研糖，稱爲佃丁，又叫做雇工，內地民人渡臺餬口者，大致不出此二途㉘。開田耕食之人，起初俱於春時往耕，秋成回籍，隻身去來，習以爲常。其後由於海禁漸嚴，一歸不能復往，其在臺業主既不願棄其田園，遂就地居住，漸成聚落。康熙年間，領有臺灣之初，僅臺灣一縣之地原有人戶錢糧田土尙爲清楚，其諸羅、鳳山二縣多爲未墾之土，招人認墾，而領兵官員認佔欺隱的情況相當嚴重。浙閩總督高其倬曾具摺指出自原任提督施琅以下都有認佔，而地方文武亦佔做官庄，再其下豪強之戶，亦皆任意報佔，又俱招佃墾種取租。其後佃戶又招佃戶輾轉頂授，層層欺隱。佃戶之下皆多欺隱，佃戶下之佃戶又有偷開，以致業主不能知佃戶之田數、人數，佃戶也不能究知其下小佃戶的田數、人數。易言之，家家有欺隱之產，人人皆偷開之戶㉙。

　　雍正年間，臺灣一府四縣的田地情形並不一致，臺灣府人稱地狹，無甚隱匿，臺灣縣的田土是按鄭成功所定舊額徵收租賦，諸羅、鳳山二縣的田土頗多隱匿，彰化一縣新設立，荒地甚多，可以開墾。有力之家赴縣呈明四至之地，請領墾單，召佃開墾。所開田園以甲計算，每田一甲，大約相當內地的十一畝。分爲上中下三則取租，上田每甲租穀八石八斗，中田每甲租穀七石四斗，下田每甲租穀五石五斗。上園每甲租穀五石，中園每甲租穀四石，下園每甲租穀二石四斗。清初領有臺郡後，地方有司即照

此舊額徵糧。但各田園往往以多報少，業主有以十甲田園只報四、五甲者。至於佃丁，因自食代耕，且備牛種，如果照甲還租，便少餘利，所以不得不從旁私墾，以欺瞞業主，其中有墾至二十甲而僅還十甲租穀者，各佃丁輾轉相矇，甚至百甲田園，其完糧還租者不過二、三十甲而已。

　　臺灣富豪之戶及各衙役多在所屬地方任意開墾，同時也任意欺隱，不納錢糧。福建巡撫毛文銓曾指出閩省欺隱田糧，惟獨臺灣為甚，諸羅監生陳天松等首出園地數千餘甲。內地漢人渡臺後，或向熟番租地耕租，或爭墾番界，以致常有生番殺害漢人的案件。例如藍張興庄，舊名張鎮庄，其地逼近生番鹿場，向係番人納餉二百四十兩，生番不許漢人開墾。康熙四十九年（1710），臺灣鎮總兵官張國認墾其地，代番納餉，招墾取租，立戶陞科，從此以後，生番即擾害不已。康熙五十八年（1719），閩浙總督覺羅滿保檄飭即毀棄張鎮庄，逐散佃民，開除課額。該庄舊屬諸羅縣所管，康熙六十一年（1722），諸羅縣知縣孫魯到任後，即立石為界，不許民人擅自進入。雍正二年（1724），該庄改屬彰化縣，提督藍廷珍轉典其庄，令管事蔡克俊前往招墾，自立庄戶，改名為藍張興庄。因地方官與民人爭相開墾番界，以致番漢衝突案件層見疊出。雍正四年（1726）十一月，浙閩總督高其倬具摺指出藍張興庄清理情形，其原摺略謂：

　　　數年之前，提督藍廷珍轉典其庄，現聚墾種田土者已二千餘人，地方文武官因生番到處殺人，以為開田惹番，意欲驅逐墾戶，以地還番。臣細思詳問，以為此處若不令開墾，當禁之於始，今已有二千餘人，又有墾出之地，一經驅逐，則此二千有餘失業之人，俱在海外，置之何所？但若聽業主私據，佃戶混佔，不於起初清理，又必似諸、鳳

二邑之流弊。臣意欲將此田總行清查，所有田畝令各墾戶報出認賦，即爲永業，各墾戶當初開未定之時又聞驅逐，自無不聽從，俟報明查清，不必照諸、鳳之例，以一甲之田定粟八石，止照內地照其畝數以定糧數，量寬其力，以下則起科，大約可得一千、二千兩額賦，或再稍多亦未可定，竟將原納二百四十兩之番餉題請開除，藍、張二家總不許霸佔⑳。

高其倬原摺奉清世宗硃批云「是！此事何不密知會藍、張二家，令其檢舉，不尤妙乎？」藍張興庄是清初文武大員認墾的官庄，其初由臺灣鎭總兵官張國認墾，所以叫做張鎭庄，後來又由藍廷珍轉典其庄，因中經毀棄，此時又復招墾，其業主爲藍、張二家，故稱藍張興庄，至雍正四年（1726），墾戶佃丁已多達二千餘人，不便驅逐，因此，高其倬奏請報明查清後即以下則起科，成爲合法化的官庄。

現存乾隆朝宮中檔，福建巡撫鐘音奏摺對於藍張興庄田地面積、租粟石數等項奏報頗詳，其原摺云：

查臺灣府屬彰化縣原報藍興莊充公田園一案，係原任水師提督藍廷珍將鹿場荒埔召佃開墾成田四百九十一甲，每甲計四十一畝，收租六石，每年共收佃民租粟二千九百四十六石，名曰藍興莊，於雍正五年藍廷珍將此項田園奏報充公，即照佃租原額歸入官莊徵收。比時原未陞科，祇取佃租，並無供賦者也。嗣於雍正七年查辦隱匿地畝勸民首報案內，藍興莊承佃之民因供賦輕而租粟重，希圖避重就輕，將已經入官之田四百九十一甲，重報陞科。又因原田寬闊，續經履畝丈量，溢出下則田園四百九十三甲零，統歸自首案內造報，照例輸賦，該處佃戶始以歸入民莊，既

完正供，咸思邀免租粟，繼欲將丈溢田園應輸正供，均以原額租粟抵納，前撫臣盧焯、王恕等節次咨題，均蒙部駁，以官莊地畝租粟應於正供外加徵其丈溢地畝供粟，亦應另行輸納等因，當即遵照部駁，將丈溢田園四百九十三甲零按年另輸供賦在案，其原報充公田四百九十一甲，額徵租粟二千九百四十六石扣出九百八十三石零，以完陞科供耗，存剩餘租一千九百六十二石六斗七升零，照舊撥充公用（下略）㉛。」

福建巡撫鍾音指出藍興庄墾熟田畝，未充公以前原止每甲取租六石，提督藍廷珍自報陞科，則應輸課賦例當取租之業主完納，本與耕種之佃民無涉，今此項田畝既將額取租粟歸入官庄充公，則官庄就是業主，並無別有辦糧之人。鍾音又指出臺地官庄名色是開臺之始，文武各官私墾田園，收取租息自用，至雍正三年（1725），總督覺羅滿保題請歸公，即以私收之租定為常額，與民間地畝不同，故徵收租銀，並無科則，亦與正供常賦迥別，乾隆十二年（1747），戶部議覆臺屬官庄租息不必另議增減。探討臺地官庄的問題，福建總督、巡撫的奏摺，是不可忽視的重要史料。

丁日昌在福建巡撫任內曾指出臺灣北路三貂嶺，土人叫做摩天嶺，懸崖陡壁，禽鳥聲絕，輿馬所不能通，皆攀藤援葛而上，逾嶺而南，稱為後山，行三日抵蘇澳㉜。清代開發後山的資料，也見於《月摺檔》。康熙年間，設府治，領臺灣、鳳山、諸羅三縣，雍正元年（1723），拓彰化一縣，並設淡水同知，雍正九年（1731），割大甲以北刑名錢穀諸務歸淡水同知，改治竹塹，自大甲溪起至三貂嶺下遠望坑止，計地三百四十五里。嘉慶十五年（1810），復以遠望坑迤北而東至蘇澳止，計地一百三十里，設

噶瑪蘭通判。閩浙總督裕泰指出嘉慶十五年噶瑪蘭地方經原任總督方維甸奏准開闢，收入版圖，道光六年（1826），閩浙總督孫爾準於覆奏開闢未盡事宜案內聲明噶瑪蘭東西勢地方共存荒埔一千三百四十三甲，除被水沖坍三百五十一甲外，尚存東勢頂二鎮鹿埔旱地八百一十六甲，西勢辛仔罕積澇地一百七十六甲，合計東西勢共埔地九百九十二甲，飭令噶瑪蘭廳每年勘報一次，如得墾透陞科，即照新興等庄瘠薄田園，僅徵供耗各穀，免納餘租。經戶部會同吏、兵二部照議核覆具奏，奉旨准行。但因東西勢埔地高低不等，燥濕不調，或苦無灌溉，或患在沮洳，以致旋墾旋荒。道光二十三年（1843），署噶瑪蘭通判事候補同知朱材哲到任後，親赴各處相度地勢，倡捐廉俸，勸募業戶，分別濬築試墾，並與各墾戶議定俟墾透兩年後再行陞科入額。道光二十四年（1844）七月間，設立總局，飭委署頭圍縣丞周晉昭駐局督辦，遴舉紳士楊德昭、潘廷勳、蔡長青、林華簪、林國翰，總董鄭山等隨同經理，並派吏書朱遠生、朱維翰等繕辦文案冊籍，並會同淡水同知曹謹履勘，次第丈量。自道光二十四年七月設局起至二十六年（1846）八月一律丈勘完竣，共計實墾透原報東西勢頂二鎮、辛仔罕等庄下則田九百二十二甲三分餘，園七十二甲三分餘，又續報新福庄等處上則田八十五甲七分餘，上則園九甲三分餘，下則田五十七甲三分餘，又募佃承墾圳頭等庄上則田一十四甲四分餘，上則田七甲五分餘，抵百葉等庄下則田一百三十四甲五分餘，下則田一十三甲五分餘，總共墾透原報續報募墾上則田園一百一十七甲餘，下則田園一千八百七十五甲餘。上則田園照嘉慶十五年陞科成案，每田一甲徵租六石內應畫徵供穀一石七斗五升八合四勺七抄二撮，耗穀一斗七升五合八勺四抄七撮，餘租四石零六升五合六勺八抄一撮；每園一甲徵租四石內應畫徵供穀

一石七斗一升六合六勺一抄一撮，耗穀一斗七升一合六勺六抄一撮，餘租二石一斗一升一合七勺二抄八撮，供耗各穀均徵本色，餘租每石折徵番銀一圓。下則田園照道光六年覆奏章程，僅徵供耗，免納餘租。合計墾透上下則田園共一千九百九十二甲餘，每年共應徵供耗穀三千八百四十五石八斗五升一合八勺七抄一撮，餘租穀四百四十二石八斗零六合九勺六抄二撮。截至道光二十六年（1846）下忙止，共存洋銀二萬零七十三圓，以一四合銀，共應易銀一萬四千三百三十八兩四錢，存貯廳庫㉝。

　　臺灣南北兩路雖然逐漸開通，但深谷荒埔迄未開拓，沈葆楨等奏請開放禁令，招徠墾戶，以開發後山。現存《月摺檔》含有開拓後山的奏摺抄件。沈葆楨等於「奏為臺地後山急須耕墾請開舊禁以杜訛索而廣招徠」一摺略謂：

　　　全臺後山除番社外，無非曠土，邇者南北各路雖漸開通，而深谷荒埔，人蹤罕到，有耕之地，而無入耕之民，草木叢雜，瘴霧下垂，兇番得以潛伏狙殺縱鬥，蹊徑終為畏途，久而不用，菜將塞之，日來招集墾戶，應者寥乏。蓋臺灣地廣人稀，山前一帶，雖經蕃息，百有餘年，戶口尚未充牣，內地人民向來不准偷渡，近雖文法稍弛，而開禁未有明文，地方官思設法招徠，每恐與例不合。今欲開山，不先招墾，則路雖通而仍塞，欲招墾，不先開禁，則民裹足而不前。臣等查舊例稱，臺灣不准內地民人偷渡，拏獲偷渡船隻，將船戶等分別治罪，文武官議處，兵役治罪。又稱如有充作客頭在沿海地方引誘偷渡之人，為首者充軍，為從者杖一百，徒三年，互保之船戶，及歇寓知情容隱者杖一百，枷一百月，偷渡之人杖八十，遞回原籍，文武失察者分別議處，又內地商人置貨過臺，由原籍給

照，如不及回籍，則由廈防廳查明取保給照，該廳濫給，降三級調用。又沿海村鎮有引誘客民過臺數至三十人以上者，壯者新疆爲奴，老者煙瘴充軍。又內地民人往臺者，地方官給照盤驗出口，濫給者分別次數罰俸降調。又無照民人過臺失察之口岸官照人數分別降調，隱匿者革職，以上六條皆嚴禁內地民人渡臺之舊例也。又稱凡民人私入番境，杖一百，如在近番處所抽藤釣鹿伐木採者杖一百，徒三年；又臺灣南勢、北勢一帶山口勒石爲界，如有偷越運貨者，失察之專管官降調，該管上司罰俸一年；又臺地民人不得與番民結親，違者離異治罪，地方官參處，從前已娶者毋許往來番社，違者治罪，以上三條皆嚴禁臺民私入番界之舊例也。際此開山伊始，招墾方興，臣等揆度時勢，合無仰懇天恩，將一切舊禁，盡與開豁，以廣招徠，俾無瞻顧㉞。

清初以來，鑒於臺郡生聚日衆，恐有人滿之患，爲及早限制，力加整頓，所以嚴禁偷渡。同時鑒於內地民人渡臺後，爭相開墾番界，佔奪其空地閒山，或因砍伐而攘其藤桕竹木，以致生番殺害漢人的案件，層見疊出。福建巡撫毛文銓等奏請嚴禁漢人等擅入生番界內，以求相安無事。但因內地人口壓迫問題日趨嚴重，爲解決生計問題，遂甘犯禁今冒險東渡，禁令久已成爲有名無實的具文，沈葆楨奏請開舊禁而廣招徠的建議頗具時代意義。

除《月摺檔》外，清代國史館也存有沈葆楨的傳包，內含傳稿初輯本、覆輯本等稿本，其初輯本記載同治十三年中日琉球交涉臺灣善後事宜，略謂：

臺地之所謂善後，即臺地之所謂創始也，善後難，以創始爲善後則尤難。臣等曩爲海防孔亟，一面撫番，一面開

路，以絕彼族覬覦之心，以消目前肘腋之患，固未遑為經久之謀。數月以來，南北諸路，緪幽鑿險，斬棘披荊，雖各有成效，卑南、奇萊各處，雖分列軍屯，祇有端倪，尚無綱紀。若不從此悉心籌畫，詳定規模，路非不已開也，謂一開之不復塞，則不敢知；番非不已撫也，謂一撫不復疑，則不敢必。何則？臺地延袤千有餘里，官吏所治，祇濱海平原三分之一，餘皆番社耳！國家並育番黎，但令薄輸土貢，永禁侵陵，意至厚也。而奸民積匪，久已越界潛蹤，驅番佔地，而成窟穴，則有官未開，而民先開者，入山既深，人踪罕到，野番穴處，涵育孳生，則有番已開而民未開者，疊巇外包，平埔中擴，鹿豕遊竄，草木蒙茸，地廣番稀，棄而弗處，則有民未開而番亦未開者。是但言開山，而山之不同已若此，生番種類數十，大概有三，牡丹等社，恃其悍暴，劫殺為生，瞽不畏死，若是者曰兇番。卑南、埔里一帶，居近漢民，略通人性，若是者曰良番。臺北阿史等社，雕題鑿回，向不外通，屯聚無常，種落難悉，獵人如獸，雖社番亦懼之，若是者曰王字兇番，是但言撫番，而番之不同又若此。夫務開山而不先撫番，則開山無從下手，欲撫番而不先開山，則撫番仍屬空談。今欲開山則曰屯兵衛，曰刊林木，曰焚草萊，曰通水道，曰定壤則，曰招墾戶，曰給牛種，曰立村塾，曰設隘碉，曰致工商，曰設官吏，曰建城郊，曰設郵驛，曰置廨署，此數者，孰非開山之後必須遞辦者（下略）㉟。

臺灣的開發，除了開山撫番外，也包括臺灣的近代化。由於先民的拓殖，篳路藍縷以啟山林，耕地面積增加迅速。據統計康熙二十三年（1684），臺灣已開墾的耕地為一萬八千甲，至光緒

二十年（1894），臺灣耕地激增爲七十五萬甲㊱。

五、經濟的開發

　　臺灣土膏衍沃，物產豐富，閩省督撫常進貢臺灣特產，例如康熙五十八年（1719）四月，福建巡撫呂猶龍進貢番樣，其原摺略謂：

> 福建有番樣一種，產在臺灣，每於四月中旬成熟，奴才於四月二十八日購到新鮮者，味甘，微覺帶酸。其密浸與鹽浸者，俱不及本來滋味，切條曬乾者，微存原味。奴才親加檢看，裝貯小瓶，敬呈御覽。但新鮮番樣不比法製者可以耐久，奴才細教家人小心保護，將所到之數，盡皆進獻，故於摺內未敢預填數目㊲。

　　福建巡撫呂猶龍所進貢的番樣，就是現在通稱的芒果。其原摺奉清聖祖硃批云：「知道了，番樣從未見，故要看看，今已覽過，乃無用之物，再不必進。」福建浙江總督覺羅滿保亦曾進貢番樣秧、番薯秧、番稻穗、番雞、臺猴、臺狗等物。清聖祖在原摺批諭時稱番稻「現京中熱河都種了，出的好。」臺狗「試過能拿鹿，不及京裏好狗。」㊳清初在臺灣試種西瓜，其瓜種是由內廷頒發的，從康熙五十二年（1713）起，福建督撫衙門按例將內廷所發瓜種遣人齎往臺灣佈種，每年於十二月成熟後遵奉上諭挑選數十個裝運進貢，雍正元年（1723）以後，泉州遵旨停止種植西瓜。據福建巡撫毛文銓稱，內廷所頒發的瓜種叫做喇嘛瓜，亦即西番瓜，西瓜或許就是由西番瓜而得名，內廷每年八月中將喇嘛瓜種發往臺灣，擇地佈種，現藏宮中檔康熙、雍正朝奏摺可以找到督撫奏報臺灣種植西瓜的資料㊴。巡察臺灣給事中永慶具摺時曾指出臺郡地方多暄少寒，冬令風多，罕見霜雪，夜露如同濛

雨，樹木花草猶多鮮妍，四時氣暖，蟲不蟄藏，種植易於發生，其土產有番薯、花生、糖、魚、鹽、米等類⑩。此外果蔬、豆、麥、菁麻等作物亦相宜。福建同安縣人陳次之母陳蘇氏曾託王金山置買布疋，往海山發賣，王金山聽聞臺灣布疋價昂，地瓜價賤，起意偷渡，將布疋在臺變賣，置買地瓜，回至內地，希圖獲利⑪。閩海關糖稅是各省商民前往臺灣購買黑白糖觔，由廈門掛號，按船抽稅，稱為驗規，每船一隻，不論糖觔多寡，各納銀一十六兩二錢，仍回各省銷售。據商客表示，如果糖稅即在臺灣完納，則每年船隻可超過五、六、七百隻以上，糖稅亦可量增，以資助臺餉。

　　臺灣為產米之鄉，米價低廉，變動也不大。例如雍正元年（1723）三月，據福建督撫的奏報，臺灣府的米價，每石七、八錢不等，而泉州、漳州二府的米價，每石一兩一、二錢不等。雍正二年（1724）四月間，臺灣府的米價，每石八、九錢不等，泉州、漳州二府的米價，每石一兩一、二錢不等。雍正四年（1726）五月，泉州、福州二府的米價，每石價至三兩以上，但臺灣米價依然低廉。據福建布政使潘體豐稱，臺灣田地廣闊，每年稻米的生產量很大，雖逢收成稍薄之年，米價仍不至昂貴。此外，番薯、豆、麥等作物，每年豐收，米價波動不大，也是不可忽視的重要原因。例如康熙四十六年（1707）夏秋，雨澤愆期，但因民間所種番薯豐收，所以米價不至昂貴⑫。福建漳州、泉州二府，地狹人稠，食指浩繁，向來資藉臺灣所產稻米，定例臺灣府每年自正月起至五月止，每月碾米一萬石，以五千石運往漳州，以五千石運往泉州，交各道府平價糶賣接濟。高其倬在總督任內指出漳州、泉州二府，若遇豐年，僅足六個月民食，尚有六個月都需仰給於臺灣，年歲歉薄時，十分之六以上皆資於臺灣，

至於廣東、浙江民食也常苦不足，亦需仰賴臺灣接濟，但因內地人口壓力日增，食指眾多，雖有臺灣米穀接濟，民食維艱的情形依然相當嚴重，米價昂貴，小民爲解決生計問題，遂冒險東渡，就食於產米之鄉的臺灣。

據統計，雍正年間，閩粵流寓臺灣的漢人已有數十萬人，爲使流寓民人室家完聚，清世宗特頒諭旨准許臺地客民搬眷渡臺。但閩浙總督郝玉麟以臺地日久生齒日繁，食指倍增，不可不虞，其原摺略謂：

> 向來臺粟價賤，除本地食用外，餘者悉係運至內地接濟，亦緣粟米充足之故，漳、泉一帶沿海居民賴以資生，其來已久。若臺粟三五日不至，而漳、泉米價即行騰貴。今臺地人民既增，將來臺粟必難充足，價值必至高昂，進入內地者勢必稀少，沿海一帶百姓，捕海爲生，耕田者少，臺粟之豐絀，實有關內地民食也[43]。

閩粵濱海，山多田少，生產面積有限，兵民所食，望濟於臺粟者十分迫切，臺民生齒日繁，則內地民食必日漸稀少。由此可知清初以來內地人口的壓迫，就是閩粵民人甘觸法網偷渡臺灣的主要原因，而限制臺郡人口的膨脹，嚴禁偷渡，則爲清廷解決漳、泉等郡民食的消極辦法。

臺灣資源亟待開發，除農作物外，其餘硫磺、磺油、樟腦、茶葉、煤炭等的開採，已逐漸引起清廷的重視。《月摺檔》內含有督撫大員奏請開發各項資源的摺件。光緒二年（1876）九月，福州將軍兼署閩浙總督文煜等具摺指出硫磺產於淡北、北投山冷水窟等處，向例封禁，同治二年（1863），經閩浙總督左宗棠奏請開採，不久又中止。磺油產在淡南的牛頭岩轆中，與泉水並流而下，初每日不過湧出四、五十斤，同治元年（1862），即有華

商、英商爭購之事。據稱磺油若用機器疏通，每日可得萬斤。樟腦是用樟木片煎煉而成的，官辦多年。淡水的種茶，始於同治初年，洋商曾到淡水販買出洋，茶價驟高，農人爭相種植。文煜等指出以墾山、石碇諸堡所產的茶較佳，山高露重，味甘。金包里、雞籠、三貂等所產的茶較劣，山多產煤，且近海，所以味鹹。據稱種茶萬株，工本百金，三年以後，一歲所採，便足抵之，其利甚厚。文煜等認為臺灣物產除米、糖外，實以煤、茶為大宗，而硫磺、磺油、樟腦，或為軍火之用，或為民間所需，「旣產之於天，貨即不宜棄之於地」㊹。

　　光緒三年（1877）四月，福建巡撫丁日昌據督辦礦務局道員葉文瀾稟稱，雞籠老寮坑煤井已鑿至二百六十九尺五寸，已於是年三月十二日看見煤層，厚約三尺五寸半，據洋匠翟薩稱，其煤成色甚佳，與外國上等洋煤相垺，間有煤油湧出，其質堅亮且輕，能耐久燒，又少灰土，實屬好煤，據調查淡水所屬牛琢山出產煤油。雞籠附近五十里的金包里左右有冷冰窟，每月可產硫磺二百擔左右，洞旁有池一區，亦產硫磺，後因山崩，為沙泥淤塞，若將池前石溝鑿深，放出池水，亦可出磺。此外距金包里二十里的大黃山，距金包里十八里的始洪窟，距金包里五十餘里的北投等處，都產硫磺。磺油與泉水同時從石罅流出，當地人盛以木桶，另由桶底開竅放水，水盡以後，留在桶裏的都是油，其色黃綠，氣味與洋油相近。丁日昌主張以機器開鑽，估計每日可得百擔左右㊺。

六、滿文史料的價值

　　現藏宮中檔內含有滿文奏摺及諭旨，據統計：康熙朝約八百件，雍正朝約八百件，乾隆朝約七十件，道光朝約一百餘件，咸

豐朝約四百餘件，同治、光緒、宣統三朝約四百餘件。例如康熙朝福建浙江總督覺羅滿保的滿文奏摺件數頗多，其中涉及臺灣者，件數亦不少。康熙五十一年（1712）十月初六日，覺羅滿保奏報福建收成糧價，其中臺灣府收成九分，稻穀每石九錢㊻。康熙五十五年（1716）正月初九日，覺羅滿保奏報臺灣種植西瓜等事一摺，述及御賜瓜種齎往臺灣種植情形，並奏報臺灣米價及颱風等情形頗詳，茲將滿文原摺譯出漢文於後：

> 福建浙江總督奴才覺羅滿保謹奏，為奏聞事。奴才於六月派人將五十四年聖主所賜西瓜種子齎往臺灣，於八月種植。正成長良好開花時，遭遇九月十五日大風，嫩軟瓜蔓折斷花凋落，損傷大半。奴才據報後，甚為惶恐，急速加派人員，共同查看整理培養，較大者僅得四十餘個，續生者俱小，並未長大，今奴才查看齎至者，不勝惶恐，此皆奴才之罪，愈覺膽顫，敬謹查看挑選，齎呈聖主御覽，祈請聖明睿鑒寬貸。又臺灣本地所產西瓜，雖因風稍微損傷，然因民人所種者甚多，仍獲較大者，故查看挑選佳者一併敬謹齎呈聖主御覽。竊看臺灣地方，因盡是沙地，土質適宜種植西瓜，若無大風，西瓜原有很好收成，伏祈聖主施恩，將內廷現有西瓜種子再行賞賜，奴才派人敬謹種植。又詢問臺灣稻穀，據稱九月俱已結穗，原望有十分收成，惟因刮風之日挾帶雨水，以致稻穀俱濕倒地，惟因稻穗無甚受損，收穫仍有九分八分。稻穀因照常豐收，所以米價僅需八錢、九錢不等。刮風之日，臺灣、澎湖兩處，民船十餘艘損壞，營船全然無妨，為此一併敬謹奏聞。〔硃批〕知道了，西瓜事小，有何關係？康熙五十五年正月初九日㊼。

　　有清一代，福建督撫常以臺灣方物進貢君主，其中番檨也是一種貢品。按字書無檨字，「檨」，〔辭海〕讀如賒，國音作「ㄕㄜˊ」。《大清一統志》謂檨為果名，紅毛從日本移來之種，實如豬腰，五、六月盛熟，有香檨、木檨、肉檨三種㊽。《臺灣省通誌》漆樹科「檬果」條謂檬果，別稱檨子，常綠喬木，葉長橢圓狀披針形，長一五至四〇公分，質厚而平滑，花小、雜居，雄蕊四至五枝，其中一枝完全，核果橢圓形，熟呈黃色。原產印度，果肉黃色，味美汁甜，可以生食㊾。檬果，今作芒果，易言之，臺灣特產番檨，就是現在通稱的芒果。康熙年間，除福建巡撫呂猶龍進貢番檨外，福建浙江總督覺羅滿保亦曾以番檨進貢，茲將漢文摺譯出漢文如下：

　　福建浙江總督奴才覺羅滿保謹奏，為奏聞事。臺灣地方所產番檨，由今年四月十五日起成熟，於今日二十八齎到。奴才親自檢看，新鮮番檨味甜，微帶酸，吃時還算美味，但不可久放。蜜浸與鹽浸者，似可久放，滋味不及新鮮者。切條曬乾者，尚微存原味。奴才將此數種俱敬謹檢看裝貯小瓶，敬呈聖主御覽。但新鮮番檨不可久放，不知能否齎達，故於進獻摺子內未敢填寫數目，視齎達之數，盡皆敬謹呈獻。再武彝山所產茶葉，福建人俱謂巖頂新芽為佳，奴才我將今年新獲茶葉檢看裝貯小瓶，一同敬呈御覽。現今福建、浙江雨水俱調勻，稱穀生長甚好，米價與先前相同，地方無事，謹此奏聞。〔硃批〕知道了，因番檨從來未知之物，故要看看，看來很是無用之物，再不必送來。康熙五十八年四月二十九日㊿。

　　康熙年間，領有臺灣後，清聖祖對臺灣的物產糧價，頗為重視，總督覺羅滿保滿文摺內「fan suwan」，意即「番檨」，

「樣」不讀「ㄕㄤˋ」，當讀如「ㄙㄨㄢˋ」〔辭海〕所注國音尚待商榷。

　　清代臺灣是開發中的地區，五方雜處，閩粵移民中含有不少的游離分子，地方治安欠佳，以致結盟案件屢見不鮮，朱一貴事件就是其中規模較大的一種群眾運動。覺羅滿保繕寫滿文奏摺奏聞朱一貴起事經過，原摺計長十九幅，譯出漢文後，仍長達一千五百餘字，清實錄摘譯僅一百餘字，且將獲報日期誤作起事日期，與原摺頗有出入，茲譯註如下，以供參考：

　　福建浙江總督奴才覺羅滿保謹奏，為恭謹奏聞事，臺灣地方，蒙聖主洪恩，此數十年，米穀充裕，百姓安樂，地方絲毫無事。賊徒竊發，奴才等即嚴緝重懲，毫不姑息，私渡之人，亦嚴加禁止。今年四月間二十來日，因海上風浪甚大，行船稀少，各官報文亦較他月為少。五月初六日，忽接廈門稟報稱，向來自臺灣之商船探取信息，據云，今年四月二十日，南路鳳山縣地方，出現賊徒，樹立旗纛，到處行搶。二十三日，為官兵所敗，進入山內。二十五日，復出交戰時，官兵得傷。今賊眾攻打總兵、副將等語，密報前來。尋提督穆廷栻、施世驃皆先後遣人來報此情由。臺灣官員雖未稟報，因事屬實，奴才同將軍、巡撫會商，當即派出參將王萬化、游擊邊士偉領兵一千名，船十五艘，救援臺灣。初六日夜，即自福州起程。復星夜差遣官員，在澎湖等地，將現正巡行海面兵船亦調往救援臺灣。次日即初七日，總兵歐陽凱於四月二十八日，自臺灣移札到來。閱札文內稱南路岡山地方，奸徒聚集樹旗，四月二十二日，到處焚搶，總兵我給與游擊周應龍兵丁。二十三日，在二欄地方殺敗賊徒。二十五日，周應龍領兵四

百餘名，會同南路官兵，在赤山地方遇賊交戰時，因南路營爲賊所焚燒，官兵被傷甚眾，守備馬定國自刎身故，參將苗景龍不知去向。今總兵我率領官兵，在臺灣府外五里處紮營圍守，副將許雲領兵四百名，在南路口紮營。臺灣府地方因無城郭，甚爲可虞，請即速發遣援兵等語，現正移札各處催調援兵，初八日，提督施世驃文至，文云，臺灣總兵家人蘇九哥曾在戰地，今來至廈門，晤面詢問時，據稱四月十三日，賊犯臺灣府，總兵歐陽凱、副將許雲會師，兩次敗賊。五月初一日，賊復來犯，雙方鏖戰，總兵歐陽凱負傷，爲賊所害，當時副將許雲尚在殺賊，其後究竟如何？不得而知等語。查臺灣地方不小，官兵亦不少，今賊自四月二十日起至五月初一日，甫及十日，在此期間，對於賊之姓名，及滋事梟聚之緣由，毫未確知，援兵亦未及時抵達，遂致地方爲賊所據，實出意料之外，此皆鎮道文武各員之罪，即皆奴才之罪也。今不可不奮死以圖恢復，即同將軍、巡撫等商議，自南澳、銅山等營調兵一千二百名，備船二十艘，交付南澳總兵藍廷珍，乘風東驅臺灣，取打狗江，由此登陸，恢復南路營，調將軍標下綠旗兵三百名，興化等營兵九百名，備船二十艘，交與興化副將朱杰，直驅臺灣，取蚊江、三林江，由此登陸，以救援北路營。提督施世驃標下兵二千五百名，各水師營兵三千名，奴才等標下兵一千名，提督施世驃率此六千五百名兵由鹿耳門恢復臺灣本府，俱約期齊進，各自辦詫。奴才等復商議，巡撫呂猶龍留駐省城辦事，奴才揀選臣標兵一千五百名，乘船三十艘，由奴才親自率領，於本五月初十日馳往廈門察看形勢。今所指示三路兵，若不克進入臺

灣，奴才即親率福建兵船，亦請鄰省兵船支援，以全力奮
渡臺灣，務圖收復。惟奴才庸懦愚魯，缺乏用兵經驗，叩
請聖主明鑒，施恩將奴才之罪暫記，爲先行收復地方，請
詳示謀略，將臺灣地方復行收回，恢復原狀。臺灣地方被
據，皆奴才之罪，何敢不即具題，惟題達本章，天下皆得
聽聞。今適西陲用兵之時，叩請聖主明鑒，將定限具本題
報恩准展限一月，奴才至臺灣，若不克收復臺灣之時，再
將所有緣由查覈確實，悉行具題，爲此不勝惶恐羞愧，叩
請呈奏。

〔硃批〕

此事甚大，所繕招降敕書，由驛馳發，與其大肆勦滅，不
如稍看形勢，招降爲要。

康熙六十年五月初八日。

七、結　語

　　檔案的發掘與整理出版，是帶動臺灣史研究的重要途徑。由
於清代檔案的浩繁，蒐集維艱，爲便於學者的研究，似可將各地
所保存的檔案先行編印目錄，標明文書種類、年月日、內容事
由、現藏機構等項，出版聯合目錄；宮中檔、月摺包、月摺檔、
外紀檔及明清史料奏摺則彙編成冊，亦按年月先後排列，集中史
料，分冊出版；至於滿文奏摺等資料，亦宜逐件譯出漢文，以供
參考，可補漢文資料的不足。有了聯合目錄或索引，便於蒐集資
料；有了臺灣史料彙編，更有助於臺灣史的研究，可使臺灣史研
究，走上新的途徑，其成果是可以預期的。

【註　釋】

① 《宮中檔雍正朝奏摺》，第四輯（臺北，國立故宮博物院，民國六十七年二月），頁 55，雍正三年三月十六日，巡視臺灣監察御史禪濟布奏摺。

② 《宮中檔雍正朝奏摺》，第四輯，頁 296，雍正三年五月初八日，福建臺灣鎮總兵官林亮奏摺。

③ 《軍機處檔‧月摺包》，第 2778 箱，161 包，38837 號，乾隆五十三年四月十一日，德成等奏摺錄副。

④ 《中國時報》，民國七十四年七月二十五日，第三版。

⑤ 《軍機處檔‧月摺包》，第 2747 箱，9 包，55212 號，道光七年二月二十九日，福建巡撫韓克均奏摺錄副。連橫著《臺灣通史》將知縣杜紹祁作「杜紹箕」。

⑥ 《中國時報》，民國七十四年七月二十五日，第三版。

⑦ 《月摺檔》（臺北，國立故宮博物院），咸豐元年二十一日，兼署閩浙媲督福建巡撫徐繼畬奏摺抄件。

⑧ 《宮中檔雍正朝奏摺》，第五輯（民國六十七年三月），頁 832，雍正四年四月二十一日，福建巡撫毛文銓奏摺。

⑨ 《月摺檔》，光緒元年正月十二日，沈葆楨等奏摺抄件。

⑩ 《月摺檔》，光緒元年七月十四日，沈葆楨等奏摺抄件。

⑪ 《軍機處檔‧月摺包》，第 2729 箱，42 包，130888 號，光緒二十年正月二十五日，邵友濂奏摺錄副。

⑫ 郭廷以著，《臺灣史事概說》（臺北，正中書局，民國七十年七月），頁 16。

⑬ 黎仁撰，〈臺灣地理環境與歷史發展〉，《臺灣文獻》，第九卷，第四期（臺灣，臺灣文獻會，民國四十七年十二月），頁 24。

⑭ 《臺灣省通志稿》，卷二，人民志，人口篇，頁 108 引 Albrecht

Wirth 著，《臺灣之歷史》謂「在一六五〇年左右，在那個區域的中國人的數目已經增加到了至少一〇〇、〇〇〇」；郭水潭撰，「荷人據臺時期的中國移民」，《臺灣文獻》，第十卷，第四期（民國四十八年十二月），頁 20 亦謂順治七年（1650）以後全島漢人約十萬人；陳奇祿撰，《中華民族在臺灣的拓展》，《臺灣文獻》，第二十七卷，第二期（民國六十五年六月），頁 1，則謂在鄭氏時代，過臺漢人，增至十二萬人以上。

⑮　莊吉發撰，〈清初閩粵人口壓迫與偷渡臺灣〉，《大陸雜誌》，第六十卷，第一期（臺北，大陸雜誌社，民國六十九年一月），頁 32。

⑯　高拱乾修，《臺灣府志》（臺北，國防研究院，民國五十七年十月），《臺灣叢書》，第一輯，第一冊，卷五，頁 109。

⑰　周元文修，《臺灣府志》，《臺灣叢書》，第一輯，第一冊（臺北，國防研究院，民國五十七年十月），卷五，頁 65。

⑱　連橫著，《臺灣通史》，《臺灣文獻叢刊》，第一二八種（臺北，臺灣銀行經濟研究室，民國五十一年二月），卷七，頁 156。

⑲　《明清史料》（臺北，中央研究院），戊編，第二本，頁 107。

⑳　《宮中檔乾隆朝奏摺》，第二十輯（民國七十二年十二月），頁 63，乾隆二十八年十二月十五日，巡察臺灣給事中永慶奏摺。

㉑　《宮中檔乾隆朝奏摺》，第十九輯（民國七十二年十一月），頁 488，乾隆二十八年十一月初三日，福建巡撫定長奏摺。

㉒　《宮中檔乾隆朝奏摺》，第二十三輯（民國七十三年三月），頁 177，乾隆二十九年十一月十二日，定長奏摺。

㉓　《宮中檔乾隆朝奏摺》，第二十六輯（民國七十三年六月），頁 538，乾隆三十年十一月初八日，定長奏摺。

㉔　《明清史料》，戊編，第四本，頁 308，乾隆五十三年六月初六

日，阿桂等奏摺。

㉕　伊能嘉矩著，《臺灣文化志》，（日本東京，刀江書院，昭禾呬十年八月），中卷，頁 241。

㉖　《宮中檔乾隆朝奏摺》，第一輯（民國七十一年五月），頁 20，乾隆十四年三月十二日，福建巡撫潘思榘奏摺。

㉗　《宮中檔雍正朝奏摺》，第八輯（民國六十七年六月），頁 472，雍正五年七月初八日，福建總督高其倬奏摺。

㉘　《宮中檔雍正朝奏摺》，第十一輯（民國六十七年九月），頁 124，雍正六年八月十八日，赫碩色奏摺。

㉙　《宮中檔雍正朝奏摺》，第六輯（民國六十七年四月），頁 831，雍正四年十一月初八日，浙閩督總高其倬奏摺。

㉚　同上，頁 832。

㉛　《宮中檔乾隆朝奏摺》，第十四輯（民國七十二年六月），頁 20，乾隆二十一年三月二十日，福建巡撫鐘音奏摺。

㉜　《月摺檔》，光緒二年十二月二十二日，福建巡撫丁日昌奏摺抄件。

㉝　《月摺檔》，咸豐元年七月十八日，閩浙總督裕泰奏摺抄件。

㉞　《月摺檔》，光緒元年正月初十日，辦理臺灣等處海防兼理各國事務沈葆楨奏摺抄件。

㉟　傳包，第一〇九二號（臺北，國立故宮博物院），國史館，沈葆楨傳稿。

㊱　戴國煇著《臺灣史研究》（臺北，遠流出版公司，民國七十四年四月），頁 35。

㊲　《宮中檔康熙朝奏摺》，第七輯（臺北，國立故宮博物院，民國六十五年九月），頁 501，康熙五十八年四月二十九日，福巡撫呂猶龍奏摺。

㊳　《宮中檔》，四八六號，康熙朝，無年月，福建浙江總督覺羅滿保
　　進貢單。

㊴　《宮中檔雍正朝奏摺》（民國六十七年三月），頁830，雍正四年
　　四月二十一日，福建巡撫毛文銓奏摺。

㊵　《宮中檔乾隆朝奏摺》，第二十輯（民國七十二年十二月），頁
　　63，乾隆二十八年十二月十五日，巡察臺灣給事中永慶奏摺。

㊶　《明清史料》，戊編，第四本，頁398，乾隆五十六年四月十九
　　日，刑部為議覆福建水師提督兼管臺灣總兵奎等奏移會。

㊷　《宮中檔康熙朝奏摺》，第一輯（民國六十五年六月），頁535，
　　康熙四十六年十一月二十一日，梁鼐奏摺。

㊸　《宮中檔雍正朝奏摺》（民國六十八年七月），頁158，雍正十一
　　年二月二十日，閩浙總督郝玉麟奏摺。

㊹　《月摺檔》，光緒二年九月十九日，福州將軍兼署閩浙總督文煜等
　　奏摺。

㊺　《月摺檔》，光緒三年四月十四日，福建巡撫丁日昌奏片。

㊻　《宮中檔康熙朝奏摺》，第九輯（民國六十六年六月），頁267，
　　康熙五十一年十月初六日，覺羅滿保奏摺。

㊼　《宮中檔康熙朝奏摺》，第九輯，頁504，康熙五十五年正月初九
　　日，覺羅滿保奏摺。

㊽　《臺慶重修一統志》（臺北，商務印書館，民國五十五年十二
　　月），第九冊，頁5677。

㊾　《臺灣省通誌》（臺北，臺灣省文獻委員會），卷一，土地志，植
　　物篇，第三冊，頁213。

㊿　《宮中檔康熙朝奏摺》，第九輯，頁746，康熙五十八年四月二十
　　九日，覺羅滿保奏摺。

鞏固屏障－清代臺灣築城檔案簡介

　　史料與史學，關係密切，沒有史料，便沒有史學。史料有直接史料與間接史料的分別，檔案與官書典籍都是歷史文獻，但就其史料價值而言，官書典籍是屬於間接史料，而檔案則屬於直接史料，歷史學家憑藉檔案資料，輔以間接史料，比較公私記載，進行有系統的排比、敘述與分析，使歷史的記載與客觀的事實，彼此符合，始可稱爲信史。臺北國立故宮博物院現藏檔案，含有相當豐富的清代臺灣史研究資料，其中築城文獻，具有高度的史料價值，不容忽視。

　　興建城鎮，設立行政中心，是臺灣開拓經營過程中的一個重要措施，具有時代的意義。康熙年間領有臺灣以來，府廳各縣，俱未增築城垣，僅以莿竹木柵環插。康熙六十年（1721）四月，朱一貴起事以後，全臺俱陷，但在五十日之內，又被清軍收復，未嘗不是得力於莿竹容易攻克。閩浙總督覺羅滿保曾奏請興建臺灣府城，卻因後來吳福生起事，雍正皇帝頒降無須改建磚石城垣的諭旨，其議遂寢。

　　臺灣郡治，背山面海，一望曠遙，缺乏藩籬之蔽，爲加強防衛，亟需修築城垣。雍正三年（1725）三月，巡視臺灣監察御史禪濟布等商議建築木柵，以別內外，國立故宮博物院典藏《宮中檔》含有雍正朝硃批奏摺，其中禪濟布奏摺有一段內容如下：

> 臣查閱郡治，自荷國恩，休養至今，生聚日繁，閭閻稠密，而背山面海，一望曠遙，爲四方雜處之區，乃無一尺藩籬之衛，奸良來往，不易稽防，倉庫監獄，更關重大。

臣再四思維，乃與陞任監察御史臣丁士一，鎮臣林亮、臺廈道臣吳昌祚公同確商建城，則工料浩繁，疊土又沙浮易陷。臣等壽酌，樹以木柵。其基三面環山，周經壹千捌百丈，每丈木植釘鐵灰土人工料估用銀肆兩，木長壹丈陸尺，下載肆尺，用石灰沙泥填築，以收水氣，以杜蟻侵。木杪上頂釘以鉤釘，用木板上下中橫參道，大鐵釘釘固，每隔肆拾丈蓋小望樓臺座，上安砲壹位，撥兵支守，於要衝之處，開闢四門，各築高大門樓壹座，安設礮位。木柵之西兩頭俱抵海邊，各設礮位，千把總輪值，以司啓閉，以固屛障①。

臺灣府建築木柵的工程是從雍正三年（1725）三月二十七日起興工，其經費的來源是由巡視臺灣監察御史禪濟布、監察御史丁士一、福建臺灣鎮總兵官林亮、臺廈道吳昌祚、臺灣縣知縣周鍾瑄等文武弁員公捐，全郡紳衿士庶亦發動捐輸，並由周鍾瑄親董其事。雍正皇帝據奏後，以硃筆批諭說：「兩年來臺灣文武官弁與禪濟布等皆實心任事，即此建築木柵一事，籌畫甚屬妥當，深爲可嘉，著將摺內有名官弁該部議敍具奏。」

雍正元年（1723），增設彰化縣，建縣治於半線。雍正十二、三年間，知縣秦士望環植莿竹爲城，建四門，鑿濠其外。但因莿竹不易防守，以致林爽文起事以後，彰化縣治，屢復屢陷。乾隆皇帝認爲與其失之復取，旣煩征討，又駭衆聽聞，不如有城可守，有備無虞，而且國帑充盈，郡治廳縣五處城垣，動用銀兩不過百萬而已，何惜而不爲？清軍平定林爽文之亂以後，乾隆皇帝諭令臺灣府廳各縣俱改建城垣。乾隆五十三年（1788）正月，命德成馳赴臺灣，會同福建巡撫徐嗣曾等估勘郡城工程。同年四月，福康安、德成、徐嗣曾率同司員及道府等踏看郡城，並會衝

具奏，其奏摺錄副，保存於《軍機處檔・月摺包》內，是探討臺灣府築城的重要檔案資料。其要點如下：

> 踏看得郡城舊址周圍共長二千六百七十餘丈，大小八門，城臺八座，舊式矮小。城身通用木柵內外排插高一丈一、二尺至七、八尺不等，誠不足以資捍禦，自宜改建城垣，方可永期鞏固。查府城東南北三面，均可照依舊址興修，唯西面臨海，舊排木柵已多朽廢，當潮汐往來，日受沖刷之區，若就此施工，誠爲費力，即收進二、三十丈修建，其間又有港汊數道，爲商民船隻避藏颶風之所，必須開留水津門方爲通便。第小則不能容舟，大則每座動輒數十萬兩，似尤不必糜費。臣等公同商酌，再四思維，勘得小西門至小北門有南北橫街一道，遠距海岸，計一百五十八丈餘尺，因其形勢曲折興修，較舊址可收減一百五十二丈餘尺，足稱完繕。但查該處土性浮鬆，若用磚石成砌，必須下釘椿木，再立根腳，未免過費。況石料產自內山，距城窵遠，拉運維艱。舟行又溪河淺狹，均不能運載。至磚塊一項，原無難設窯燒造。但以沙土燒磚，究屬易於酥壞，且柴價昂貴，殊費經營，是一切物料，自應照臺灣則例，悉在內地購辦。今按例核算，用磚成砌，約需銀二十八萬六千五百餘兩，已屬帑費繁多，若用石成砌，更爲浩大。臣等愚昧之見，莫若竟築土城，城身通過一丈八尺爲率，頂寬一丈五尺，底寬二丈，舊有城臺七座，上截一律加高八、九尺不等。新添西門券台一座，添砌排垛牆鋪墁海墁，並守兵房八座，以壯觀瞻，而嚴防守，共計照例辦買土方工匠等價，約需銀十二萬四千六十餘兩，殊覺事易而功倍，即土築之城日久不無殘缺，該地方官例有估修之

　　賣，自當隨時整理，久之地氣與土脈吻合，草木根株，互
　　相盤結，亦足以資聯絡，必不致大有損壞②。

　　根據國立故宮博物院珍藏《臺灣略圖》簽註的說明，鄭成功
初過臺灣時，即在赤嵌城內安住，改名承天府，後來遷入臺灣
城，但無城郭，由鹿耳門港駕船登岸，就是大街市，官員都住在
兩邊街上。雍正年間，建築木柵，但難於防守，而且郡治地方，
都是沙土，土質浮鬆，用磚塊或石塊修砌城垣，困難重重。因
此，福康安等人最後決定修築土城，前引檔案資料，不失爲臺南
府城築城史的珍貴文獻。

　　雍正元年（1723），諸羅縣治建築土城。乾隆年間，雖曾增
修，但仍是土城。乾隆五十二年（1787）十一月初二日，諸羅縣
改稱嘉義縣，取嘉獎義民的意思。嘉義縣城較府城爲小，通長七
百四十四丈餘尺，距山約二里，形勢扼要。林爽文之役以後，福
康安、德成、徐嗣曾等人於乾隆五十三年（1788）四月十一日會
銜具奏，悉照嘉義縣城舊規，加高培厚，添建城樓及券台等項，
約需銀四萬三千八百餘兩。彰化縣城環竹莿竹，林爽文之役以
後，在八卦山上添設石卡一座，以資捍衛。但因彰化縣城圍插莿
竹，並無城垣，不足以資捍禦，士民呈請捐築土城，在東面展闊
舊基，將八卦山圍築於城內，山上及城垣四面俱築礮臺，於嘉慶
十五年（1810）五月間經閩浙總督方維甸奏准在案。後因地方紳
民以城工用土建築，不能堅實，稟請改用磚石，並將原建於城外
的倉廒，移入城內，八卦山也不必圍入城內，仍在八卦山上建築
礮寨、汛房。嘉慶十六年（1811）十二月間，開始購料興工。因
地土浮鬆，隨築隨坍，至道光四年（1824）五月初十日始一律建
造完竣，曾開具工段清單，並繪具圖說。道光六年（1826）十一
月十四日，福建巡撫韓克均具摺奏明官民捐建彰化城垣等項銀

兩。國立故宮博物院現藏《軍機處檔・月摺包》含有韓克均奏摺
錄副及官民捐輸姓名銀兩清單，茲將清單列表於下：

彰化縣城建築捐輸姓名銀數表

姓名	身分	銀數（兩）	備註
楊桂森	彰化縣知縣	一、○○○	官捐
林廷璋	丙子科舉人	二四、八○○	民捐
王雲鼎	癸酉科拔貢	二三、○○○	（以下同）
林文瀋	軍功四品頂戴	二○、○○○	
賴應光	捐職州同	一二、○○○	
詹捷能	監生	一○、○○○	
羅桂芳	候選訓導	五、○一○	
王　翰	生員	四、六○○	
林祥瑞	捐職州同	三、○○○	
賴漢升	民人	二、五○○	
賴朝儀	民人	二、五○○	
蘇秉仁	稟生	二、四二八	
王雲飄	民人	二、四○○	
陳朝愛	捐職州同	二、二五○	
林世賢	丙子科舉人	二、○○○	
蘇雲從	例貢生	二、○○○	
胡克修	候選訓導	二、○○○	
陳克光	武生	一、七三○	
王奮博	捐納布政司理問	一、六七○	
林開泰	附貢生	一、六○○	
紀夢熊	歲貢生	一、五○○	
詹其昌	民人	一、五○○	
吳世繩	候補詹事府主簿	一、四三○	
賴應聲	生員	一、四○○	
林懷玉	捐職州同	一、三八○	
黃道宗	例貢生	一、三二○	
黃鼎盛	民人	一、三二○	
莊輝垣	民人	一、三二○	
劉登科	生員	一、二○○	
陳國用	例貢生	一、○○五	
楊廷機	增生	一、○○五	

江文瀾	捐職州同	一、〇〇〇	
賴占梅	貢生	一、〇〇〇	
林文猷	捐納訓導	一、〇〇〇	
梁步青	生員	一、〇〇〇	
賴廷玉	民人	一、〇〇〇	
賴應時	民人	一、〇〇〇	
羅彥升	民人	一、〇〇〇	
何步瀛	民人	一、〇〇〇	
詹衛賢	民人	一、〇〇〇	
王藏利	民人	八六〇	
曾玉音	歲貢生	八〇〇	
蕭清時	民人	八〇〇	
陳國華	民人	八〇〇	
賴朝選	民人	八〇〇	
賴希川	民人	八〇〇	
賴錫金	民人	八〇〇	
賴尚吉	民人	八〇〇	
賴象伯	民人	八〇〇	
廖拔西	民人	七三〇	
廖大邦	民人	七〇〇	
賴應燦	監生	六六〇	
林天榮	民人	六六〇	
黃天章	捐納衛千總	六〇〇	
賴應獻	監生	六〇〇	
劉一察	民人	六〇〇	
陳振先	例貢生	五九〇	
邱朝宗	貢生	五九〇	
戴天定	例貢生	五二〇	
曾　爾	民人	五二〇	
陳國盛	監生	五〇〇	
羅斗文	監生	五〇〇	
張鼎常	例貢生	五〇〇	
許浩賚	民人	五〇〇	
張啓三	民人	五〇〇	
李廷助	民人	五〇〇	
詹必誠	民人	五〇〇	
詹燮邦	民人	五〇〇	

劉元業	民人	五〇〇	
張成榮	民人	五〇〇	
廖　結	民人	五〇〇	
王盈科	民人	五〇〇	
羅世勳	民人	五〇〇	
廖朝孔	民人	四五〇	
廖仕抄	民人	四五〇	
賴國珍	民人	四〇〇	
賴象理	民人	四〇〇	
賴在田	民人	四〇〇	
賴國楨	民人	四〇〇	
謝仕俊	民人	四〇〇	
蕭志大	民人	四〇〇	
張茂修	民人	四〇〇	
羅名標	民人	四〇〇	
羅獻瑞	民人	四〇〇	
何章郡	民人	四〇〇	
賴應捷	民人	四〇〇	
陳泰交	民人	四〇〇	
張簡德	民人	四〇〇	
賴國達	民人	四〇〇	
賴兆元	民人	四〇〇	
洪水浮	民人	三五七	
張英華	監生	三三〇	
楊延年	民人	三三〇	
楊長瑞	民人	三三〇	
廖作方	民人	三三〇	
蕭志拔	監生	三〇〇	
林登良	監生	三〇〇	
廖興邦	武生	三〇〇	
江梅羹	例貢生	三〇〇	
江天養	民人	三〇〇	
李振聲	民人	三〇〇	
羅步梯	民人	三〇〇	

資料來源：《軍機處檔・月摺包》（臺北，國立故宮博物院），第2747箱，2包，
　　5420號。

　　彰化縣官紳捐建城垣册報共用工料銀一十九萬四千三百四十
八兩；捐建八卦山礮寨汛防等項册報共用工料銀一萬四千九百八
十；捐建倉廠册報共用工料銀二千九百一十六兩，合計共銀二十
一萬二千二百四十五兩。前列彰化縣城捐輸，分爲二項：即官捐
和民捐。在民捐項下共計一○二人，除民人外，還包括舉人、拔
貢、捐職州同、監生、候選訓導、生員、稟生、例貢生、武生、
歲貢生、捐納千總、捐納布政司理問、附貢生、增生、候補主
事、捐納訓導等。在各項民捐姓氏中，賴姓共計二十一人，約佔
捐輸總人數百分之二十一，似可說明嘉慶、道光年間，彰化賴姓
在地方上的影響力，對彰化地區的開拓及發展，賴姓起了很大的
作用。福建巡撫韓克均奏摺及清單，都具有高度的史料價值③。

　　鳳山縣城原建於興隆里地方，是一座土城，乾隆年間，環植
莿竹，其地逼近龜山山麓，地勢低窪，氣象局促，林爽文、莊大
田之役以後，其城垣、衙署、民房等已遭焚燬，居民遷回者甚
少，遂於城東十五里埤頭街地方，另築新城，插竹爲城，以資守
衛。嘉慶十一年（1806），海盜蔡牽竄擾臺灣，埤頭新城被殘
燬。經福州將軍賽沖阿察看興隆里舊城，有龜、蛇二山，左右夾
輔，迤南爲打鼓港即打狗港海口，控制水陸，是天然險要，與其
修復新城，不如移回舊城，具摺奏聞後，奉旨准行。但因經費浩
繁，未經移回舊城。福建巡撫孫爾準查勘鳳山舊城後，始正式興
工整修。福建巡撫韓克均奏摺對鳳山舊城修復情形敘述頗詳，原
摺指出：

　　　督臣孫爾準前在巡撫任內，于道光四年巡閱臺澎營伍，親
　　詣查勘，該舊城雖已殘廢，尚有基址。其地界居龜、蛇兩
　　山之間，龜山近臨雉堞，俯瞰城中，難于守禦。移城稍向
　　東北，則去蛇山較遠，將龜山圍入城中，居高臨下，實據

形勝。隨令度以弓丈，計週圍一千餘丈，較舊城基址八百餘丈增二百丈。惟工程頗鉅，國家經費有常，未便濫請，容俟另行籌措興辦等因，奏蒙聖鑒在案。嗣據前署臺灣府知府方傳穟並鳳山縣知縣杜紹祁先後詳報查勘興隆里地方建復城垣，所有知縣典史，並城守參將千把總同外委兵丁，俱應移駐舊城，其埤頭地方，即以興隆里巡檢及舊城把總一員，兵丁一百一十六名移駐彈壓。惟埤頭衙署倉廠庫局，建蓋已久，木植朽壞，難以拆移，必須另建，各項工程，非十餘萬金不能辦理。當即商同臺灣道，先由通臺道府廳縣公捐番銀四萬元。旋據鳳山縣各業戶捐番銀四萬餘元，並據郡城各紳士，以鳳邑封壤相聯，建築城垣，即屬保障郡境，亦共捐番銀二萬五千餘元，又鳳山縣各紳士捐番銀四萬四千餘元，統計官民共捐番銀一十五萬餘元。一面選舉紳士吳春祿、劉伊仲等就舊城基地移向東北，將龜山圍入城中，插界覆丈，彎曲取直，週圍實計八百六十四丈④。

　福建巡撫韓克均原摺指出重修鳳山縣舊城，所有城垣、城樓、礮台各工，估計共需番銀九萬二千一百零二元，折算紋銀六萬五千七百九十兩。道光五年（1825）七月十五日，興工修築。道光六年（1826）八月十五日，竣工。這是一座石城，修築完成後，臺灣道孔昭虔即督同鳳山縣知縣杜紹祁等親往查勘新城，石墻除去彎曲，實計八百六十四丈，城樓四座，礮台四座，一切規模體制高寬丈尺，俱符合規定，並無草率偷減之處。福建巡撫韓克均將鳳山縣修築城垣官民捐輸各姓名銀數開列清單呈覽。道光五年（1825）移建的鳳山城垣，就是現今左營舊城古蹟，其北門構造尚稱完好，表門額書「拱辰門」，內門額書「北門」，上款

題「大清道光五年」，下款爲「督建總理吳春藏、黃化鯉，督造總理黃耀漢、吳廷藏。」其中「吳春藏」，原摺作「吳春祿」，「黃耀漢」，原摺作「方耀漢」。

　　道光二十七年（1847），閩浙總督劉韻珂渡臺查閱營伍，鳳山縣紳耆士庶聯名呈請以埤頭作爲縣治。國立故宮博物院現藏《月摺檔》含有福建巡撫兼署閩浙總督徐繼畬〈爲查明鳳山縣治移駐埤頭毋庸改建石城，興隆舊城亦無須另行分防〉等奏摺，其原摺有一段內容稱：

　　道光二十七年，前督臣劉韻珂渡臺閱伍，該縣紳耆士庶聯名呈叩，各以興隆里舊城地勢如釜，居民咸苦卑濕，懇以埤頭作爲縣治。當查埤頭居民多至八千餘戶，興隆居民不過五百餘家，且興隆僻處海隅，規模狹隘。埤頭地當中道，氣局寬宏，而鳳山文武員弁又向在埤頭駐劄，體察輿情，扼據形勢，均當以埤頭鳳山縣治，遂會同臣奏懇仍援前欽差大學士公福康安奏請移駐之案，即將鳳山縣城移駐埤頭，俾免遷移而資捍扼。經軍機大臣會同兵部照例核覆，並令將埤頭地方應否改建石城，興隆舊城應否另行分防，詳愼妥議，次第奏辦等因，於道光二十七年十一月十二日具奏，奉旨依議，欽此，欽遵轉行到閩，當經劉韻珂檄行臺灣鎮道妥議籌辦去後。茲據臺灣鎮呂恒安、臺灣道徐宗幹督同臺灣府裕鐸查明埤頭種竹爲城，歷時已久，根本既極堅茂，枝葉亦甚蕃衍，其城身之鞏固，實不下於石城，若復改建磚石城垣，則所需工費，計甚不貲。若將興隆原有石城移建埤頭，則多年料物，一經拆卸，又未必全行合用，似不若於竹城之內再行加築土垣，藉資捍衛，其所需土垣經費，即由該官紳等自行捐辦，無庸動項。至興

隆地方原有巡檢一員，把總一弁，駐劄分防，亦無須另行
添設等情，移由福建布政使慶端、兼署按察使事督糧道尚
阿本覆核無異，會詳請奏前來⑤。

福建巡撫徐繼畬具摺時亦稱，「興隆地方，原係鳳山舊治，
此時縣城雖已移駐埤頭，而該處切近海濱，防衛之工，本不便輕
議裁撤，況興隆與埤頭之外衛。現在埤頭地方，既據該鎮道等查
明舊有竹城極為鞏固，衹須加築土垣，即可藉以捍衛，自無須改
建石城，亦不必將興隆舊城移建埤頭，仍責成該縣隨時補種新
竹，以期日益周密。」興隆石城雖未移埤頭，但由於鳳山縣治遷
回埤頭，使興隆舊城從此以後就更傾圯了。

鳳山縣所轄瑯瑀，地勢險要。雍正初年，福建臺灣鎮總兵官
林亮即曾議及開放瑯瑀的禁令。福建巡撫毛文銓具摺奏稱：

近閱林亮來咨，欲開瑯瑀之禁，而移巡檢於崑麓，並設汛
兵於社寮港及開墾生番鹿場數事。查瑯瑀鳳山縣所轄，險
要之區也，移巡檢設汛兵，林亮因欲弛禁，故特移設，以
防之也⑥。

同治末年，因琉球事件，日人窺伺臺灣。同治十三年
（1874）四月，清廷命沈葆楨巡視臺灣，兼辦各國通商事務。沈
葆楨為鎮撫臺民，並消除窺伺，決定在瑯瑀築城設官。同年十二
月十三日，沈葆楨帶同臺灣府知府周懋琦等由臺灣府城起程，前
往履勘瑯瑀形勢。次日，抵鳳山。十五日，宿東港。十六日，宿
枋寮。十七日，宿風港。十八日，抵瑯瑀，宿車城，接見夏獻
綸、劉璈，得知已勘定車城南十五里的猴洞，可以作為縣治。沈
葆楨具摺指出：

臣葆楨親往履勘，所見相同，蓋自枋寮南至瑯瑀，民居俱
背山面海，外無屏障。至猴洞忽山勢迴環，其主山由左迤

趨海岸而右，中廓平埔，周可二十餘里，似爲全臺收局。
從海上望之，一山橫隔，雖有巨礮，力無所施，建城無踰
於此。劉璈素習堪輿家言，經兼審詳，現令專辦築城建邑
諸事。惟該處不產巨〔石〕，且無陶瓦，至材甎覽，必須
內地轉運而來，匠石亦宜遠致。所用城已墾城〔成〕田，
不能不給價，以卹貧戶，未免繁費，惟有囑委員等核實估
計，不得虛糜，縣名謹擬曰恆春⑦。

　　沈保楨履勘後指出自枋寮至瑯瑀，都是背山面海，外無屏
障，而猴洞地方，則山勢迴環，爲全臺收局，最適宜築城建邑。
沈葆楨所擬定的縣名稱爲「恆春」，先設知縣一員，審理詞訟，
並撥給親勇一旗，以資號召。

　　臺灣中路水沙連，共有田頭、水裏、貓蘭、審鹿、埔里、眉
裏六社，同光年間，西方人時往游歷，照相繪圖，並建教堂。美
國駐廈門領事恆禮遜亦曾親往水沙連游歷多日，並以衣食物件贈
送原住民，被地方大吏指爲「居心叵測」，經沈葆楨奏准將臺灣
北路同知改爲中路同知，移駐水沙連等處。丁日昌奏請在水沙連
建城設官。其原摺有一段內容云：

　　　臣察看該處山水清佳，土田肥美，內地居民爭往開墾，無
　　俟招徠，不比後山煙瘴闢地爲難，且居前後山之中，形勢
　　險要，目前生聚漸繁，實可添設一縣，應否仍照原議，抑
　　須酌量改設，當詳加查勘，再行奏明辦理。該社左右，數
　　年前業已建設教堂三處，洋人輒謂此地未經中國管轄，垂
　　涎尤甚，是則建城設官一節，殊不可緩。但需費浩大，籌
　　措甚難。臣現擬於該社緊要適中之地先行築一土城，派官
　　駐紮，並分兵防守，兼募民栽種竹樹，以固藩籬，再將應
　　辦各事次第圖維，以爲先發制人之計⑧。

水沙連築城設官，就是保衛疆土，以固藩籬的重要措施。

清廷領有臺灣後，臺灣的發展方向，由南向北，確實是重南輕北。但由於北部荒壤日闢，口岸四通，同治末年統計臺北戶口已達四十二萬之多，沈葆楨鑒於外防內治政令難周，而於光緒元年（1875）七月奏請建立臺北府治，以統轄一廳三縣，其原因有一段內容云：

> 伏查艋舺當雞籠龜崙，而大山前之間，沃壤平原，兩溪環抱，村落衢市，蔚成大觀，西至海口三十里，直達八里坌、滬尾兩口，並有觀音山、大屯山以為屏障，且與省城五虎門遙對，非特淡、蘭扼要之區，實全臺北門之管〔籥〕，擬於該處創建府治，名之曰臺北府⑨。

臺灣建省後，關於省會的建置經過，也經過詳細討論。國立故宮博物院典藏《軍機處檔‧月摺包》含有福建臺灣巡撫邵友濂等奏陳〈臺灣省會移設臺北府城〉一摺，其原摺有一段內容云：

> 查臺灣分治之初，經前撫臣劉銘傳會同前督臣楊昌濬奏請以彰化縣橋孜圖地方建立省城，添設臺灣府臺灣縣，以原有之臺灣府改為臺南府，臺灣縣改為安平縣。建議之始，原為橋孜圖當全臺適中之區，足以控制南北，且地距海口較遠，立省於此，可杜窺伺，意識深遠。惟該處本係一小村落，自設縣後，民居仍不見增，良由環境皆山，瘴癘甚重，仕宦商賈託足為難，氣象荒僻，概可想見。況由南北兩郡前往該處，均非四、五日不可，其中溪水重疊，夏秋輒發，設舟造橋，頗窮於力，文報常阻，轉運尤艱。臺中海道淤淺，風汛靡常，輪船難於駛進，不獨南北有事，接濟遲滯，即平日造辦運料，亦增勞費，揆諸形勢，殊不相宜。且省會地方，壇廟衙署局所在所必需，用款浩繁，經

費無從籌措，是以分治多年，迄未移駐，該處自今以往，
亦恐舉辦無期。臣等督同臺灣司道詳加審度，極宜籌定久
遠之計，似未便拘泥前奏，再事遷延。查臺北府爲全臺上
游，巡撫、藩司久駐於此，衙署庫局，次第蕆成，舟車多
便，商民輻輳。且鐵路已造至新竹，俟經費稍裕，即可分
儲糧械，爲省城後路，應請即以臺北府爲臺灣省會⑩。

　　清廷以臺北府城爲臺灣省會，可以說明臺灣發展史由南向北
的過程，光緒年間，臺北成爲重要的移墾重心，主要是由於地理
形勢及地利條件所形成。國立故宮博物院典藏《宮中檔》硃批奏
摺、《軍機處檔‧月摺包》奏摺錄副、《月摺檔》等等，對研究
臺灣築城問題，提供了價值較高的重要直接史料，都是探討臺灣
發展史的珍貴檔案文獻。

【註　釋】

①　《宮中檔雍正朝奏摺》，第四輯（臺北，國立故宮博物院，民國六
　　十七年二月），頁 55。雍正三年三月十六日，巡視臺灣監察御史
　　禪濟布奏摺。

②　《軍機處檔‧月摺包》（臺北，國立故宮博物院），第 2778 箱，
　　161 包，38837 號，乾隆五十三年四月十一日，福康安等奏摺錄副。

③　《軍機處檔‧月摺包》第 2747 箱，2 包，54210 號。道光六年十一
　　月十四日，福建巡撫韓克均奏摺錄副。

④　《軍機處檔‧月摺包》第 2747 箱，9 包，54212 號。道光七年二月
　　二十九日，福建巡撫韓克均奏摺錄副。

⑤　《月摺檔》（臺北，國立故宮博物院），咸豐元年二月十一日，兼
　　署閩浙總督福建巡撫徐繼畬奏摺抄件。

⑥　《宮中檔雍正朝奏摺》，第五輯（民國六十七年三月），頁 832。

雍正四年四月二十一日，福建巡撫毛文銓奏摺。

⑦　《月摺檔》，光緒元年正月十二日，沈葆楨等奏摺抄件。

⑧　《月摺檔》，光緒三年三月二十五日，丁日昌奏片抄件。

⑨　《月摺檔》，光緒元年七月十四日，沈葆楨等奏摺抄件。

⑩　《軍機處檔・月摺包》第2729箱，42包，130888號，邵友濂奏摺錄副。

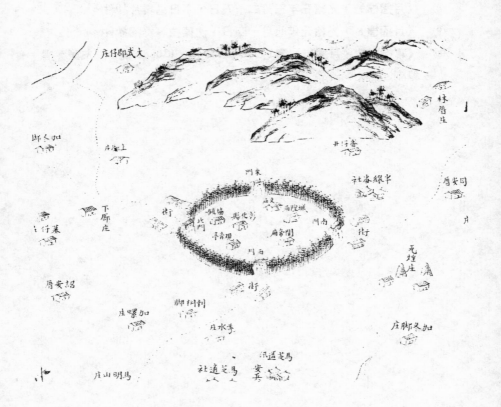

乾隆年間彰化縣城示意圖

世治聽人，世亂聽神－
清代臺灣民變與民間信仰

一、前　言

　　宗教信仰是一種複雜而多面的文化現象，在我國傳統信仰中，存在著人為宗教與民間信仰的區別。構成人為宗教的基本要素，至少包括：教派名稱、寺廟建築、經卷教義、組織結構、規範化儀式、神職性質師徒關係等項要素。民間宗教也有自己尊崇的主神，有自己的寶卷，有自己的教主和嚴密的組織，也有教派名稱，有舉行宗教聚會的建築物，建立師徒縱向的關係。民間信仰主要是指民間宗教以外的多神崇拜類型，雖然有其神秘性的信仰特點，但它並未具備構成各種教派的基本要素，它沒有像民間宗教團體那樣特定的至高無上的崇拜對象，沒有像民間宗教那樣的創教祖師等最高威權，沒有形成完整的哲學體系或教義思想。因此，學術界將民間信仰歸屬於隱文化或文化潛流的範疇①。定位在緩慢前移的文化狀態②。姑不論民間信仰歸屬於隱文化或冷文化，但民間信仰確實是構成傳統下層社會民眾精神生活與民俗文化的重要組成部分。從清代臺灣民間信仰可以看到臺灣的文化特質，反映清代臺灣社會的精神文化現象，它不僅表現在神靈或鬼靈的多樣上，而且還表崇拜對象的多樣神格，考察臺灣民間信仰的特點，有助於理解臺灣早期移墾社會的群眾心理素質與價值觀，探討清代臺灣民變事件，不能忽視民間信仰的特點。

　　臺灣早期的移墾社會，由於社會組織不健全，社會的流動性

及不穩定性，十分顯著，社會案件，屢見不鮮，動亂頻仍。陳孔立著《清代臺灣移民社會研究》一書，依據臺灣的社會結構，將清代臺灣社會的矛盾歸納為官府和平民的矛盾，不同祖籍移民之間的矛盾，地主和農民的矛盾，以及土著居民和漢族移民的矛盾等等，所謂「三年一小反，五年一大反」，便是移民社會矛盾的表現③。學術界對動亂和民變的理解，各不相同，三年一小反，五年一大反，包括動亂和民變而言，反映臺灣社會不穩定的現象。有清一代，臺灣社會各種動亂，包括叛亂、分類械鬥、番漢衝突、盜匪搶劫等等，所謂民變則指其人民反抗政府的政治叛亂而言，並不包括族群衝突、盜匪搶劫、游民滋事等案件。陳孔立撰〈清代臺灣社會動亂原因與性質的分析〉一文，依據事件的性質，將清代臺灣社會的動亂分為起義、游民騷亂、地方豪強的騷亂、民間械鬥、土漢衝突、其他抗官事件等六類。原文指出，「起義專指政治性的抗官事件，是有組織，有領導，有政治主張，有實際行動的與政府對抗的武裝鬥爭。」④。政治性的抗官事件，就是民變起事案件，在民變事件中，民間信仰扮演了重要的角色，民變領導人多利用民間信仰，創造氛圍，假藉災異徵兆、巫師法術、測字算命、擲筶占卜等等活動，激勵士氣，產生了不可忽視的作用。

二、朱一貴起事與徵兆迷信

　　清代臺灣的民間信仰，屬於多神崇拜，有其傳承性，也有它的普遍性。清代臺灣民變，與民間信仰的關係，十分密切，其起事前的活動，固然是利用民間信仰的力量，其起事以後的軍事行動，亦多假借民間信仰的力量，以鼓舞士氣。伊能生撰〈利用迷信的清國亂事〉一文已指出，「在臺灣，變亂與迷信的關係密

切，變亂的動機，往往是迷信的利用。」⑤。民間信仰的力量，確實有利用價值，探討臺灣民變事件，更不能忽視臺灣的民間信仰。據《諸羅縣志》記載，康熙四十年（1701），諸羅縣境內有劉卻之亂，原書有一段記載說：

> 卻，臬祐莊管事，拳棒自負；日往來無賴惡少，歃血爲盟。久之，其黨有欲謀不軌者，以爲非卻眾莫從。嘗深夜燃樟腦，竊置卻屋瓦火上燭，召同盟者示之，曰：「劉大哥舍中每夜紅光燭天，非常兆也！」會卻家神爐無故發火，眾曰：「此不君，即帥耳！」卻心動。穴地於舍，佯置田器，冶鐵爲刀鎗各械，約日舉事。臘月初七日，揚旗擊鼓，燉下加冬各營，散其兵，乘夜抵茅港尾，掠市中貨。亂民及諸番乘機四出劫掠，破家者甚眾⑥。

由引文內容可知劉卻倡亂時，在尙未舉事之前，黨夥中欲謀起事者，爲了神化劉卻，創造氛圍，以便推舉劉卻出面領導，於是設計密置樟腦於劉卻屋瓦，至深夜時暗中點火，紅光燭天，每夜如此。衆人詫異，相信是天象的異常徵兆，人事將有變化，正好有一天，劉卻家中神爐竟然無故發火。民眾相信劉卻即使不是帝王，也該是將帥。劉卻果然心動，同夥弟兄遂推舉劉卻爲大哥，豎旗起事。伊能嘉矩撰〈迷信之勢力及影響〉一文已指出，「如斯兒戲之異兆奇祥，轉瞬間投合無智愚民之迷信，幾將卻視爲神，前來參加其衆者日多，終於是年十二月作大亂」⑦。黨夥奉劉卻爲神，於是入夥群衆，與日俱增，於是在康熙四十年（1701）十二月初七日正式起事。但因勢力不大，又是烏合之衆，所以在起事後不久，劉卻等人便在笨港的秀才庄兵敗被捕。

自然崇拜是人類對自然力或自然物的信奉，在很長一段歷史時期裡人，人類支配客觀世界的能力，十分微弱，無法解釋天象

的神奇變化，於是逐漸形成了對大自然及周圍事物的崇拜，相信
天象和人事，常有相互影響的關係，古聖先賢多利用天文現象來
解釋政事，他們相信自然界的災變是一種天象示警的徵兆。劉卻
起事前，也利用民間信仰的力量，假藉屋頂紅光燭天及神爐發火
等異常現象，使其叛亂行為合理化，為順應天意，於是聚眾起
事。劉卻屋頂紅光燭天、神爐發火等等，都是徵兆或前兆迷信下
的產物，人們相信這些徵兆都是神靈的意志。

　　朱一貴是福建漳州府長泰縣人，兄朱勤，弟朱萬，朱一貴居
次，小名朱祖。朱一貴等渡海來臺後，寄居鳳山羅漢門內。康熙
五十三年（1714），朱一貴在臺廈逆衙門充當兵營的一名哨探，
因當班時撤夜未眠，這種哨探，習稱夜不收。後來，朱一貴被革
退，至大目丁地方，向當地人鄭九賽租地種田度日。《平台紀
略》有一段記載說：

　　　一貴，漳泉之長泰人，小名祖，游手無藝，好結納奸宄，
　　　為鄉里所嫉，於康熙五十二年之臺灣，充當臺廈道轅役，
　　　尋被革，居母頂草地，飼鴨為生。其鴨旦暮編隊出入，愚
　　　氓異焉。奸匪過者，輒款延烹鴨具饌，務盡歡。時承平日
　　　久，守土恬然，絕不以吏治民生意，防範疏闊，一貴心易
　　　之。辛丑春，鳳山縣令缺，臺郡太守王珍攝縣篆，委政次
　　　子，頗踰閑，徵收糧稅苛刻，以鳳聞捕治盟歃者數十人，
　　　違禁入內山砍竹木者百餘人，奸匪遂藉為口實，日誣謗官
　　　府短長，搖惑人心⑧。

　　康熙五十九年（1720），歲次庚子，臺灣府知府王珍攝理鳳
山縣篆務，令其次子向百姓收糧，折銀繳納，每石要折銀七錢二
分，相當於番銀一圓，負擔沈重，百姓個個含怨。後來又因地
震，海水泛漲，官府賑災不力，百姓求神護佑，唱戲謝神。王珍

次子以百姓無故拜把，而拘拏百姓。又逮捕砍竹工人二、三百名，誣指百姓謀逆，將給錢的釋放，不給錢的責打四十板，驅逐過海，押回原籍，交地方官管束。農人飼養耕牛，要抽重稅，每隻耕牛給銀三錢打印後方許使喚，不給銀兩的，即以私牛論，不許使喚。每座糖磨舖要收銀七兩二錢，方許開舖。向來米隆砍藤人俱被勒派抽分，騷擾民間，民怨沸騰。康熙六十年（1721），朱一貴聚眾起事，南北兩路，紛起響應，這是康熙年間規模最大的一次臺灣民變事件。

　　由於臺灣早期移墾社會裡，民間信仰盛行。因此，朱一貴聚眾起事，也充分利用民間信仰的力量。民間相傳朱一貴以養鴨為業，游飼各地，每至一處，即搭蓋鴨母寮棲息。其鴨早晚編隊出入，也能任意指揮溪裡的鴨群。更不可思議的是他所飼養的母鴨，每天各生兩蛋，民間稱呼朱一貴為鴨母王。有一天，朱一貴趕鴨到二層溪上游的岡山溪，他到溪邊洗臉的時候，忽然看見水面上映著自己的人影，頭戴通天冠，身穿黃龍袍，與明朝皇帝的裝扮一樣。當天夜晚，朱一貴又夢見自己當上了臺灣皇帝殿的帝王。《平臺紀略》所載朱一貴飼鴨，且暮編隊出入等語，反映臺灣鴨母王的傳說，已經相當普遍。

　　民間相信，社會的變亂，人類的災難，都和自然界的異象，有密切關係，認為自然界的反常現象，是社會動亂的前兆，以致群眾心理，受到很大的影響。臺灣民間相信山嶽鳴動，就是一種亂兆，父老相傳臺灣若有變亂，南路大岡山必先鳴叫。朱一貴起事前，南路的傀儡山崩裂，其山石裂口如刀割之狀。諸羅山傾頹，山巔噴沙如血。民間傳說朱一貴是接受一位國公的勸說而起兵的，那位國公夜觀星象，望見月眉潭鴨母寮上空閃爍著兩道紅光，夜夜如此。國公屈指一算，方知朱一貴是真命天子，於是力

勸朱一貴順應天意，起兵反清。關於朱一貴的神奇故事或靈異傳說，屬於民間信仰的範疇，都是以群眾心理爲基礎的庶民信仰，各種神話的徵兆和異象，具有自然崇拜或多神信仰的性質，其主要目的是在製造天意，期盼「愚夫愚婦」相信朱一貴是奉天承運的眞命天子。《重修鳳山縣志》有一段記載說：

> 飛虎等議：據府難於統攝。有朱祖者，長泰人，無眷屬，飼鴨鳳山大武汀。鴨甚蕃，賊夥往來咸款焉，乃以祖冒名一貴。初四日，自鳳山逆居道署，越日，詭言洲仔尾海中浮出玉帶七星旗，鼓次往迎，以爲造逆之符，僭號「永和」，蓋慮賊黨之自併也⑨。

洲仔尾在臺南永康鄉，海中浮出玉帶七星旗，是天授令旗，朱一貴起兵，是順天應人的義舉，假藉天意，將反清運動合理化。

在早期臺灣移墾社會裡，相信農曆五月是末劫月分。大稻埕街外的牛車埔流傳一個故事，有一農家的耕牛，忽然能講人話，牠說：「有五月五日，無七月十五日。」民間迷信認爲五月是臺灣民眾遭受重大災難的末劫，過了五月，就過不了七月。開臺始祖鄭成功在臺灣罹患瘧疾，終而不起的時間是在農曆五月，朱一貴攻陷臺灣府城的時間，也是發生在農曆五月。康熙六十年（1721）四月十九日夜間，朱一貴帶領李勇等人到黃殿庄上，一共五十二人，焚表拜把，各自分頭招人入夥，共邀了一千餘人，衆人砍竹爲尖槍，旗旛上寫著「激變良民，大明重興，大元帥朱」字樣，四月二十日，攻陷岡山汛。五月初一日，朱一貴與林君英會合，民兵數萬人，攻打府治，官兵奔散。百總楊泰，綽號達勇，先已通敵，爲朱一貴內應，乘機刺殺總兵官歐陽凱，副將許雲，遊擊游崇功等陣亡。同日午刻，府治失陷，杜君英進駐總

兵官衙署，朱一貴入居臺廈道衙門，同開府庫，分掠金銀，開啓赤嵌樓，獲得大小礮位、硝磺、鉛彈無數。朱一貴屬下李勇向衆人宣稱，朱一貴姓朱，是明朝後裔，稱爲義王，替朱一貴穿上黃袍，國號大明，年號永和。《平臺紀略》有一段記載說：

> 是時，僞職塡街，摩肩觸額，優伶服飾，搜括靡遺。或載幞頭，衣小袖，紗帽金冠，被甲騎牛；或以色綾裹其首，方巾朝服，炫煌於道。民間爲之謠曰：「頭戴明朝帽，身穿清朝衣；五月稱永和，六月還康熙。」蓋童孺婦女皆知其旦暮可滅而擒也⑩。

引文內容反映了朱一貴起事前後，臺灣流傳各種民謠。朱一貴攻陷府治，建號永和的時間，就是在五月初一日，與臺灣民間信仰中五月末劫降臨的迷信不謀而合。朱一貴雖然在短短數日之內攻陷府治，但是後來卻在一夜之間，又因兵敗而被俘，民間遂有「三日打到府，一暝溜到厝」的民謠。

三、莊大田起事與巫覡信仰

清代臺灣天地會的發展，與閩粵內地人口的流動，有密切的關係。臺灣與閩粵內地，一衣帶水，明末清初以來，一方面由於內地的戰亂，一方面由於地狹人稠，閩粵民人，或爲墾殖荒陬，或爲經營小本生意，於是相繼東渡來臺，臺灣天地會的起源，就是閩粵天地會系統的派生現象。乾隆末年，臺灣天地會起事以後，原住民巫師及漢人社會的江湖術士，都在天地會的陣營裡扮演了重要角色。

莊大田原籍是福建漳州府平和縣人，乾隆七年（1742），莊大田等隨其父莊二來到臺灣，原先寄居諸羅縣臺斗坑，有田二十餘畝，每年收稻穀一百多石。後來遷居鳳山縣篤家港，共有房屋

十餘間，在下淡水阿里港有田四十餘畝，每年可收稻穀二百多石。另有甘蔗園，每年收糖二千餘觔。北路天地會攻陷彰化縣城等地後，林爽文於乾隆五十一年（1786）十二月間，派遣陳天送等前往鳳山糾約南路天地會起事響應，以牽制官兵。陳天送等人原推莊大田族兄莊大韭爲南路天地會大哥，因衆人不服，改推莊大田爲大哥。莊大田自稱洪號輔國大元帥，將「洪」字拆爲「五點二十一」，知道暗號就是天地會內的弟兄，會中木質印信鐫刻「洪號輔國」四字。由於莊大田的響應，南北兩路天地會，攻城略地，聲勢浩大。

　　莊大田起事後，也利用民間信仰的力量，以助長其聲勢。其中金娘等原住民巫師，傳聞法術靈驗，而受到莊大田的重視。金娘是南路鳳山縣上淡水社原住民巫師，據金娘供稱，「我並沒別的本事，跟著番婦賓那學畫符治病。後來莊大田請我去替他兒子治病，好了，他們就信我有些法術。」⑪。畫符治病也是原住民社會裡常見的一種民間信仰，金娘曾拜原住民婦女賓那爲師，學習畫符治病，曾經治癒莊大田兒子的疾病，其治病方法，是使用法術，屬於一種民俗醫療，巫師念經誦咒，以超自然的神力治好了莊大田兒子的疾病，使莊大田等人相信金娘確實有法術。莊大田起事以後，便封金娘爲軍師，林爽文封她爲一品夫人，金娘稱呼莊大田爲大哥，莊大田出陣打仗時，金娘她跟著他在兵營裡請神念咒，保佑衆人，就可以不受槍礮，刀槍不入。與莊大田同夥的莊錫舍，他也曾用轎子迎接金娘，替他們衆人治病。金娘上陣作法時，有林紅等人跟著金娘，在轎旁拿著半斬刀，保護金娘等人。乾隆五十二年（1787）五月十一日，官兵義民生擒金娘、林紅等人，押赴泉州，交閩浙總督派員押解入京，由軍機大臣等提審。將軍常青將擒獲金娘等人的經過，具摺奏聞。原摺附有金娘

等人供詞筆錄，節錄金娘供詞如下：

> 小婦人名叫金娘，年四十歲，是鳳山縣上淡水社番。父母已故，並無兄弟，曾招內地人洪標為夫，三年就死了，並無子女。小婦人三十二歲那年患病，曾從番婦賓那學畫符醫治，後來就替人畫符醫病。這幾本請神治病的經，又是鳳山人林乞寫的，傳給小婦人，林乞已死過三、四年了。這莊大田自稱大元帥，是林爽文夥黨，共有一百多枝旗，賊夥有萬餘人，亦有脅從的在內。小婦人向不熟識，是今年正月間，請小婦人在打狗港祭神，又醫好他們同夥的病，就請小婦人做女軍師，假說會請神保祐眾人不著槍礮，至三月初，莊大田兒子莊天位（畏），要攻鳳山，小婦人假說鄭王即鄭成功顯神助戰的話，莊大田叫畫符哄騙眾人，稱做仙姑。三月初八日攻破鳳山，小婦人同去念咒，眾人就信果有法術。及莊大田每次來攻府城，小婦人帶一把劍在山頭念咒打鼓，假說神人保祐不受槍礮。其實槍礮打死的甚多，小婦人只說是他命裡該當，眾人就不疑了。四月二十外，莊大田又將林爽文的札諭交給小婦人，封做一品夫人。其實小婦人並不認識林爽文，亦未曾入他天地會。這林紅五、六年前在鳳山，小婦人認做兄弟，學符治病，去年才和小婦人通姦，每次打仗，他也幫著打鼓。莊大田還請有一個番婦，名叫罔仔，是上淡水社番，也會念咒請神，眾人稱他仙媽，現在往上淡水去了⑫。

原住民巫師信仰的觀念及其活動，是以巫術為主體和主流發展而來的複雜文化現象。巫術的性質，因其功能的不同，而有保護巫術、破壞巫術和生產巫術的分別：就巫術的使用目的而言，又有白巫術與黑巫術的分別。白巫術以行善為目的，例如保護巫

術或治病巫術與生產巫術，都屬於白巫術，是民間信仰中的主流
巫術，其目的在於解除自己人所遭遇的災難。與此相反，意在把
災難與疾病降臨到他人身上的巫術，就是屬於黑巫術。原住民社
會中有專司祈禱的魯依保，是一種巫師，其受族人的尊敬，僅次
於頭目。魯依保的專務是為死者出殯及埋葬的祈禱、治療疾病、
占卜、預言。據《臺灣慣習記事》記載，「死者埋葬後之祈禱，
其目的在不使靈魂徘徊於住屋內外，以免貽禍，並使死者靈魂早
日昇天。治療疾病患者時，一手捧著盛有清水之碗，一手拿小樹
葉，邊灑清水於病患身上，邊祈禱，尤其疼痛部分，常用樹葉拂
打。」⑬。魯依保以巫師兼醫師，祈禱治病，都屬於白巫術。原
住民的作向，是一種咒詛，原住民巫師常藉符咒害人生病或致人
於死，就是屬於黑巫術的範疇。莊大田起事以後，在南路天地會
的陣營裡也有原住民的巫師如仙姑、仙媽，金娘是仙姑，罔仔是
仙媽，都會念咒請神，畫符治病，金娘傳習請神治病的經文。莊
大田起事後，在打狗港祭神，由金娘充當祭司，主持祭祀。天地
會陣營裡的兵民打仗負傷或生病時，由金娘畫符醫治。莊大田等
出陣作戰時，由金娘請神保祐鎗礮不過火，都是屬於白巫術。金
娘除白巫術外，也能使用黑巫術。莊大田每次進攻臺灣府城時，
金娘都立在山頭上仗劍念咒打鼓，一方面對天地會陣營裡的戰士
產生鼓舞士氣的作用；一方面使官兵義民原住民巫師咒詛的壓
力，而產生心理的畏懼。南路天地會陣營裡，除金娘、罔仔等巫
師外，還有兩個軍師，執劍出陣，俱會看陣勢。金娘供詞中的鄭
王即鄭成功顯靈助戰的說法，與民間信仰也有密切關係。民間相
傳清朝入主中原後，定海龍王自愧並無寸功上報朝廷洪恩，因
此，當鄭成功艦隊通過定海時，龍王海神即作法阻止，狂風駭浪
大作。但因鄭成功精忠貫日，義薄雲天，上蒼庇佑，艦隊並未覆

沒，鄭成功傳令軍中齊開大礮，摧燬龍王宮，海神中礮，浴血滿身，血滴漂浮海面，瞬間風平浪靜，晴空萬里，四方舉義來歸，鄭成功勢力遂成爲東南抗清義師的砥柱⑭。莊大田起事以後，揚言鄭成功顯神助戰，可以激勵士氣，探討群衆運動，確實不能忽視民間信仰的力量及其作用。

四、林爽文之役與占卜活動

占卜是術數家預測吉凶禍福的一種傳統方法。占是觀察，卜是以火灼龜殼，就其裂紋以預測未來。灼龜觀兆，精微深妙，變化無窮。後世流傳的龜卦、錢卦、米卦、六壬、拆字、占候、星命、鳥占、草占、夢占等等，多具有占卜的作用。古人將占卜徵兆看作是祖靈或神鬼對人們的啓示或警告。龜甲蓍草，雖然是枯骨死草，但古人相信由明通公溥無適無莫具有超自然能力的巫師或術士，卜以靈龜，筮以神蓍，即能通天地，愜鬼神，可以與神靈溝通，而預知人們的吉凶禍福。《史記·龜策列傳》記載說：「蠻夷氐羌雖無君臣之序，亦有決疑之卜，或以金石，或以草木，國不同俗，然皆可以戰伐攻擊，推兵求勝，各信其神，以知來事。」⑮。我國是一個多民族的國家，各少數民族所流行的占卜形式和用具，雖然不同，但他們判斷吉凶禍福，多根據占卜時所出現的徵象作爲判斷的標準。占卜遂成爲各民族的民間信仰，舉凡狩獵、農事、婚媾、戰爭、治病等等都要先進行占卜，期盼通過占卜預知行動的後果。《臺灣慣習記事》對臺灣的占卜有一段記載：

> 卜筮爲一種迷信之結果，與開化之進度成反比例。所以開
> 化進步遲緩之臺灣、之土人深信卜筮，並不足怪。對於例
> 如：婚姻、遷居、企業、患病、子之有無、建築、旅行、

　　　　失物、尋人、時雨、墳墓之位置、竈之方向、婚姻之月
　　　　日、土地家屋買賣、婢女之雇用、命名、改名，其他一切
　　　　萬事有均依卜筮決定之習慣⑯。

　　占卜是以現實的生活爲基礎的，巫師或術士從事宗教信仰或
民俗醫療等活動等，主要是依據占卜。清代臺灣民間常見的占卜
方法，是以聖筶、聖籤、拆字等較爲常見。民間傳說林爽文領導
天地會起事時，在推選大盟主的儀式中，因臺灣民間信仰盛行，
凡事都要占卜吉凶，所以也用擲筶占卜的方法，以磁碗爲筶，一
一喝名而擲下，相約以碗筶未破者爲盟主⑰。當司儀唱出林爽文
的名字，同時擲下碗筶，磁碗竟然未破，於是衆人推舉林爽文爲
大盟主，稱呼他爲大哥。依據現存檔案的記錄，乾隆五十一年
（1786）十一月二十五日，林爽文與劉升等人在加老山結拜天地
會，歃血盟誓，公推林爽文爲盟主，因族長林繞等人勸阻，將林
爽文藏匿於糞箕湖山內，天地會黨另推劉升爲盟主。劉升糾集會
黨一千餘名於同年一十月二十七日夜間攻破大墩營盤。十一月二
十九日晨，攻陷彰化縣城，到處張貼告示，俱書「大盟主劉」等
字樣。後因會黨弟兄議論，多不服領導，遂仍推林爽文爲大盟
主。

　　在臺灣早期移墾社會裡，閩粵內地的游民渡海來臺後從事拆
字卜卦的算命術士，並不罕見，相信拆字算命的「愚夫愚婦」，
也大有人在。林爽文領導天地會起事以後，許多江湖術士也投入
了天地會的陣營裡，爲天地會効力，此外也有僧人。例如福建漳
州府南靖縣人蕭悟天來臺後，挑賣雜貨度日。乾隆四十八年
（1783），出家爲僧，學習經文。天地會起事以後，蕭悟天加入
天地會，林爽文幫他爲軍師。他被捕後，押解入京，軍機大臣審
訊時，曾詰問他使用何種法術經咒，替林爽文出力⑱。又如董

喜、陳梅、連清水等人，都是江湖術士，他們先後投入南北各路天地會的陣營，爲會黨効力。會黨要犯陳泮由林爽文封爲都督，陳泮被捕後押解入京，軍機大臣審訊陳泮時，陳泮供出，「林爽文與官兵抵禦時，如何籌劃，都是與董喜、陳梅等算計。」⑲。清軍進剿會黨時，林家齊、林茂等人被拏獲。其中林家齊是福建漳州府平和縣人，據林家齊供稱，「林爽文做事，全仗他同姓兄弟林泮給他主謀，還有個軍師陳奉先，攻破諸羅縣時，他就逃走了。又有一個軍師董姓，我不知他名字，他能馬上使刀。」⑳林家齊所供董姓軍師，就是董喜。平和縣人林茂是林爽文無服族叔，林茂渡海來臺後，寄居彰化縣，與董喜是鄰舍，彼此向來熟識。乾隆五十一年（1786）十二月，董喜邀林茂到大里杙加入天地會。據林茂供稱，「董喜係林爽文軍師，他會算命，衆人稱他爲董仙。」㉑據林爽文供稱，大盟主手下人的官職，「俱係董喜編造名號，叫我封了，他們就有體面。」㉒陳梅原籍福建泉州，渡海來臺後，寓居笨港，倚靠算命起課度日。他被捕後供認，「我素日起課，不過借此度日，不能靈驗。後來入了林爽文的夥，亦曾替他起過課，我總說是吉利，這都隨口答應。」㉓陳梅等人隨口答應，總說是吉利，陳梅因此被封爲軍師，林爽文等人信以爲眞，提昇會黨士氣，起了激勵的作用。

　　王周載原籍福建漳州府，寄居鳳山縣，莊大田領導臺灣南路天地會起事後，王周載也投入了天地會陣營，莊大田封他爲北門大將軍。連清水原籍福建，渡海來臺後，寄居鳳山，平日替人測字算命爲生，與王周載相識。乾隆五十二年（1787）二月十二日，王周載勸令連清水替莊大田測字起課。連清水被捕後解送軍機處審訊。據連清水供稱：

　　　我係鳳山縣人，年四十一歲。家裡有父親連錦志，年六十

歲，母親郭氏，年五十八歲。我平日算命測字為生，有漳
州人王周載，素日原與我相好。上年十二月內，有賊匪莊
大田在鳳山一帶搶劫，到今年二月十二日，我在鳳山縣門
口，遇見王周載。他說他於去年十二月內從了莊大田打
仗，封他做北門大將軍，叫我替他起一課，問出陣可能得
勝。我測了一個田字，我說是好的。他給了我五百大錢，
並說事成之後封我為巡檢，他就去了，以後總沒見面。我
仍舊在鳳山城內測字度日，到二十三日，有官兵將我拏
獲，說我同王周載相好，又會測字，一定是他們軍師了
㉔。

　　測定起課的民俗活動，源遠流長。測字即拆字，是把字形拆
開其偏旁點畫而離合參互他字，以預卜吉凶禍福。據《後漢書・
五行志》記載，漢獻帝踐阼之初，京師傳誦童謠說：「千里草，
何青青。十日卜，不得生。」㉕千里草為董，十日卜為卓，將董
字拆為千里草，卓字拆為十日卜，自下摩上，以臣陵君，終至破
亡。隋代稱拆字為破字，宋代稱為相字，後人習稱測字，臺灣早
期移墾社會裡測字算命的盛行，就是閩粵內地民間文化的派生現
象，測定起課可以克服不安或不確定的感覺，而予以合理化。測
定算命是常見的民間信仰活動，會黨成員多屬於下層社會的販夫
走卒，習於測定起課。因此，會黨成員出陣打仗，多以起課測定
強化信心，期盼出陣可以得勝。連清水雖然測得的是「田」字，
但莊大田等人仍然相信它是好卦，王周載就給了連清水五百大
錢。當軍機大臣進一步詰問連清水時，他又供出了「田」字的歌
訣：

　　　那日王周載叫我測字，我隨手拿著「田」字。那「田」字
　　　的歌訣是：「兩日不分明，四口暗相爭。半憂又半喜，不

行又不行。」本不是好話，我要得他的錢，就哄他說是好的。他給了我五百錢，又問我會打仗不會，我說不會。他說帶你去無用，將來事成後封你做個巡檢罷。我實沒有跟他去，不敢謊供㉖。

引文內容指出「田」字的歌訣是「兩日不分明，四口暗相爭。半憂又半喜，不行又不行。」「田」字歌訣的意思，本非吉利的意思，但連清水不敢據實告知王周載。王周載令連清水測字起課，目的在期求一定的結果，期盼有求必應。連清水爲了迎合王周載的心理，便說「田」字是好卦。軍機大臣詰問連清水時亦斥責他測字起課用心不當，「你既知道王周載從了賊匪莊大田，做北門大將軍，你若並沒從賊，你那時就該到官裏首，如何反替賊人測字？又說測這字是好的？明係你叫他與官兵打仗。」將「田」字說成好卦，確實可以產生鼓舞的作用。但連清水對南路天地會的活動，堅供不知實情，他說：

王周載叫我測字的時候，鳳山正被賊攻擾。府城離鳳山又有八十多里，沿路多有賊眾攔截，我一人如何能到官裏首？我平日替人測字，不過二、三十文不等。因王周載告訴我說，他已從了莊大田，做了北門大將軍，所以替他測字，隨口說是好的，誆他要了五百大錢，原不過貪圖多得錢文。那時王周載只問是他要出陣好也不好，並沒有告訴過他那裡有多少人。他們虛實光景，我既沒跟他，也不敢向他細問。至我平日就在鳳山縣衙門口測字，知縣湯太爺待百姓是極好的，我素所知道，不敢誣賴㉗。

由供詞內容可知連清水平日多在鳳山縣衙門口擺攤測字，收費不高，每次不過二、三十文不等。連清水供詞對研究臺灣民間信仰確實提供了珍貴的原始資料。測字占卜的靈驗，雖然是偶然

的，不是必然的，然而會黨首領除了期求現實利益之外，還要找尋精神心理的寄托和昇華。連清水等人將占卜結果哄說是好卦，對鼓勵會黨與官兵打仗起了不可忽視的作用。

五、戴潮春起事與災異之變

清朝後期，臺灣會黨的活動，是以兄弟會和添弟會的規模較大，歷時較久。乾隆末年，林爽文領導天地會起事，主要是導因於漳、泉分類械鬥的激化以及地方官處理不善，以致官逼民反。道光初年，淡水廳兄弟會的活動，則是閩粵分類械鬥激化的產物，其起因主要是由於盜匪李通與粵籍客家庄居民黃文潤挾嫌糾鬥起釁，都對社會造成了極嚴重的破壞。同治初年，戴潮春所領導的會黨起事，也對臺灣社會造成了重大的侵蝕作用。

戴潮春，字萬生，原籍福建漳州府龍溪縣，來臺後寄居彰化縣四張犁庄。關於戴潮春所領導的會黨名目，諸書記載，頗不一致。《重修臺灣省通志》記載，咸豐十一年（1861），戴潮春「召集黨衆，立八卦會，一稱天地會，辦團練，自募鄉勇三百，隨官捕盜。知縣高廷鏡給戮（戳）重用。豪盜斂手，咸歸約束。八卦會者祀五祖，會衆互稱兄弟，自是轉相招納，黨勢日盛，多至數萬。」㉘《臺灣通史・戴潮春列傳》記載戴潮春之兄戴萬桂與阿罩霧人爭田，不勝，集殷戶爲八卦會，約有事相援。戴萬桂死後，戴潮春乃集舊黨立八卦會，辦團練，自備鄉勇三百，隨官捕盜㉙，文意相近。原書〈宗教志〉對八卦會祀五祖的敘述，頗爲詳盡，節錄一段內容如下：

> 林爽文、戴潮春之役，亦以天地會、八卦會爲號召。天地
> 會者相傳延平郡王所設，以光復爲旨，閩粵之人多從之，
> 故爽文率以起事。而八卦會者，環竹爲城，分四門，中設

香案三層，謂之花亭，上供五祖，中置潮春祿位，冠以奉天承運大元帥之號，旁設一几，以一貴、爽文爲先賢而配之。入會者爲舊香，跣足散髮，首纏紅布，分執其事。凡入會者納銀四錢，以夜過香，十數人爲一行，叩門入。問從何來？曰從東方來。問將何爲？曰欲尋兄弟。執事者導跪案前，宰雞，誓曰：會中一點訣，母對妻子説，若對妻子説，七孔便流血。宣示戒約，然後出城，張白布爲長橋，眾由橋下過，問何以不過橋？曰有兵守之。問何以能出？曰五祖導出。又授以八卦隱語，會眾相逢，皆呼兄弟，自是轉相招納，多至數萬人，而潮春遂籍以起事矣㉚。

《臺灣通史》將戴潮春祀五祖的傳説置於〈宗教志〉佛教篇內，並不安當，但是由引文內容可知戴潮春之役，與宗教信仰關係密切。引文指出，林爽文以天地會爲號召，戴潮春則以八卦會爲號召。八卦會的會場，稱爲花亭，供奉五祖。邵雍撰〈臺灣八卦會起義述略〉一文指出戴潮春不用天地會的名義是爲了隱蔽。原文又稱，「八卦會供奉五祖，配祀朱、林，清楚地表明以戴潮春爲首的八卦會和天地會是一脈相承的，實爲天地會的別稱。」㉛傳説八卦會配祀的「朱、林」，就是指朱一貴、林爽文。但就現存檔案而言，戴潮春所領導的會黨名目是添弟會，而不是八卦會。臺北國立故宮博物院典藏《月摺檔》閩浙總督慶端等奏摺抄件記載，同治元年（1862）三月間，「訪聞臺灣彰化縣轄有匪徒戴萬生倡立添弟會名目，煽惑多人，肆行搶掠，當經密飭臺灣鎮道查拏解散。」㉜天地會或添弟會的會員證，習稱腰憑，其本底樣式，內圈多畫八角形的八卦數層，每層各刻隱語詩句，作爲暗號，腰憑因形似八卦，故習稱腰憑爲八卦，或因添弟會成員持有

八卦，會外之人遂稱添弟會爲八卦會。

　　戴潮春領導添弟會起事前後，災異疊見，彰化縣署之鼓夜間自鳴，明倫堂時聞鬼哭，民間出現了許多謠傳。同治元年（1862）春，彰化四張犁庄有耕牛，能爲人語說：「免咻有田，播無稻收。」是歲，果然牛語成讖。民間迷信反映戴潮春起事，就是生靈塗炭的災禍。民間對河水或泉水的異常現象，也看成是治亂的徵兆。傳說彰化縣太武郡保出水庄後坑內每當泉水大湧，則時事有變，泉若驟枯，則穀價高昂，歷驗不爽。民間相傳濁水溪源出內山，河水流急而渾濁，罕見澄清之日，倘若溪水一清，則臺灣必生反側。同治元年（1862）春，濁水溪水清三日，果然有戴潮春之亂㉝。嘉義火山，稱爲水火同源，相傳地方有亂事，則火必熄，戴潮春起事之前，水火同源，竟火熄三日。戴潮春聚衆起事後，劉阿妹等人爲軍師。民間傳說劉阿妹死後六日又復活，大談起事爲順天應人的義舉。戴潮春得知此事後，認爲奇貨可居，因此，邀請劉阿妹加入添弟會，封劉阿妹爲軍師，並贈送繡衣朱履，築壇於葫蘆墩，祭告天地，以襄贊其事。在祭典中劉阿妹高呼「天父有旨，命潮春爲千歲，日成爲大元帥。」劉阿妹屢次假託神諭，妄言休咎。他又畫寫符籙，分發會黨成員，令其粘貼於軍械，宣稱打仗可以獲勝，身體免遭刀鎗傷害。

　　同治元年（1862）有月，戴潮春以揀東人莊天賜爲左相。傳說莊天賜目眇口斜，手足偏廢，曾因殺人而亡命。戴潮春繼邀莊天賜加入添弟會，起初他拒絕受命。過了幾天，莊天賜家裡的香爐無火而燃燒，經過問神占卜後，得知以參與起事爲吉利，莊天賜遂應舉而爲左相。伊能嘉矩撰〈利用迷信的戴萬生之亂〉一文已指出，「戴逆之振威，再困嘉義，三圍大甲，蓋可謂顯示此迷信的吉祥神兆迷惑人心之固結，而賦予力量。」㉞戴潮春利用民

間信仰號召民眾，招人入會，因此，民間信仰對群眾運動的影響，是不可忽視的力量，對民眾心理產生了重要的作用。原文認為不逞之徒，往往為了肆其惡，故有利用迷信，煽惑愚民以為奇貨者，而此風尤其盛行於中國，移居臺灣的中國人可說是其最盛者。其中戴萬生即戴潮春之亂即以利用迷信而終始，其影響民心之強弱，即是勢力消長之指標。同治二年（1863）正月，添弟會重要頭目林日成〔晟〕敗於大甲，正月十八日，林晟登鐵砧山的國姓井，卻得鄭成功古劍，於是祭告天地曰：「日盛〔晟〕若得成大事，劍當浮出；若無成，即以一砲相加可也。」林晟祭告天地後，展開對官兵的攻擊，但不幸中砲，斷兩齒而遁。果然，添弟會的士氣，從此一蹶不振。民間相傳彰化縣城的東門有楊知縣修建的八卦樓，樓上有讖云：「八卦樓開，必有兵災。」因此，樓門常閉。後有某知縣強令開啟，未及一月，彰化縣遂有分類械鬥案件，縣民開始盛傳讖語的靈異。後來戴潮春又揑造八卦樓讖語云：「雷從天地，掃除乙氏子；夏秋多漂沒，萬生靡所止。」將讖語密置樓下，揑稱是楊知縣遺讖。讖語中的「雷」是指彰化縣知縣雷以鎮，意即添弟會是從雷知縣之令而起；乙氏子是臺灣道孔昭慈的「孔」字；夏秋是指副將夏汝賢及秋日覲，皆死於民變。戴潮春最後亦因窮蹙而企圖竄入內山番界，走上靡所樓止的末路。民間傳說戴潮春曾於坑溝中掘得五個劍形青石，奉為神明，每次出兵上陣，都令人手捧青石劍跟隨，每戰必勝，似有神助。後因折損一劍，戴潮春的巢穴遂為官兵所破。《東瀛紀事》記載戴潮春的祖父戴天定，於重修文廟時，襄辦經費出入。戴潮春將作亂時，戴天定之墓，夜聞鬼哭。果然，官兵平定戴潮春之亂以後，其祖墳竟為羅冠英所挖掘㉟。戴潮春固然利用迷信，以煽誘善男信女，加入添弟會，官兵也常利用民間信仰，藉以收攬

民心。相傳戴潮春起事後，聲勢浩大，有人於竹塹城隍廟卜問彰化何時可以收復？即得一籤語云：「若遇清江貴公子」等句。後來果然竹塹人總辦臺北團練鹽運使銜浙江補用道林占梅帶兵進剿，終於平定戴潮春之亂。伊能嘉矩撰〈利用迷信的戴萬生之亂〉一文已指出「林占梅小字爲清江，蓋雖似奇驗，惟恐係預託清江之名於籤而未披露者乎？」㊱藉城隍爺信仰反制會黨，確實有助於收攬民心。

六、結　語

　　大自然是人類生存的環境，從初民社會開始，便把人類環境分爲兩類：一類是吉、善、福；一類是凶、惡、禍，由這兩類互相對立的抽象概念，又產生了人類對待大自然的兩種不同態度：一種態度是消極安慰自己，以求得心理的平衡；一種態度是力圖積極控制它們。這兩種概念和態度形成了彼此交叉重疊的原始宗教意識和巫術意識的兩種不同意識場，這兩種不同意識場的存在，是產生原始宗教與巫覡信仰的不同性格和特徵的根源。原始宗教是由吉、善、福以及人們對待這些概念的態度所構成的意識場爲核心而發展起來的宗教觀念。巫覡信仰則是以凶、惡、禍各種觀念爲核心的意識場，企圖以人們的力量直接祓凶除惡，由此而衍化出巫術消災除禍、預言占卜等一系列的社會功能。由此可知原始宗教意識與巫覡信仰意識是兩種非常相近的社會意識，都伴隨著吉凶、善惡、禍福等不同概念以及人們對待這些概念所採取的不同態度所構成的意識場的出現而誕生㊲。民間信仰就是一種複雜文化現象，它既含有原始宗教的成分，又包含大量巫術意識的成分。

　　民間信仰有一個共同的思想基礎，即相信萬物有靈，是屬於

多神的泛靈崇拜，從自然崇拜開始，以大自然崇拜爲主體，對於自然界一切物，都以爲有神主司，各具靈異。古人相信自然現象和人事，常有相互影響的關係，相信自然界的災異是神靈暗示人們的徵兆，是人事變化的前兆，觀察自然力量顯示的徵兆或前兆，可以預知未來或即將發生的吉凶禍福，人們長期以來逐漸累積認識自然神秘現象的知識，被稱爲徵兆迷信或前兆迷信。康熙年間，諸羅縣境內劉卻屋瓦密置樟腦，暗中點火，以致紅光燭天，創造氛圍，使民衆相信自然界開始顯示徵兆或前兆，神靈已選定劉卻代天行事，劉卻及其同黨，就是利用徵兆迷信或前兆迷信起事。

　　朱一貴起事前，臺灣南路各地也出現了許多徵兆或前兆。民間相傳朱一貴起事前，用眉潭鴨母寮上空閃爍著兩道紅光，夜夜如此。更不可思議的是朱一貴所飼養的母鴨，每天各生兩蛋，都是徵兆或前兆迷信。古人認爲夢是人們靈魂的活動，人在睡眠中是正處於人神相互通話的時刻，這種信仰，就是所謂夢兆。有一天，朱一貴在溪邊洗臉時，忽然看見水面上映著自己的人影，頭戴通天冠，身穿黃龍袍。當天夜晚，朱一貴就夢見自己登上了臺灣皇帝殿的帝王寶座。這種夢兆，也是屬於徵兆或前兆迷信的範疇，朱一貴就是利用徵兆迷信，假藉天意，起兵反清，以致聲勢浩大。同治初年，臺灣地區，徵兆迷信極爲盛行，災異頻傳，濁水溪突然水清三日，嘉義水火同源，竟然火熄三日，彰化耕牛，能爲人說，縣署鐘鼓夜間自鳴，明倫堂夜聞鬼哭。不久，果然有戴潮春之役。

　　占卜與徵兆迷信，同樣是臺灣民間信仰中常見的一種活動。所謂占卜，是指占卜者使用人爲的工具及方法，向神靈詢問過去或未來人事和其他事物的結果，並根據占卜工具上顯示的兆文、

信號等判斷吉凶禍福，認爲這些兆文或信號就是鬼神的意志，人
們根據這樣得來的信息，作爲自己行爲的指針。徵兆是自然的顯
示，而占卜則是由人們主動進行的，它必須先通過占卜工具，再
由巫師或其他術士進行解釋㊳。其中擲筶卜卦、測字算命等，都
是臺灣民間信仰中常見的活動，都是屬於占卜術的範疇。乾隆年
間，臺灣天地會起事以後，江湖術士多投入天地會的陣營，爲天
地會效力，反映清代臺灣占卜活動的盛行。民間相傳天地會推舉
林爽文爲大盟主是以擲筶決定的。董喜、陳梅、連清水等人都會
測定算命，會黨成員出陣打仗，多以測定起課強化信心，克服不
安的心理憂慮，對鼓舞士氣產生了積極性的作用。

巫術活動，是清代臺灣民間信仰中較顯著的表現。乾隆年
間，臺灣天地會起事以後，在天地會陣營裡的金娘、罔仔等人都
是原住民的巫師，金娘稱爲仙姑，罔仔是仙媽，都會念咒請神，
畫符治病。莊大田帶兵攻打府城，與官兵作戰時，仙姑金娘等即
站立山頭，仗劍念咒打鼓，鼓舞會黨士氣，會黨成員生病或負傷
時，亦由仙姑、仙媽畫符醫治，官兵義民面對原住民巫師作向咒
詛的壓力下，往往產生畏懼的心理，以致裹足不前。鄭成功義薄
雲天的抗清事蹟，家喻戶曉，天地會起兵反清後，臺灣就出現鄭
成功顯靈助戰的靈異傳說，對激勵會黨慷慨赴義的士氣，產生了
重要的作用。探討臺灣民變事件，確實不能忽視民間信仰所產生
的作用。

【註　釋】

① 金澤著《中國民間信仰》（杭州，浙江教育出版社，一九九五年三
　月），頁25。

② 烏丙安著《中國民間信仰》（上海，上海人民出版社，一九九六年

　　十二月），頁 2。

③　陳孔立著《清代臺灣移民社會研究》（廈門，廈門大學出版社，一
　　九九〇年十月），頁 11。

④　陳孔立撰〈清代臺灣社會動亂原因與性質的分析〉《臺灣研究集
　　刊》，一九九六年，第四期（廈門，廈門大學臺灣研究所，一九九
　　六年十一月），頁 47。

⑤　伊能生撰〈利用迷信的戴萬生之亂〉，《臺灣慣習記事》，中譯本
　　（臺中，臺灣省獻委員會，民國七十三年六月），第三卷下，第十
　　號，頁 197。

⑥　《諸羅縣志》（南投，臺灣省獻委員會，民國八十二年六月），頁
　　280。

⑦　伊能嘉矩撰〈迷信之勢力及影響〉，《臺灣慣習記事》，第一卷
　　上，第四號，頁 115。

⑧　《平臺紀略》，頁 1，見《欽定四庫全書》（臺北，商務印書
　　館），第三六九冊，頁 559。

⑨　《重修鳳山縣志》（南投，臺灣省獻委員會，民國八十二年六
　　月），頁 274。

⑩　《平臺紀略》，頁 9。《欽定四庫全書》，第三六九冊，頁 563。

⑪　《天地會》，（北京，中國人民大學出版社，一九八三年三月），
　　（二），頁 129。乾隆五十二年八月初一日，金娘供詞。

⑫　《天地會》，（二），頁 257。乾隆五十二年五月十四日，金娘供詞筆
　　錄。

⑬　《臺灣慣習記事》，中譯本，第五卷上，第五號，頁 199。

⑭　《臺灣慣習記事》，中譯本，第六卷上，第一號，頁 36。

⑮　《史記》（臺北，鼎文書局，民國七十九年七月），列傳六十八，
　　頁 3223。

⑯ 《臺灣慣習記事》，中譯本，第一卷上，第四號，頁 130。

⑰ 《臺灣慣習記事》，中譯本，第三卷上，第八號，頁 87。

⑱ 《天地會》，㈣，頁 431。

⑲ 《天地會》，㈣，頁 141，陳泮供詞。

⑳ 《天地會》，㈡，頁 205，林家齊供詞。

㉑ 《天地會》，㈣，頁 344，林茂供詞。

㉒ 《天地會》，㈣，頁 398，林爽文供詞。

㉓ 《天地會》，㈣，頁 399。乾隆五十三年三月初三日，陳梅供詞。

㉔ 《天地會》，㈡，頁 370。乾隆五十二年六月二十九日，連清水供
詞。

㉕ 《後漢書》（臺北，鼎文書局，民國七十六年一月），五行志，頁
3285。

㉖ 《天地會》，㈡，頁 370，連清水供詞。

㉗ 《天地會》，㈡，頁 7。

㉘ 《重修臺灣省通志》（南投，臺灣省獻委員會，民國八十三年六
月），卷一，大事志，頁 1900。

㉙ 連橫著《臺灣通史》（南投，臺灣省獻委員會，民國八十一年三
月），卷三三，頁 983。

㉚ 《臺灣通史》，卷二二，宗教志，頁 655。

㉛ 邵雍撰〈臺灣八卦會起義述略〉，《歷史檔案》，一九九〇年，第
四期（北京，歷史檔案雜誌社，一九九〇年十一月），頁 97。

㉜ 《月摺檔》（臺北，國立故宮博物院），同治元年四月二十四日，
閩浙總督慶端奏摺。

㉝ 《臺灣慣習記事》，中譯本，第四卷上，第三號，頁 146。

㉞ 伊能嘉矩撰〈利用迷信的戴萬生之亂〉，《臺灣慣習記事》，中譯
本，第三卷上，第七號，頁 32。

㉟　林豪著《東瀛紀事》，（臺北，臺灣銀行經濟研究室，民國四十六年十二月），頁 53。

㊱　《臺灣慣習記事》，中譯本，第三卷上，第七號，頁 32。

㊲　徐昌翰撰〈論薩滿文化現象－「薩滿教」非教芻議〉，《學習與探索》，一九八七年，第五期〈哈爾濱，黑龍江省社會科學院，一九八七年九月〉，頁 122。

㊳　周錫銀、望潮撰〈試析苯教的徵兆與占卜〉《西藏研究》，一九九一年，第一期（拉薩，西藏社會科學院資料情報所，一九九一年二月），頁 64。

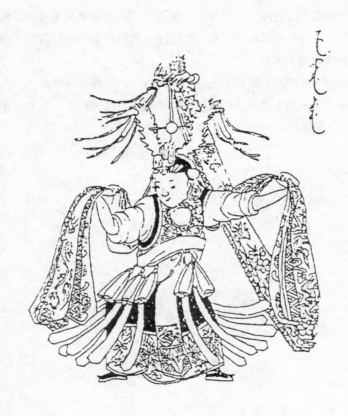

滿族薩滿跳神作法圖

評介宋和平著《尼山薩滿研究》

　　薩滿信仰傳統文化考察，曾被中共列入國家社會科學重點研究項目之一，「《尼山薩滿》研究」一書就是系統研究薩滿文學作品的重要成果。作者宋和平曾在北京中央民族學院研習滿語五年，她進入中國社會科學院少數民族文學研究所工作後，專門研究滿族的薩滿文化。她通曉滿語，具有豐厚的薩滿文化知識的積累，爲薩滿文化資料的搜集、研究和進行田野調查，創造了十分有利的條件。她多次深入東北三省進行薩滿文化田野調查，掌握了大量珍貴材料。她曾整理翻譯多部薩滿神歌，於一九九三年十月出版《滿族薩滿神歌譯注》等書。她對神歌的搜集和譯注，具有搶救文人遺產的性質，也是民族文學與民間文學的科學研究的基礎著述。《尼山薩滿》是一部用滿文記載滿族薩滿傳說，內容古老，情節生動，結構完整。《尼山薩滿》不僅在滿族社會中流傳，而且在赫哲、鄂倫春、索倫、達呼爾、錫伯等北方少數民族中也廣泛流傳。這部作品具有很高的文學性和審美價值，尼山薩滿的形象，被塑造得栩栩如生。宋和平研究《尼山薩滿》多年，查閱了近十種《尼山薩滿》的版本，其中六種是滿文本，掌握了非常豐富的原始材料。一九九八年四月，「《尼山薩滿》研究」一書，由北京社會科學文獻出版社出版，宋和平的學友郎櫻在該書前言中指出「《尼山薩滿》研究」一書是中國大陸目前第一部系統研究《尼山薩滿》的論著，並非溢美之詞。

　　原書共分十篇，附錄海參崴本《尼山薩滿》譯文。作者在第一篇〈引言〉中指出《尼山薩滿》這部古老的滿族傳說，廣泛流

傳於中國北方少數民族之中。傳說中蘊含著大量早期社會的文化
信息，涉及到宗教學、民族學、民俗學、社會學等領域，值得我
們進行深入系統的研究。薩滿文化中的各類神器和神歌更是原始
氏族社會的智慧、技巧和藝術的結晶。有些神器，其淵源很古
老，而且與各個民族的生活習俗、審美、經濟生活、宇宙觀念、
民族歷史等都緊密地聯繫在一起。因此，研究薩滿文化中的各民
族的薩滿神器的淵源、作用、含義、製作、所用原料及演化發展
史，同樣是人類史、民族文化史的重要內容。除通過薩滿神器溝
通各類神靈之外，還有薩滿跳神時所誦唱或祈禱的各類神歌，同
樣也起著溝通和聯繫神靈的作用。各民族的神歌內容都很豐富多
彩，它不僅要按照一定的神歌曲調歌唱，而且要有一定的樂器，
也就是神器來伴奏。神歌的歌唱形式多種多樣，以滿族為例，有
薩滿獨唱，有領唱、合唱，有一問一答的對唱等。神歌的內容更
是豐富，有民族遷移、民族經濟、宗教信仰、審美觀念、宇宙觀
念、民族歷史等等，突出表現了各民族文化內涵及特徵，是研究
各民族文化的珍貴文獻。而且這些薩滿神歌，又是民族原始的詩
歌或是散文詩等文學體裁，所以，它在各民族的文學史中，亦占
有重要的一席之地。《尼山薩滿》確實是滿族文學史中不可多得
的重要歷史文獻和古典文學作品，在滿族文學史上具有相當突出
的地位，作者的論述，是符合歷史事實的。滿語「niša」，是滿
語「重多、著實、結實」的意思。作者在〈引言〉中從語言學角
度，對「尼山薩滿」等詞彙，進行了探究，提出了自己的見解。
作者指出，滿語「niša」因語音和諧律的作用，而變為尼山（nis-
an），重多就是集所有薩滿神術於一身，有具足的神通；著實、
結實是英勇頑強，牢不可破之意。作者探究「尼山」一詞的語音
變化，並未偏離其含義，是可以探信的。「薩滿」一詞，滿語讀

如「saman」，意即巫人，或祝神人，其動詞原形讀如「samašambi」，意即跳神占卜。作者認爲「薩滿」一詞的含義，根據它在滿語中的詞根來看，它應含有「知道」和「跳動」之意，後隨人類文化的發展，其原始意義發生了演化，即引伸和發展爲「先智先覺」和「狂呼亂舞」，或是「激動不安」之意了。「薩滿」含有跳動、激動之意，應屬可信。但是，作者認爲「薩滿」一詞的滿語詞根含有「知道」之意，從而引伸爲「先智先覺」，並且將薩滿的占卜和神通解釋爲先知先覺，則是望文生義，有待商榷。

　　《尼山薩滿》傳說，不僅因爲它有著久遠歷史和豐富的內容，以及流傳民族的衆多，地域的廣泛，吸引著中外衆多滿學者的重視，而且還以它各種寫本或版本的不同內容吸引著學者們。原書作者於第二篇探討《尼山薩滿》版本異同時首先指出《尼山薩滿》傳說，從它所反映歷史內容來看，並非滿族共同體時期所產生，而是其先人女眞人時期的作品。當滿文出現時，此傳說早已流傳於滿族先人的各個居住區。作者認爲用滿文記錄的《尼山薩滿》手抄本，相對來講有一定的穩定性。但是，由於民間文學與作家文學相比，有它所獨有的特性，即創作的集體性，流傳的口頭性等所決定，民間藝人在講述過程中，就是一個人在不同時間裡，講述的內容也不會完全相同，更何況滿族歷史的變遷及地域的不同，更使《尼山薩滿》產生了多種異文。作者指出《尼山薩滿》傳說已有十種不同的滿漢異文流傳於東北三省廣大滿族和其他民族聚居區，其中滿文本六種，即：《海參崴本》、《民族所本》、《齊齊哈爾本》、《璦琿甲本》、《璦琿乙本》、《九二年本》；漢文本四種，即：《一新薩滿》、《女丹薩滿的故事》、《陰陽薩滿》、《寧三薩滿》。這十種文本的《尼山薩

滿》傳說中，出版最早，內容最全面、最爲豐富的是《海參崴本》。作者即以《海參崴本》爲藍本，同其他文本進行比較研究，以探討其內容異同及其發展變化規律。經過比較後，作者指出從前在璦琿地區曾經流傳多種文本的《尼山薩滿》傳說，並斷言用滿文記錄《海參崴本》的《尼山薩滿》的人，是璦琿人，並非海參崴人，而文也不是海參崴地區的人所收藏。《海參崴本》是經過文人加工過的文本，這是其他文本所不及之處，也正是它最早出版問世，引起衆多學者們所關注的原因。《民族所本》是北京中國社會科學院民族研究所藏本的簡稱。相對《海參崴本》而言，《民族所本》的內容都比較簡單，故事情節、人物形象、修詞用語等，較之《海參崴本》都要遜色一些。但是，這並不失其研究價值，因爲《民族所本》是未經過文人加工過，所以它更具有民間文學的語言樸素、內容眞實的特點，也更能反映滿族民族精神面貌。《齊齊哈爾本》、《璦琿甲本》、《璦琿乙本》，都是完整的文本，並非殘本。《璦琿甲本》是一本與《海參崴本》情節內容差異最小的文本，《璦琿乙本》與《海參崴本》內容相差較大。一九九二年俄羅斯聖彼得堡東方學中心刊行的《滿族民間文學》文本，簡稱《九二年本》。，這個文本無論是敘事，還是描寫人物，都有自己的特點，與《民族所本》的內容及表現手法有些相同之處，爲研究《尼山薩滿》傳說增添了新的內容。漢文本《一新薩滿》是赫哲人看了滿文本而口譯的，可以算作《尼山薩滿》文本的異文。《一新薩滿》故事內容完整，描寫具體詳細。這個文本最大特點就是不僅保留了滿族較原始文化內容，而且在一定程度上也保留了赫哲族的文化，是值得民族學、民俗學、宗教等學科所重視的珍貴作品。「寧三」是「尼山」的同音異譯，《寧三薩滿》雖然是殘本，但畢竟是《尼山薩滿》的

異文，可以反映滿族的社會習俗。《女丹薩滿的故事》最突出的
內容，就是文本中反映了滿族歷史上薩滿與喇嘛在多方面的鬥爭
內容，並揭示滿族所以祭祀雕神和薩滿創始人的原因，這些都是
其他文本中所沒有的內容。因此，《女丹薩滿的故事》，其內容
雖然比《海參崴本》等文本簡單，但其研究價值仍不能低估。在
璦琿等地，陰陽薩滿，又作陰間薩滿，或音姜薩滿，《陰陽薩滿
的故事》是《海參崴本》的概要本，內容簡單。作者指出《尼山
薩滿》的十種不同滿漢文的本文，不論是從情節結構，詞語表
達，還是內容等方面，都從不同角度、不同側面，不同的歷史層
次以及深度來表現《尼山薩滿》傳說。這種差異是由於滿族民族
共同體所處的不同歷史層次和生態環境所致，亦以此形成滿族獨
具特點的民間文化內容，在文學史上占有重要位置。作者將各種
文本列表比較，其異同詳略，一目了然。作者指出季永海在
〈《尼山薩滿》的版本及其價值〉文中已對種滿文本的出處闡述
清楚，因此，作者對《尼山薩滿》滿文本的出處「不再贅述」
①。其實，各種文本的發現過程，都反映搶救文化遺產的曲折歷
程，作者有必要在原書作摘要介紹，或將該論文作為附錄，使讀
者了解各種文本出現的時間和地點。

　　原書第三篇「《尼山薩滿》說唱文學考」，作者指出《尼山
薩滿》各種文本的內容，充分表現了它屬於說唱文學的特點，而
其形式主要表現於傳說的神歌部分。神歌是薩滿舉行祭祀時所誦
唱的歌詞，為完成一定的巫術目的，如請神、送神時所誦唱的歌
詞，包括咒語、祝詞及祈禱語等內容。各種文本中的神歌是尼山
薩滿為祈求神靈的幫助和保護而歌唱的各種歌詞，既有一定的曲
調，又有特殊的作用和目的。從總體來看，漢文本的《尼山薩
滿》中神歌較少，《女丹薩滿的故事》、《陰陽薩滿》中都沒有

神歌。《一新薩滿》中雖有念誦咒語的描述，但未記錄神歌內
容。唯有《寧三薩滿》中含有較多神歌誦詞，包括勸說歌、阻止
圍獵歌等。《寧三薩滿》的說唱內容，與滿文本的《尼山薩滿》
有相同之處，就是寧三薩滿和助手跳神時所表現的故事情節一般
是使用歌唱形式。不同之處是在一般的敘述事件，不在薩滿跳神
時也用歌唱的形式，其神歌已失去了它的原始含義。滿文本《尼
山薩滿》中的歌唱內容最多，形式最爲豐富。作者統計各種滿文
本的神歌數目後指出《海參崴本》中共十三段神歌，即：仙人誦
唱歌、占卜歌、赴陰歌、送神歌、招神渡河歌、請神坐鼓渡河
歌、尋魂歌、抓魂歌、勸夫歌、扔夫歌、自由歌、催醒歌、回陽
敘事歌等。《民族所本》有九段神歌，《齊齊哈爾本》有六段神
歌，《璦琿甲本》有十一段神歌，《璦琿乙本》有三段神歌，
《九二年本》有十一段神歌，內含十八種曲調。從各種滿文本
《尼山薩滿》的神歌曲調來看，傳說的大量內容是通過歌唱來表
現的，更有力地證明《尼山薩滿》是民間說唱文學作品。具體來
講，滿文本《尼山薩滿》中，凡是尼山薩滿和助手在跳神時表現
內容和事件，以及仙人的歌唱，都是神歌。作者進一步指出在各
種文本的十八種曲調中，有六種曲調與東北現存滿族民間古老曲
調名稱相近似，包括向神靈祈禱、祭祀的祭祀調；請神、求神的
求神調；交待事情、敘述、請示的火格牙格調；寧安地區流行的
送行調；模仿布谷鳥叫聲的進山調等。在《尼山薩滿》的滿文曲
調裡，旣有滿族民歌調，又有薩滿祭祀調，說明原始神聖的薩滿
祭祀，進入到人類文明社會時期，已由神歌向民歌和說唱文學發
展，神聖性轉向了世俗性。這種民間藝術與宗教文化互相滲透，
又互相區分而發展的文化現象，正是民族文化重要特徵之一。
《尼山薩滿》各種文本中的古代神歌曲調或是民歌曲調，確實爲

研究滿族原始藝術的起源、作用及發展變化規律提供了寶貴的原始資料。作者原書裡從語言學的角度探究滿文本神歌曲調的原始意義，這是很有意義的工作。但是，歷代以來，活躍於東北的民族，並不限於女眞族。由於女眞族的遷徙及其與周邊民族的接觸，以致女眞語中吸收了頗多的借詞，從滿語工具書中尋找出與神歌曲調相對應的詞彙，確實不容易，以滿語詞根的雷同來判斷曲調產生及其含義的嘗試，有它的局限性。

原書第四篇「《尼山薩滿》的歷史性質」。作者認爲薩滿教的產生，最早可以追溯到人類社會的母系氏族社會的早期。《尼山薩滿》傳說的產生最早是原始社會的中期。《尼山薩滿》滿漢文本就是以原始宗教形態的薩滿教爲主要內容，廣泛展現滿族社會生活，思想意識的民間文學作品。《尼山薩滿》傳說所反映的歷史內容及歷史性質，都受到重視。作者認爲《尼山薩滿》傳說反映的就是原始社會的內容，包括滿族原始經濟生活，即圍獵經濟；原始社會崇尚射箭技術的思想；原始古老薩滿赴陰神術；原始氏族部落的神靈崇拜。質言之，無論是尼山薩滿神術的被歌頌，還是傳說所反映的滿族經濟生活以及薩滿文化中神靈崇拜等內容，《尼山薩滿》傳說反映了大量的、深刻的滿族原始社會的內容，對於研究滿族經濟與文化，都是極珍貴的資料。作者也認爲《尼山薩滿》傳說從遠古時代，流傳至清代，必有階級社會的私有財產以及商品觀念的反映。具體地說，尼山已是帶有以薩滿爲職業，索取金錢爲目，商品意識較強的薩滿了。金錢財物及人際關係的觀念，同樣表現在神靈之中，尼山薩滿過陰沿途都是用金錢換來她在陰間暢行無阻，作者認爲這裡的金錢關係、私有觀念已表現得很突出，正是階級社會的特點。《尼山薩滿》傳說在反映滿族原始圍獵經濟生活的同時，還反映了滿族進入階級社會

以後的經濟狀況，文本中描述社會財富的豐富，作者認為「已是
當今階級的經濟狀況了」。《尼山薩滿》傳說中有員外、太太、
奴才、丫環等階級社會的稱呼，陰間各種刑罰，作者也認為都是
階級社會的產物，反映了階級社會的人際關係。總之，作者認為
《尼山薩滿》傳說所反映的內容深遠、豐富，歷史層次多樣，沉
積文化內容廣泛，既有原始古樸的文化內容，也有大量後來加上
去的滿族階級社會的內容。誠然，薩滿信仰是屬於歷史的範疇，
有其形成、發展的過程，以歷史文化觀點分析薩滿信仰的特點，
是有意義的。作者在分析《尼山薩滿》傳說的歷史性質時，倘若
能對薩滿信仰進行歷史考察，將女眞族或滿族民族共同體在不同
歷史時期的文化特色加以分析，作者的論述，或許更具說服力。
薩滿信仰的內容含有儒釋道的思想，薩滿文化有其複雜性，都是
不容忽視的事實。《尼山薩滿》傳說究竟能否反映階級社會的面
貌？傳說中不屬於原始古樸的文化內容，是否滿族進入階級社會
後的產物？都有待商榷。

　　《尼山薩滿》傳說的各種文本，除了反映北亞或東北亞的文
化特色以外，由於故事情節的曲折，描繪生動，其藝術成就及語
言特色，都受到重視。原書第五篇「《尼山薩滿》的文學藝術成
就和在文學史上的地位」，作者指出《尼山薩滿》故事情節的展
開，是按照故事發生時間的先後順序記述的，這種單純結構形
式，能使讀者感到脈絡清晰、明快，容易被接受和記憶③。《尼
山薩滿》各種文本獨具的表現法，也受到重視。民間藝術家運用
奇妙的幻想、精巧的構思鋪敘了故事，使其具有神秘的神話色
彩，同時輔以誇張、渲染和偶然巧合等手法，使故事情節的發展
曲折有變化。在敘述故事，展現情節方面，還採用情節重複的手
法來表現傳說內容的重要性，以加深讀者的印象。就民間滿文本

的文學作品而言，《尼山薩滿》傳說，確實有獨到之處，也達到
了較高的藝術成就。各種文本中的語言技巧和語言特色，也值得
重視。《尼山薩滿》各種文本所用語言樸素而優美，生動、簡
練、明白，富有幽默感，爲故事增添了新的風趣。各種文本也使
用形象、自然貼切的比喻語言，使故事內容增添了親切、眞實
感。使用排比法的句式，更是《尼山薩滿》傳說中的一種修辭特
色，它不僅使文本句型以及全篇的結構緊湊，層次分明，並起強
調作用，而增添了藝術魅力，《尼山薩滿》各種文本的語言，確
實具有滿族民間文學作品的特色。其中滿文本《尼山薩滿》是用
滿文記錄下來的多種手抄本，也是研究滿語方言土語的重要料。
至於《尼山薩滿》傳說的總體特性，學術界眾說紛紜，有的說它
是「肅愼時期的薩滿神話」；有的說它是「長篇敘事詩」；有的
說它是滿族「史詩」。作者指出《尼山薩滿》是具有神話內容和
史詩性質的滿族古典傳說，內容古樸，色彩豐富，是研究民族歷
史、宗教、民俗語言、原始藝術的珍貴資料，具有民族文化「百
科全書」的價值，而使它在滿族文學以及中華民族文學史上占有
一席之地。作者對《尼山薩滿》的文學藝術成就及其在文學史上
的地位，都作了詳盡的論述。神歌是另一種文學藝術形式，不論
是它的語言修辭，還是句式的結構，或是它的故事內等，都有它
自己的獨特藝術風格。在《尼山薩滿》十種不同文本中有七種文
本含有神歌，作者對各種文本所含神歌的文學性進行了探討。但
就全書章節或篇名安排而言，可將本篇神歌文學性的探討併入第
三節「《尼山薩滿》說唱文學考」，一方面有連慣性，一方面也
可避免重複。

　　薩滿信仰是阿爾泰語系各民族的共同文化特色，不研究薩滿
信仰，就不可能深入地理解他們的文化。對《尼山薩滿》各種文

本的搜集和分析，有助於理解薩滿文化的內容及其性質。原書第六篇「《尼山薩滿》與薩滿文化」，作者指出，跳神是薩滿文化中的核心部分，包括跳家神和大神兩種。大神又叫野神，尼山薩滿所跳之神，是典型的滿族薩滿文化中的大神，其舞蹈形式主要為模擬式、表演式和混合式。從《尼山薩滿》文本中尼山薩滿的裝束和祭祀儀規來看，也是典型大神祭祀。承擔跳家神的家薩滿扎哩（jari）充當，他除了在跳神中祀禱、誦唱之外，他也是在跳神中輔助主薩滿完成跳神動作的助手。大薩滿除了為人們治病、求平安、豐收、除邪以外，還要為亡人送魂，由薩滿把亡魂送往陰間。薩滿治病時，也要赴陰尋找壽限未到的魂靈，帶回陽間，使他附體還陽。這些情節都充分證明陰間之說是薩滿文化的原始內容。滿族陰間世界也像其他民族一樣，陰間是陽間世界在另一空間的人類生活、生存所需條件、生態環境的反映。《尼山薩滿》傳說中也反映滿族靈魂崇拜的內容，首先是滿族始祖母女神臥莫西媽媽（omosi mama），意即子孫們的祖母，扮演了生育神、保護神、命運神的職能。將臥莫西媽媽作為子孫娘娘，或是子孫們祖母的同義詞，是滿族薩滿文化史上較晚期的一種崇拜儀式。除了始祖母神外，還有家內祭祀的神主倭車庫（weceku）。從傳說內容得知每當尼山薩滿準備完成她走陰每項任務和克服途中的種種困難時，都是乞求倭車庫降臨並幫助她，這就說明倭車庫神主起了保護和幫助尼山薩滿的作用。此外，還有鳥神、蛇神、虎神、熊神、雕鳥、鷹神等等神靈的崇拜，各顯神威，幫助和保護著尼山薩滿赴陰任務的完成。姑且不論陰間冥府之說是否為佛教或巫覡信仰的內容，但《尼山薩滿》各種文本所描繪的陰曹地府黑暗、陰森、惡劣的景象，應當不是滿族薩滿文化的原始內容，而是較晚期的內容。在早期薩滿信仰的傳承

中，亡魂聚集的地界，雖然有統轄王及其助手，但閻羅王、牛頭馬面、無常惡鬼等等，並不是原始薩滿信仰天穹觀念中下界的統治者，而是從佛教、道教等宗教信仰移植而來。晚期薩滿信仰由於受到佛教、道教地獄閻王殿等說法的影響，亡魂所到的冥府，是黑霧朦朧的酆都城，要接受嚴厲的審判和種種酷刑的懲罰，尼山薩滿過陰後所見到的景象，已經距離原始古老薩滿信仰的觀念很遠了。亡魂的生前死後，具有濃厚的因果報應觀念，善惡分明。各種冥府的故事中，告誡世人的神諭，雖然有不少的內容是反映草原族群的道德規範對人們的要求。但是故事中接受懲罰的亡魂，以婦女所占比率爲較高，多因違悖儒家生活規範而被處以種種酷刑，的確反映了薩滿文化受到儒家思想很大的影響②。作者也指出臥莫西媽媽眞正有意義有古老含義的應是「佛哩佛多臥莫西媽媽伸」（furi fodo omosi mama enduri），她眞正反映了滿族先人以柳葉、子孫繩、口袋「三位一體」的，組成了統一的意義深刻的始祖母女神的崇拜含義③。句中「三爲一體」，源自西文「Trinity」，漢譯當作「三位一體」，即基督教徒所謂聖父、聖子及聖靈的共同神性，三者雖殊其位，但在本質上融合爲一。

　　《尼山薩滿》傳說，不僅反映了同一宗教在不同歷史時期的不同內容，而且還反映了不同種類的宗教文化。原書第七篇「《尼山薩滿》與其他宗教文化」，作者對《尼山薩滿》傳說中所反映的釋、道、儒三教文化進行剖析，探討其內容概貌。《尼山薩滿》文本中所記述的陰間刑罰與中國佛教文學中的釋迦牟尼弟子目連入地獄救母時所見所聞，頗爲相似，個別情節甚至相同。因此，可以說《尼山薩滿》傳說中的陰間刑罰是受中國佛教文化影響而形成的內容。佛教文化中善惡因果報應和輪迴轉生說，《尼山薩滿》文本也把它具體化，生動地反映了人們生前行

善與爲惡的不同。《尼山薩滿》傳說中反映佛教文化的內容固然
較多，但同時也反映了道教文化的內容。中國土生土長的道教，
原從古代巫覡信仰發展而來。薩滿信仰本來也是以萬物有靈爲思
想基礎的原始宗教信仰，與道教文化也有密切的關係。在《尼山
薩滿》滿文本中的老者，從其形象和作用來看，他正是道教文化
中神通廣大奇形怪狀的游仙。這位老者在《璦琿甲本》中明確使
用滿文字母拼寫成的「道士」，充分說明道教中的宗教職業者道
士，在滿族人民心目中具有深刻的印記。滿族的始祖母女神臥莫
西媽媽在住處仙界，正是道教信徒們所嚮往的最好環境，是道士
們進行修煉的人間仙境。在滿族民間，也爲臥莫西媽媽設立子孫
娘娘廟而祭祀，以求多子多孫和保護嬰兒健康。因此，從傳說中
臥莫西媽媽的住地、名稱和職能來看，都表現了道教文化的內
容。在《尼山薩滿》異文中，還直接出現了道教文化信奉的神
靈，如《璦琿乙本》中有東岳大帝、天上玉帝等等，更明顯地反
映了道教文化的內容。釋、道以外，《尼山薩滿》傳說也大量反
映了儒家的思想內容，包括：尊師重讀、孝道觀念的提倡。同
時，也反映了宿命論及儒教文化中的禮義道德標準。作者指出滿
族《尼山薩滿》傳說，就是以薩滿教爲主要內容，同時融入釋、
道、儒教文化，而使傳說形成統一而完整的藝術形式。原書第六
篇「《尼山薩滿》與薩滿文化」、第七篇「《尼山薩滿》與其他
宗教文化」，都是探討文化問題，其實可以合併，既可避免重
複，又可將各種文化互相比較，並對薩滿文化的性質，進行深入
的分析。薩滿信仰是一種複雜的文化現象，它既含有原始宗教的
成分，又包含大量非宗教的成分，分析薩滿信仰的文化特質，確
實是有意義的。

　　原書第八篇「《尼山薩滿》與滿族民俗」，作者指出《尼山

薩滿》傳說具體反映了滿族騎射、婚姻、喪葬等習俗。滿族在歷史上以弓箭為核心，很有特色地體現了滿族尚武精神的弓箭文化。其箭射技術與騎馬技術緊緊結合，形成了騎射習俗，又與薩滿信仰融合為一體。這種社會習俗在《尼山薩滿》傳說中得到充分表現，如狩獵的準備、場地，狩獵方式、目的等等內容，都有詳細、具體的描寫，反映了滿族歷史上擅長騎射的尚武精神。圍繞著騎射以及所使用工具，形成了滿族歷史上經濟、文化、信仰以及軍事方面的獨具民族特色的社會習俗。薩滿傳說各種文本中反映喪葬習俗的內容，廣泛而豐富，明顯地表現出外來文化的影響。其中哭喪習俗在眾多傳說文本中都有表現，在《民族所本》、《海參崴本》、《寧三薩滿》等文本中，不僅有悲痛萬分情節的描述，還有專門哭喪歌，這些哭喪歌在傳說中都有一定的曲調哭訴。傳說中也反映了陪靈哭靈的習俗。為亡者準備的隨葬品和喪葬儀式，也是眾多《尼山薩滿》文本中突出反映的內容，首先是為亡者穿戴新壽衣，還要用新床版。祭品和隨葬品中，除了金銀錁子是焚燒，表示為亡者靈魂帶往陰間去了，馬匹則是過火，其祭祀飲食物品，亦盡焚化，就是女真人的燒飯習俗。從清朝政府三令五申地禁止滿族民間喪葬儀式中亂殺牲畜的陋習來看，可以說明《尼山薩滿》所反映滿族歷史上喪葬習俗的重要社會意義，是有它的真實性。在《民族所本》中有描述滿族婚嫁習俗的內容，訂婚時要由男方送財禮，而且由男方的父母帶著男孩親自前往女方家送禮。接新娘時，新郎要親自前往女方家迎接，女方父母送行，拜堂成親，擇吉舉行婚禮時，也有大擺宴席之俗。《九二年本》所反映的滿族婚俗，其最大特點是在婚禮中有尼山薩滿與助手扎哩的合唱喜歌的表演。這兩種文本為研究滿族婚俗提供了可貴資料，尤其是婚禮中的唱喜歌之俗，在滿族普遍

流行。《尼山薩滿》傳說也反映了滿族婦女的髮式之俗，《海參崴本》等傳說描述尼山薩滿在陰間裡遇見了兩位已婚的婦女，都梳著「高高的髮髻」，這正是滿族已婚婦女髮式之俗。此外，除了反映用大醬敬神的習俗外，《尼山薩滿》文本中還反映了在其他滿族民間文學作品中未發現的滿族歷史上用犬敬神之俗。用犬敬神是歷史上存在過的事實，《三朝北盟會編》所載「病則巫者殺豬狗以禳之」④，說明女眞時期的薩滿祭祀時不僅用豬，而且還用犬敬神。《尼山薩滿》文本就是目前記載滿族這一習俗的唯一的民間資料，其珍貴性不言而喻。作者在探討滿族民俗時，並未忽視其他民族的文化對滿族的影響。作者指出滿族從原始社會發展到文明社會，不僅改變了經濟生活方式，也吸收了其他民族的經濟生活方式，同時習俗、文化也發生了很大變化，吸收了其他民族的文化，其中主要是漢族⑤，作者的論述是客觀的。

靈魂觀念也像人類社會的其他文化現象一樣，有著明顯的民族屬性。原書第九篇「《尼山薩滿》與滿族靈魂觀念」，作者根據《尼山薩滿》傳說中所反映的滿族靈魂觀念，探討其性質、名稱及形態等問題。薩滿文化的靈魂觀念及其作用在《尼山薩滿》傳說的各種文本中都有詳細、具體的反映。靈魂一詞的滿語規範化書面語爲「法揚阿」（fayangga），如《海參崴本》記述占卜神祠中提及因爲員外之子在南山上打殺了許多野獸，伊爾蒙汗聽說後派了一個惡鬼抓走了他的靈魂，把他帶走了，於是員外之子就死亡了。《齊齊哈爾本》記述尼山薩滿占卜說：「是呼木魯鬼抓走了你們主人的靈魂。」這說明了「法揚阿」離開了員外之子的軀體而去了另一個世界。這個「法揚阿」是使一個人的肉體有活力，能呼吸，關係到一個人生命的靈魂，所以，它應是滿族靈魂觀念中的生命魂。《尼山薩滿》傳說中還出現了另外一種性質

的靈魂，那就是尼山薩滿昏迷赴陰後，有一靈魂離身而去，其身已失去知覺，這種靈魂離身是暫時的離去，當靈魂完成任務後，即刻回到自己的體內，這種靈魂如同人們在睡夢中的靈魂暫時離開身體，游歷他鄉一樣，作者認為這就是三魂之一的游離魂。尼山薩滿丈夫的靈魂是另一種靈魂，尼山薩滿為了要擺脫丈夫的糾纏，尼山薩滿就將她丈夫的真魂扔進酆都城，永遠不能轉生為人，這個真魂就是準備再投胎轉生到人世間的轉生魂。從原始人類的靈魂觀念來看，作者認為有三個特點，即：面貌、性情、能力與活人的相像性，形體大小的可縮性和輕如羽毛的飛行性，在薩滿信仰三魂觀念中，都存在。原始人類認為靈魂既然能離開軀體，也能回到軀體內。在原始人類看來，只要有靈魂，即使人死了，只要有人尋找到靈魂，放回身體內，人就可以復活，《尼山薩滿》文本的產生，便是基於這種觀念。作者將死而復生的類型歸納成四種方式：一是靈魂直接變化而復生；二是陰間取魂復生；三是服用仙丹、妙藥而復生；四是靈魂修煉而復生，前兩種是原始形態，後兩種則是受到道教文化的影響，人為的因素逐漸增加，是人類文明社會的思想觀念形態。作者指出《尼山薩滿》傳說中，死而復生的方式和靈魂觀念，都是原始形態，因此，傳說反映了大量原始文化內容。原書引秋浦主編《薩滿教研究》謂赫哲族認為人有三個靈魂，第一個靈魂叫「干榮」，人和動物都有，這個靈魂如果離開人的軀體，人的生命就終結，這是生命魂。第二個靈魂叫「哈尼」，人在睡覺時，它能暫時離開人的身體，在外界游離並與別的靈魂打交道，這是游離魂。第三個靈魂叫「費揚庫」，是專管轉生投胎的魂，這是轉生魂⑥。其實，國內學術界較早討論赫哲族三個靈魂說法的是凌純聲著《松花江下游的赫哲族》一書，《薩滿教研究》三魂說就是引自《松花江下

游的赫哲族》，宋和平女士輾轉引述，以致與原意頗有出入。為
了便於比較，節錄《松花江下游的赫哲族》相關原文一段內容如
下：

> 他們以為人有三個靈魂：第一個靈魂叫做「oron」，人與
> 動物都有，在人死以後，此靈魂立即離開肉體。換句話
> 說，即「生命的靈魂」。他與人的生命同始終，他是創造
> 生命的神所賦與的。第二個雲魂叫做「hani」，他能暫時
> 離開肉體，並且能到遠的地方去。人在睡覺的時候，即是
> 這靈魂的離開，他能到別的地方，能和別的靈魂或神發生
> 關係，好像人在醒的時候的思想，所以有人給他一個名
> 詞，叫做「思想的靈魂」。第三個靈魂名為「fajāku」，
> 他有創造來生的能力，他是管轉生的神所賦與的，可以叫
> 他「轉生的靈魂」。在人死之後，他立刻離開肉體⑦。

　　引文中「oron」，漢譯作「鄂倫」，意即生命的靈魂，一作
「干榮」。「hani」，漢譯作「哈尼」，是思想的靈魂，不作游
離魂。「fajāku」，漢譯作「法扎庫」，是轉生的靈魂，不作
「費揚庫」。作者認為滿族薩滿信仰的三魂之說，在眾多滿族的
神話、傳說等等民間文學中很少記載，雖《尼山薩滿》傳說中最
全面，具體和詳細，這是傳說的又一研究價值所在。但是，滿族
的靈魂觀念，是否如同赫哲族也分為三種，仍待商榷。

　　《尼山薩滿》傳說大多數版本中，尼山薩滿都被處以死罪。
原書第十篇「尼山薩滿之死淺析」，作者指出《尼山薩滿》文本
以生動曲折的情節，描寫了一位神通廣大的女薩滿去陰間奪魂救
人的故事，充分歌頌了故事中女主人公尼山薩滿。為什麼《尼山
薩滿》既要歌頌主人公，又要將她處以死罪呢？作者將傳說中所
指出的直接原因歸納為三種解釋：一、喇嘛陷害；二、陰間損

德；三、發配致死。作者認爲尼山薩滿之死，除直接原因之外，還有其更深刻的社會歷史原因。傳說中有兩處內容與尼山薩滿之死有直接關係，可以說這是尼山薩滿被處死罪的眞正原因。一是在陰間時，尼山薩滿的丈夫指責她說：「如果你不把我救回陽間，我就把從前和今天的仇恨一起報，趁此機會報兩次仇」。當尼山薩滿的婆婆得知她把自己的兒子扔進了酆都城後，說：「你再一次殺了你的丈夫。」作者認爲這個「再一次」清楚地告訴我們，尼山薩滿除在陰間扼殺了她丈夫的轉生靈魂外，還曾在陽間殺害過自己的丈夫。根據作者的分析後肯定地說：「尼山薩滿被處死的眞正原因是她在陽間殺死了丈夫。」尼山薩滿的殺夫行爲是在什麼樣社會中發生的呢？作者也肯定地說：「它不可能發生在階級社會，因爲在階級社會裡被奴役、被統治的是婦女，如果發生了這種事，絕不可能進入群衆喜聞樂見的民間文學作品中並加以歌頌，《尼山薩滿》傳說本身也就不存在了。爲此，該故事只能發生在原始社會，並且是在氏族社會的第一階段，即母系氏族公社階段。」⑧但是，所謂「再一次殺了你的丈夫」，是指二度傷害，以此論斷尼山薩滿有殺夫的罪行，純屬臆測。作者認爲殺夫行爲不可能發生在所謂的「階級社會」，只能發生在所謂的「原始社會母系氏族公社階段」，更是武斷。滿族社會的薩滿信仰，原本盛行於民間，官方對師巫邪術及薩滿跳神治病，是採取禁止的態度。《清太宗文皇帝實錄》記載崇德七年（1642）十月間多羅安平貝勒杜度生病時，薩滿金古太使用交感巫術，剪紙人九對爲替身，在北斗星下焚燒掩埋，嫁禍於替身，以禳解災病。皇太極降旨將薩滿金古太處斬⑨。皇太極認爲薩滿跳神治病，害人不淺，因此，下令永不許與人家跳神拿邪，妄言禍福，蠱惑人心，若不遵者殺之。《尼山薩滿》傳說中安排尼山薩滿被處死的

情節，是具有社會教育的意義。作者分析尼山薩滿的死因時，作了過度的發揮，並不客觀。作者認爲古老的《尼山薩滿》傳說，爲我們研究滿族社會發展史，提供了第一手資料，作者顯然地忽略了《尼山薩滿》各種文本對探討滿族社會發展史的侷限性。

　　探討薩滿信仰，現存滿漢文的各種文本，都有一定的參考價值。原書選錄海參崴本《尼山薩滿》譯文，譯文頗爲生動流暢，提供了珍貴的資料。但原書各篇引文與譯文中，部分神詞音譯，並未統一，如「色爾古代・費揚古」，原書頁一三一引文作「塞爾古岱・費揚古」；「埃庫勒也庫勒」，原書頁一四三引文作「艾庫勒也庫勒」；「巴爾杜・巴顏」，原書頁一七作「巴爾杜・巴彥」等等，都是同音異譯，並不一致。原書只附錄譯漢文字，並未附錄海參崴本《尼山薩滿》滿文本的原文，以致無從核對漢譯本，是美中不足之處。

【註　釋】

① 宋和平：「《尼山薩滿》研究」（北京：社會科學文獻出版社，一九九八年四月），頁 15。

② 莊吉發：《薩滿信仰的歷史考察》（臺北：文史哲出版社，民國八十五年二月），頁 83。

③ 宋和平：「《尼山薩滿》研究」，頁 193。

④ 徐夢莘：《三朝北盟會編》，《欽定四庫全書》（臺北，灣商務印書館，民國七十五年三月），第三五〇冊，頁 23。

⑤ 「《尼山薩滿》研究」，頁 222。

⑥ 「《尼山薩滿》研究」，頁 237。

⑦ 凌純聲：《松花江下游的赫哲族》（南京：國立中央研究院，民國二十三年），頁 102。

⑧ 「《尼山薩滿》研究」，頁 256。

⑨ 《清太宗文皇帝實錄》，初纂本（臺北：國立故宮博物院），卷三
　　九，頁 58。

天地起列根本　扶朱家天下

起祖長房姓蔡名興字德忠他是福建漳州府漳浦縣人氏鎮守東

營用是青色旗洪字號

二房祖姓方名榮字大洪他是福建延平府南平縣人氏鎮守南

營用是黃旗洛字號

三房祖姓吳名全字天成他是福建福州府古田縣人氏鎮守帶領

二位將軍鎮守西北二營一個姓蔡名威字定國為左將軍一

個姓方名勇字鎮國為右將軍　中營軍師官姓張名

楊正才抄天地會文件首幅

評介胡珠生著《清代洪門史》

書名：清代洪門史

作者：胡珠生

出版地點：瀋陽　遼寧人民出版社

出版時間：一九九六年五月

字數：約四十三萬七千餘字

　　胡珠生，一九二七年生，浙江省溫州市人。一九五二年，畢業於北京大學歷史學系。曾任溫州市文物處副研究館員，現爲中共會黨史研究會理事，溫州市歷史學會副會長。先後在《歷史研究》、《歷史學》、《清史論叢》等刊物上發表過〈漢代奴隸制說的根本缺陷在哪裡？〉、〈青幫史初探〉、〈天地會起源初探〉、〈正氣會及其會序三題〉、〈自立會歷史新探〉、〈洪門會書的縮合研究〉等重要論文多篇。已出版專著有《陳虯集》、《宋恕集》等。早在一九五一年，胡珠生已開始「哥老會之源流及其反清鬥爭史」課題的探討。一九六○年底初步完成五萬字的《哥老會史略稿》。文革開始後，中輟了十多年，直到一九七八年才在業餘重理舊業，整理藏稿。一九九○年，胡珠生向中共社科基金會提出《清代洪門史》的立項申請。一九九六年五月，由瀋陽遼寧人民出版社正式出版，全書除緒論外，共分十四章，約四十三萬七千餘字，實現了四十三年的宿願。

　　作者在原書緒論中對使用名稱、研究對象、洪門歷史概況、清廷對洪門歷史的查究、西方學者及殖民當局對洪門歷史的查究、晚清改良派和革命派人士對洪門歷史的研究、民初以來學者

和會黨人士對洪門歷史的探討，一九四九年以後的洪門歷史研究，都作了概要的敘述。作者開宗明義就說天地會又名洪門，天地會是原始會書規定的本名，洪門是成員之間的內稱。作者也將會黨分爲洪門系統的會黨和非洪門系統的會黨，洪門會黨從清初開始，按照原始會書傳下來的原則發展組織，以反清復明爲宗旨，採用桃園結義模式，借用朱洪武名義，從「洪」字本義和字形出發，構造對句、口白、手語等作爲聯絡手段。至於非洪門系統的會黨，雖具有歃血結盟的形式，因組織上沒有會書作爲依據，在宗旨、性質、編制和聯絡上就完全不同，把非洪門系統的會黨混同洪門會黨來對待也不恰當①。十九世紀初葉以來，陸續發現了各種形式的會書，又經輾轉傳抄，旣多牴牾，又有異文。各書所述天地會結會緣起，或詳或略，畢竟神話成分居多，以晚出的會書推論天地會的起源，旣多疏誤，亦缺乏說服力。作者以會書爲依據，將會黨劃分爲洪門系統的會黨和非洪門系統的會黨，過於強調政治意識和民族思想，忽視各會黨從早期到後期的轉變，而以二分法將性質複雜的各類會黨勉強的分類，過於籠統。作者認爲中國大陸解放以後，臺灣的洪門組織和港、澳一樣都「惡性發展爲衆所周知的黑社會組織，嚴重地危害了當今社會的安全。」②作者將幫派黑社會與洪門混爲一談，顯然是對臺灣洪門的誤解，與事實不合。

原書第一章〈洪門史研究成果剖析〉，作者對乾隆中葉說和清初說的貢獻及存在問題，都作了剖析，對洪門研究的出路，也指出了方向。近年以來，關於天地會起源問題的討論焦點，主要集中在乾隆中葉說和清初說兩大派。乾隆中葉說揭發了清初說的疏誤，清初說也揭發了乾隆中葉說的疵病。作者指出乾隆中葉說首先利用第一歷史檔案館的資料，把洪門史研究轉到以檔案史實

爲基礎的軌道上，使洪門史研究擺脫主觀猜測，對洪門史作了比較全面而有系統地研究，建立了理論體系，塡補了洪門史研究的空白。但是，作者也指出乾隆中葉說存在的問題也不少，包括運用史料不夠審愼，重要論斷經不起史實的考驗，理論體系存在致命缺陷。清初說在洪門史上的共同貢獻，作者歸納爲五點：一是不爲官方舊說所限，從洪門反清復明傳統的歷史背景出發，堅信天地會起源於清初；二是試圖依據洪門本身文獻來研究起源歷史，在搜集、整理和解釋會書等方面做了許多工作；三是臺灣學者利用故宮博物院的清代檔案，全面而有系統地研究了天地會的源流，從清初至清末，發表了許多罕見的可貴資料；四是在塡補起源史空白方面做出重大建樹；五是在和乾隆說辯難過程中曾訂正對方疏誤。清初說不同於乾隆中葉說之處，主要在史實上不斷尋找新證，以克服困難。但是，清初說彼此看法，旣多差異，所依據的又都是傳說資料，難以取信於世。作者分析洪門起源問題至今爭論不休，難以取得統一意見，其關鍵有二：一是受到原始資料的限制；二是受到研究方法的局限。作者以研究對象爲例，天地會、會黨和秘密結社三者的內涵和外延並不相同，秘密結社包括會黨和教門，會黨包括天地會即洪門系統和非天地會系統二類組織。因此，研究天地會必須對天地會的本質特點作出應有的規定，才能藉以區別其他會黨。但是，從現有的論著來看，尙未見對研究對象作出針對性的科學規定，以屬代種者有之，洪門會黨和非洪門會黨混在一起者有之，概念本身尙未搞清楚，科學的研究也就難以展開。作者認爲秘密結社包括會黨和教門，是可以採信的，秘密結社和秘密社會含義相同。會黨分爲天地會系統和非天地會系統，大致可以說得通，例如閩粤天地會系統和川楚哥老會系統的各類會黨，在組織、性質方面不盡相同。但是，洪門

系統是否等於閩粵天地會系統，究竟不免又有爭論。民國十年
（1921）六月，孫中山在廣州中國國民黨特設辦事處演講時曾經
指出，「明末清初底時候，有些明朝遺老，組織天地會，又叫做
洪門會。這個會散佈在我們南方各省的叫做三點會，散佈在長江
一帶的又叫做哥老會。他們的宗旨，是在反滿復明，光復漢族，
本來也是一個革命黨。」③革命黨注意到哥老會，以哥老會爲洪
門系統的會黨。但是，當哥老會初創時，把它列入天地會系統，
究竟不妥。作者對洪門史研究的出路，提出了重要的看法。作者
指出，爲了避免再走歪路，必須接受歷史教訓：在資料方面必須
多方搜求，官方檔案資料必須把重點轉到乾隆中葉以前，洪門本
身文獻必須把重點轉到陸續發現的較原始本子，還應根據現有線
索在閩南漳泉一帶實地調查訪問，搜集文物古跡和地方文獻，才
能有效地克服薄弱環節；在研究方面必須遵循辯正唯物主義和歷
史唯物主義的基本原理，透過現象掌握本質，結合會書的特定文
字剖析它的時代背景，對比不同層次的供詞，去僞存眞，以明事
實。不僅要究明洪門組織形式、發展、壯大以至轉化、消解的規
律，而且還要多方面研究洪門組織的具體模式、傳播方式和歷史
功過。只有這樣，洪門史的研究才會走上科學的道路。姑且不論
唯物主義對洪門史研究是否足以克服薄弱環節，然而作者所秉持
的客觀態度是值得肯定的。

　　會書，又稱會簿，或稱秘書，是天地會或添弟會等會黨傳會
的工具，嘉慶中葉以來，輾轉傳抄，經官方多次查獲咨送軍機處
銷燬的秘書，卷帙頗多。此外，民間流傳者，亦陸續發表。原書
第二章〈洪門會書的綜合研究〉，指出會書是洪門成立後用以發
展組織、聯繫內部人員的基本依據，也是區別非洪門會黨的首要
標誌，在會黨內部具有無比重要的地位，是認識洪門歷史的鑰

匙。原書對洪門會首和會書的密切關係、洪門會名和會書的密切
關係、洪門組織和會書的密切關係、會書的因襲和變異、現存會
書的原始程度、原始會書的作者、宗旨和構思、原始會書產生的
時代背景、會書的文化淵源和思想體系等等都作了全面的討論。
持有會簿，即可傳會，可充師傅，但會中大哥是經過推舉的方式
產生的。原書作者認爲「師傅物色大哥」，亦以會書爲先決條
件，似有待商榷。作者認爲父母會是天地會的變名，又稱三點
會。此外，還有和義會、仁義會、忠義會、桃園會、在園會、關
帝會、洪蓮會、添弟會、平頭會、哥老會、哥弟會、江湖會、鐵
鞭會、小刀會、雙刀會、拜香會、紅錢會、洪錢會、白扇會、明
燈會等等，作者認爲這些會黨大都可以從會書中找到根據，此即
洪門會黨和非洪門會黨區別的標誌之一。根據各種不同的會書，
將不同系統的會黨，忽視個別會黨出現的時間、地點而雜湊成
篇，不夠嚴謹。雍正年間，臺灣諸羅縣取締的父母會，是否爲天
地會變名，有待商榷，華北地區查禁的在園會則是一種教門。原
書所列會黨，其性質固然不同，而且大都不具民族思想或政治意
識。作者指出洪門會書從清初開始出現以後就是通過傳抄形式流
傳下來的，是認識洪門歷史的鑰匙，是打開洪門歷史奧秘的最可
靠的突破口。作者列舉各種會書，詳細分析，有助於了解各種會
書的形成過程。作者介紹默寫抄本時述及會員傅添才根據記憶口
述，楊正才照抄，因傅添才不能多記，以致抄寫不全。其實，臺
北故宮博物院典藏《軍機處檔‧月摺包》內含有楊正才偷抄本，
可稱爲「楊正才抄本」。楊正才是貴州平越直隸州湄潭縣人，載
縣冊名作「楊茂志」。嘉慶十六年（1811），楊正才到雲南寶寧
縣琅函所屬坡門地方訓蒙。廣西南寧府陸安縣人黃鳳朝，寄居雲
南寶寧縣屬麻賴地方，相距坡門約四里。嘉慶十七年（1812）三

月初四日夜間，黃鳳朝等聚集七十六人造臺拜會。嘉慶二十一年（1816）四月十七日，會內小頭目吳紹益的母親生辰，邀請楊正才前往吃酒，衆人勸楊正才加入天地會，楊正才未應允。同年十月初六日，楊正才因見貴州遵義府人謝二在黃鳳朝家做工，用錢四千八百文買囑謝二偷出會書一本，計八十餘頁，楊正才攜至學堂抄寫未完，被會員徐萬壽看見，把抄本搶去數編，頭尾尚完整。十月初十日夜間，楊正才攜帶會書返回湄潭。後來入京呈告在湖南沅陵縣清浪地方被兵役盤獲。「楊正才抄本」所述天地會五房祖內容，較姚大羔藏本的記載更爲詳細，內容頗有出入，其旗色及方位也不同④，可補其他會簿的不足。作者比較各種會書後指出姚大羔本是現存會書中入藏下限最早的一本，也是最原始的會書。但是，作者依據嘉慶年間的會書推論洪門會書從清初就開始出現，其根本宗旨爲反清復明⑤，畢竟是一種臆測。主張天地會起源於乾隆中葉說的學者都否定天地會一開始就是反清明的組織，對會書的神話故事也不予置信。

原書第三章〈清初的民族矛盾和洪門會黨產生〉，作者對清廷的高壓政策、南明政權的覆滅、鄭氏抗清、三藩反清復明等政治變化作了頗爲詳盡的論述。作者認爲清廷定都北京之日，正是民族矛盾代替階級矛盾急遽地上升爲主要矛盾的開端。清兵入關後，滿洲貴族在籠絡漢族官僚地主並血腥鎮壓農民軍的同時，一方面嚴格規定自身的統治特權，一方面對漢族廣大人民和中小地方施行高壓的民族歧視政策。作者討論洪門會黨的產生時指出以天地爲名，以反清復明爲宗旨的洪門，其立會時間之選擇康熙甲寅年，正是在於它有星命學的依據，換句話說，以甲申始必以甲寅變的星命學依據。作者認爲由於西魯根由的甲寅反清傳說和吳三桂甲寅年大舉反清的史實相吻合，因此，洪門甲寅立會說得到

史實的驗證。康熙十七年（1678）至二十二年（1683），姚啓聖在閩浙總督任內，曾發佈許多文告，其中禁止漳州結盟活動的，就有三件。這一系列文告，在地域上、時間上和結盟性質上都給康熙甲寅說提供了檔案文獻的客觀佐證。作者對乾隆五十三年（1788）嚴煙供詞中的天地會根由提出了解釋，他認爲「天地會根由」原是指的以李色地、桃必達和洪大歲等爲核心的五祖和萬五達宗共同興立天地會。作者因此指出天地會的產生有確定的時間即康熙甲寅年（1674）七月二十五日，確定的地點即閩南雲霄高溪寺前三河，確定的創造人萬五達宗和李、桃、洪等。作者肯定地說，「完全可以作爲信史垂於史冊。」⑥作者又指出康熙十三年（1674）創立的天地會，並不是近代意義上的會黨，它和雍乾間出現的有固定地點、經常聚會的地方性會黨也有很大區別。作者對甲寅立會的性質，作了詮釋，他認爲天地會的原義是天地合，而天地合的原義則是君臣伙同，合力反清復明。五祖協同達宗創會後，就確定聯絡暗號、旗幟和活動範圍，參與三藩及以後的反清復明活動，不再聚集在一起，因此並不存在一個常設的固定機構。由於反清復明是遺民志士的普遍願望，從反清復明活動已具備天地會人的基本條件，因此在民族鬥爭和階級鬥爭的汪洋大海中時隱時現的反清復明事件，很難判斷它們是否是五祖及其聯繫人士不斷努力的結果。於是作者將康熙年間各地民變如張念一、彭子英、薛彥文、朱一貴等爲首的案件，「顯然都屬於五祖同達宗創會以來洪門一脈相傳的反清復明活動。」⑦作者探討天地會起源時強調民族矛盾及政治變遷，其實，外緣因素並不足以解釋天地會的創立時間和地點，忽略異姓結拜活動等內緣因素，就很難解釋歷史事件的發展。由星命學家擇日選定天地會正式成立的良辰吉日，玄之又玄，如墜五里霧中。福建總督姚啓聖申禁

社黨結盟的告示，只能反映異姓結拜活動的盛行，不能證實甲寅年已經存在天地會。作者分析天地會的性質時認爲甲寅年成立的天地會，與近代意義上的會黨不同，無形中就自行否定了康熙年間創立天地會的說法，將捕風捉影的傳說作爲信史考證，並非科學的態度。五房祖的姓名，各種會書所載，並不一致，可否確定爲信史。將不同時間，不同地點的民變，一脈相承地歸入天地會旗幟下，畢竟過於勉強，暴露了康熙甲寅說的嚴重弱點，將傳說與歷史事件結合，仍屬牽強附會。

原書第四章〈雍乾年間的洪門會黨〉，作者認爲雍乾年間的洪門會黨在康熙末葉的基礎上有了性質上的變化，並得到重大的發展。閩南地區的洪門會黨已從散漫的狀態轉爲有固定地點，出現了可以經常聚會的地方性會黨了。作者認爲「天地」二字具有至高無上的意義，亡明臣民爲了興復故國，把洪門定名爲「天地會」，誠然能充分概括自己的政治立場和歷史任務。但是作爲失去政權後從事地下鬥爭的組織，這一名稱就太觸眼太張揚了，因此，當洪門在康雍之際以閩南爲基點組建地方性會黨時，就用別名來代替天地會了。作者指出雍正、乾隆年間的鐵鞭會、父母會、小刀會和先行的天地會都在同一地區活動，而且又都存在密切的內在本質聯繫，完全可以斷定：鐵鞭會、父母會和小刀會都是天地會適應不同環境條件的化名。此外，除邊錢會和洪門有關，鐵船會擁戴朱洪生，關聖會誓盟受札有可能屬於洪門會黨以外，其他如南斗會、北斗會、一錢會、抬天會、五岳會、鐵尺會、篾筐會、車會等，作者認爲是自發性的非洪門會黨。作者將雍正年間的張雲如、吳福生，乾隆初葉的馬朝柱案件，都列爲洪門會黨的活動，作者認爲馬朝柱案是承先啓後的典型的早期天地會大案。馬朝柱、嚴金龍等都以符術之類迷信發動群眾，表明清

朝統治日久，政權已經穩固，反清復明已難以獲得人民大眾的普遍支持和響應了。作者認為福建漳浦雲霄塘村人洪二和尚萬提喜鄭開是洪門的重要傳人，後輩尊為萬提喜祖師。乾隆二十六年（1761），洪二和尚在漳浦倡立天地會，次年就在高溪觀音廟傳會。他一方面開創洪門新局面，一方面完整地保留並運用原始的洪門會書，同時個別有所補充、變動，甚至有意曲解。作者指出，自從洪二和尚開創洪門新局面以後，在原有的鐵鞭會、父母會和小刀會的基礎上，經過二十多年的傳播，逐漸越出漳州向四面蔓延。鄭開系統的天地會從閩南傳入臺灣後，在父母會、小刀會的基礎上很快在閩粵籍居民中廣泛傳播，諸羅縣楊光勳等人先後入會。作者認為林爽文起事在性質上只能是天地會領導的反清復明起義。作者認為天地會名目太過於張揚，而斷定鐵鞭會、父母會、小刀會都是天地會適應不同環境條件的化名，但是，為何洪二和尚仍舊倡立天地會？嚴煙入臺所傳仍未用別名代替，又係何故？林爽文等人所加入的也是天地會，究竟是為什麼？作者的說法，與史實不合。有些會黨因資料不足，事跡不詳，作者把它列入自發性的非洪門會黨，在直隸、山東、河南出現的車會，作者也列入會黨，並不妥當。馬朝柱、嚴金龍以符術迷信聚眾起事，是否可以歸入天地會，是否應該給研究民間信仰的學者留些空間？都值得商榷？洪二和尚萬提喜在鐵鞭會、父母會、小刀會等各種會黨的基礎上倡立了天地會，是可以採信的。後輩既尊萬提喜為祖師，也立有牌位，可以確信天地會最早成立年代的上限是在乾隆二十六年（1761），是天地會信史的開始，會黨林立，名目繁多，天地會只是諸多會黨之一，會中成員都是洪二和尚的門人，這可能是洪門最早出現的時間，洪門不必一定因朱洪武而得名。臺灣林爽文起事不能忽略移墾社會族群的分類械鬥，作者

把諸羅縣楊光勳的添弟會和林爽文的天地會混爲一談，是對添弟
會的誤解，沒有證據支持楊光勳等人加入天地會後化名爲添弟會
的說法，在天地會之外還有添弟會，反映臺灣移墾社會結盟拜會
風氣的盛行，其宗旨不必一定是反清復明。

　　乾嘉以來，由於社會矛盾的不斷激化，結盟拜會風氣更加盛
行，先後出現了形形色色的新會黨名目。原書第五章〈嘉道年間
的洪門會黨〉，作者認爲由於官方的鎮壓和清查，促使洪門組織
的轉移和擴散。作者對福建、廣東、贛南、廣西、雲貴、川楚等
地會黨作了較全面的論述。林爽文起事被平定以後，臺灣地區仍
有天地會的餘波，復興天地會的活動，並未停止。作者將道光年
間的張丙案歸入天地會，有待商榷。至於巫巧三等人所領導的兄
弟會即同年會，則隻字未提。嘉慶六夫（1801）以後，漳、泉地
區，天地會很少活動，作者認爲福建巡撫汪志伊大事鎮壓之後，
在漳、泉進行政治整頓，是起了作用的。相反，在漳、泉周邊的
府縣，則活動頻繁。閩西長汀、寧化、上杭、武平、永定等縣是
純客住縣，清流、歸化、連城等縣則非純客住縣，漳州南靖、平
和等縣也是客家聚居區。由於語言、習俗相通，漳州天地會通過
南靖、平和的客家人西傳到汀州是很自然的。閩西汀州和贛南、
粵北的客家聚居區在地理上聯結在一起，又都是偏僻的山區，因
此，閩西客家地區又必然成爲天地會傳至贛南、粵北客家地區的
樞紐。天地會的發展，與漳州客的人口流動，確實有密切的關
係，作者的分析，符合史實。江西南部贛州府的安遠、長寧、龍
南、定南、信豐等縣是純客住縣，贛縣、雩都、興國、會昌爲非
純客住縣；吉安府龍泉、萬安、永新、廬陸、泰和、吉水、永豐
亦非純客住縣；廣東嘉應州的長樂、興寧、平遠、鎮平等縣，潮
州的豐順、大埔等縣，惠州的永安、龍川、連平、河源、和平，

韶州的仁化、翁源、英德等縣都是純客住縣。這些地區和閩西的
汀州各縣聯結在一起，是客家人民原始集結的中心區，有共同的
語言和風俗習慣。作者注意到族群語言，方向正確。作者也指出
以贛南為中心的客家地區的洪門，其主流是來自閩南鄭開系統的
天地會，曾改名三點會、洪蓮會，其中以盧盛海一系的源流最為
清晰，分枝最為眾多。廣西和廣東、湖南、貴州、雲南鄰接，客
家移民眾多。作者指出，廣西是洪門最適宜發展的溫床，也是洪
門向湖南、雲南、貴州蔓延轉進的必經地區。作者也指出嘉道年
間民間宗教和洪門在組織形式上有三次重要的結合，洪門與青蓮
教不同程度相結合的起事，標誌了當地洪門力量的成長和壯大，
湖南南部和廣西北部通過起事而聯成一片，而為後來的太平軍全
師北上提供了一條最適宜的通道。作者認為海外洪門是在乾隆中
葉開始出現的，最早立足地區是南洋即東南亞各國，主要是印
尼、新加坡、馬來西亞以及緬甸、泰國等地。林爽文起事失敗
後，大批天地會人從臺灣以及閩粵沿海逃到南洋各地。作者認為
海外洪門擺在面前的首要大事是求生存，反清復明失去了現實意
義，患難共濟和抗暴自衛代之而起成為實際生活上的迫切要求。
久而久之，海外洪門也就從原來的反清復明政治組織轉化為同鄉
僑胞間的互助抗暴團體⑧。乾嘉年間以來，人口流動頻繁，包括
國內移民和國外移民，在海外移民社會裡，華人受到殖民統治的
壓迫，結盟拜會，遂蔚為風氣。在國內移民社會或移墾社會裡，
雖然沒有殖民統治的壓迫，但由於社會矛盾的激化及族群衝突的
尖銳化，也是結盟拜會盛行的重要原因。在移墾社會裡的會黨組
織，或為互助，或為自衛，或為自力救濟，反清復明不是成立會
黨的宗旨。

　　原書第六章〈哥老會的形成過程〉，作者指出，哥老會的前

身是邊錢會，它和嘉慶十三年（1808）使用半邊錢的朱德輝江湖串子會有關，而與道光二十一年（1841）、二十九年（1849）福建連城以廖岸如等為首的江湖會沒有直接關係。哥老會的前身邊錢會之所以沒有受到學者重視，在於江西、湖南的邊錢會以乞丐、竊賊為主體，為社會所鄙視，以致掩蓋了它的本來面目。長期以來，哥老會和嘓嚕二者都被等同起來，作者從嘓嚕和張獻忠的特殊關係，嘓嚕和哥老會清末並存的事實，以及左宗棠論斷上的變動等方面來看，其性質不同，因此，哥老會和嘓嚕二者不能等同。作者認為邊錢會是系統比較模糊的天地會組織，嘓嚕在性質上也近似邊錢會。在四川和貴州的天地會組織已經相當發展的基礎上，嘉道間的嘓嚕和邊錢會通過接觸而相互融合，也就勢必所至，歷史形成的這一接觸地區是貴州。廣西的添弟會、湖南帶有青蓮教色彩的添弟會，都曾對以貴州為中心的哥老會的出現起過不容忽視的作用。川楚早期會黨是閩粵會黨系統的派生現象，哥老會是川楚黔晚出的一種會黨，以天地會為「源」，以哥老會為「流」，是說得通的。但是哥老會的組織及其特徵，與閩粵系統的各種會黨，不盡相同，可以另成系統，其起源與發展，不能忽視邊錢會等會黨，雖然嘓嚕與哥老會不能等同，但是仍不能否定乾隆年間活躍於四川的嘓嚕是哥老會源頭的說法，而且就哥老會名稱的由來而言，嘓嚕確實是源頭。

原書第七章〈咸同年間的洪門會黨〉，作者指出道光中葉以後，洪門會黨在南方各省已成為不容忽視的社會力量。其活動中心已從先前的福建、臺灣轉到兩廣和湖南，尤以廣西的基礎最為深厚。作者認為洪門會黨和太平軍之間有著共同的政治基礎，廣西的洪門會黨除了間接地支持了太平天國革命外，在革命初起時，金田附近的一些洪門人士還曾率部加入太平軍。太平天國對

於洪門也是積極爭取的，由於兩方面都有互相靠攏的政治基礎，特別是太平王和洪姓的特有號召力，因此，太平軍進入湖南以後，風聲所及，得到普遍響應。隨著太平天國定都南京以後，各地洪門得到莫大鼓舞，起義響應的浪潮益發高漲。洪門隊伍加入太平軍後產生了歷史作用，作者指出其積極貢獻，主要是導致江西戰局的輝煌勝利，配合太平軍攻戰防守，支撐危局，是決定太平天國興亡存續的頭等大事。洪門隊伍加入太平軍後雖然也產生消極作用，害民燒殺，損害了太平軍的聲譽。但是，洪門隊伍對太平天國革命的支持，應該承認它們的貢獻，其歷史作用是值得重視的。太平天國革命時期就是洪門會黨揚眉吐氣、公開顯示政治宗旨的時期。太平天國失敗後，三合會的力量因暴露而受到鎮壓，趨於衰落；哥老會卻隨著湘軍的裁撤，勃然興起，成為洪門會黨的主流。因此，咸同年間是洪門會黨的重大轉折點，在洪門發展史上有它特殊的意義。太平軍發難後，各省會黨紛紛響應，聲氣相通，為太平軍作前驅，作者對會黨與太平天國的互動關係，作了詳盡的論述。但是，由於歷史形成的傳統不同，太平天國與會黨之間存在著許多歧見，各會黨起事以後，太平軍多未加以援助，致使各地會黨旋起旋滅，太平天國的失策，加速了她的覆亡。

　　原書第八章〈哥老會的勃興〉，作者指出，隆重的哥老會開山儀式，早在道光二十七年（1847）正月已在雲南趙州瀰渡出現，但是，哥老會的名稱，卻在十一年以後才見於可靠記載。咸豐八年（1858），曾國藩在所擬的湘軍營規中規定：「結拜哥老會、傳習邪教者斬。」⑨作者指出，此後一系列記載竟然都和軍營聯繫在一起，這一事實充分表明：此前社會上活動，稱邊錢會、紅錢會和江湖會，在軍營的特殊條件下活動才叫哥老會或哥

弟會。原書探討哥老會的發展過程，將咸同年間哥老會在清軍內部的發展分爲三個階段：從咸豐三年（1853）湘軍成軍到八年（1858）在《營規》裡禁止結拜哥老會爲第一階段，處於開始發展階段；從咸豐八年（1858）嚴禁結拜哥老會到同治四年（1865）湘軍霆營兵變爲第二階段，處於成長壯大階段；從同治四年（1865）兵變到十三年（1874）兵變一直不斷爲第三階段，可以看作哥老會在軍隊內登峰造極的階段。作者認爲哥老會強調桃園義氣，旣然適應軍伍生活上的互勵和戰鬥，又利於自我隱蔽和廣泛傳播。但是，它畢竟是反清復明的洪門組織。哥老會是洪門會黨在清軍內部發展起來的組織，因此，在地方上出現哥老會要比在軍營中晚些。在湘軍大規模裁撤以前，哥老會由軍隊走向地方是通過革退或潰逃的兵勇等中介實現的。作者認爲最早的地方性哥老會組織是在湖南西部和貴州毗連的辰、沅一帶出現的。自從湖南哥老會勃興以後，通過革退和裁撤的兵勇的中介，以及通過地區性的自然蔓延，各省也普遍受到影響。作者指出哥老會在湖南和各省的發展，跟頻繁的兵變地區結合在一起，大體上是和湘軍的來源和駐防分佈密切關聯的。在哥老會名稱正式出現以前，川楚系統的會黨或結盟活動，已經有開山儀式。但是，將道光二十七年（1847）正月雲南趙州瀰渡的開山儀式歸入哥老會的活動，湘軍內部的哥老會也認爲是反清復明的洪門組織，都有待商榷。

原書第九章〈光宣年間的洪門會黨〉，作者認爲同治以後，洪門會黨到達了新的歷史轉折時期，天地會、三合會系統的洪門會黨因遭鎮壓，元氣大傷，已趨於衰落；另一方面，以邊錢會爲主的洪門會黨卻因官方鎮壓太平天國革命的需要而進入清軍內部，並以哥老會的名目得到前所未有的大發展，成爲新的洪門主

流。作者認為從哥老會本身的發展來說，同光之際的哥老會也有階段性的區別。同治年間，哥老會的基礎和活動中心轉到地方，鬥爭方式轉為反清起義和反洋教鬥爭。清廷的多次整頓、裁撤軍隊，嚴厲鎮壓軍中結會，不利於哥老會在營伍中擴展組織，卻促使哥老會通過遣散和革退的兵勇急遽地向全國各地播散。作者認為促使同光間這一變化的關鍵性契機是統治階級認識到哥老會首身居軍營要職的威脅，以致轉而採取收買分化的政策。從光緒元年（1875）到十七年（1891），在清廷分化、鎮壓雙管齊下的打擊後，哥老會仍在繼續發展。作者認為這是和當時社會進一步半殖民地化，失業游民的激增，民教糾紛的頻繁，階級矛盾的複雜化是分不開的。發展的基本趨勢是：中心在長江中下游地區，黔川滇一帶仍很強勁，並出現向全國各省普遍蔓延的跡象。作者指出哥老會的活動所顯示的實力，受到資產階級改良派和革命派的充分重視。孫中山、黃克強、康有為、梁啟超、唐才常等，有的是廣東人，有的是湖南人，對於洪門會黨的強大力量都很熟悉，因此，都曾試圖依靠和利用洪門會黨。作者分析哥老會的基礎和活動中心從軍營轉到地方的原因及過程，是可以採信的。太平天國覆亡後，被裁撤的散兵游勇，到處結盟拜會，一呼百應，千百成群，對社會產生了嚴重的侵蝕作用，擴大了社會的動亂，哥老會成員明火執杖，到處劫掠，打燬教堂，反教排外，革命黨和保皇黨都曾利用這股群眾力量，反清復明並非哥老會初創時期的宗旨。

原書第十章〈光復前後洪門會黨的作用和貢獻〉，作者列舉同盟會依靠會黨游勇發動武裝起義所暴露的弱點，例如會黨缺乏革命覺悟，難以持久鬥爭；缺乏嚴格紀律，難以軍法約束；出身成分複雜，游民舊習難改。胡漢民等總結經驗後，主張全力運動

新軍。從河口起義失敗以後，革命派的活動重點已向新軍方面轉
移，因之洪門會黨在光復前後所起的作用也就大大地落後於新
軍。武昌起義的鎗聲正是在新軍工程營中首先響起的，漢陽爭奪
戰也是依靠新軍的頑強戰鬥才得到堅持的，便是最雄辯的事實。
但是，作者也同時指出，會黨的社會基礎有地區性的差異，新軍
和會黨之間也是互相滲透的。因此，在光復過程中，許多省區以
新軍為主的起義，其中洪門會黨所起的作用，仍是不容低估的。
四川各地哥老會首領在同盟會的策動下，早已積極參加保路運
動。洪門會黨在辛亥革命過程中確曾積極地投入鬥爭，起過重大
作用，它們是革命黨人所依靠的重要力量。四川哥老會通過同志
軍起義肢解了清廷在四川的統治；湖南、陝西、湖北、雲南、江
西、貴州、福建、新疆等省的哥老會則通過新軍起義，參與奪取
政權；兩廣的三合會以及各省會黨的零星隊伍則以民軍形式響應
起義。作者認為沒有如此廣泛的洪門會黨起義，沒有如此深厚的
洪門力量的支持，武昌首義的勝利和鞏固是不可能的，二十天內
實現湖南、陝西、江西、山西、雲南、江蘇、貴州、安徽、浙
江、廣西、廣東、福建等十二省的獨立也是不可能的⑩。誠然，
洪門會黨對辛亥革命作出了不容忽視的貢獻，他們的歷史功績也
得到革命黨人的肯定。但是，倘若沒有洪門力量的支持，山西等
十二省的獨立就不可能在二十天內實現云云，則是作者過於高估
洪門會黨的實力，而忽視了其他的因素，並不符合歷史事實。

　　原書第十一章〈民國成立後洪門會黨的渙散和轉化〉，作者
指出洪門是按照明末遺老反清復明、擁戴明裔為帝的政治設想建
立起來的秘密鬥爭團體，通過傳抄形式保留下來的會簿及其規
條、傳統，阻礙了後代洪門領袖作任何適應形勢變化的重大革
新。儘管出於共同的反清立場，洪門會黨積極參與辛亥革命，但

幾乎所有重大的武裝起義都是在革命黨人的領導和策動下舉行
的，這就表明作爲舊式的反抗團體，洪門早已不能充當歷史的主
角而遠遠地落在時代後面。各地軍政府成立以後，洪門的「反清
復明」口號完全成爲政治贅瘤；以放票聚錢、綁票勒贖、賭博搶
掠爲生的游民行徑，也和保護私有財產的社會新秩序相牴觸而成
爲非法。在軍政府建立初期，絕大多數省區的資產階級革命黨人
和立憲黨人忙於爭權奪利，更不容許舊式會黨的合法存在，以及
聯合成爲統一的組織，這就注定了洪門會黨的不幸命運。在立憲
派力量相當強大的湖南、貴州兩省，由於革命派和哥老會黨之間
關係非常融洽，因而立憲派反對革命派的鬥爭必然涉及革命派的
力量基礎哥老會黨。由於革命派對立憲派的陰謀缺乏警惕，結果
領導人被殺害，政權被篡奪，湖南、貴州兩省的洪門會黨也就跟
著遭到殘酷鎮壓。在革命派力量佔優勢的湖北、陝西、江西、廣
東和四川等省，洪門會黨的起義力量也因不同的自發傾向引起革
命派的不安和疑忌，紛紛加以限制和摧殘。民國初年，洪門會黨
雖然曾經出現自我改組的幾次嘗試，革命黨人也曾對它的出路給
予關懷，但是由於主客觀條件都不具備，以致都失敗了。革命黨
人普遍認爲洪門已無利用價值，加上洪門本身居功而驕，搶劫勒
贖，擾亂社會秩序，反對共和，以致成爲民國政府的消極因素，
全國各地的軍政府及中央政府便先後下令嚴禁和取締解散。在全
國性的通令嚴禁和取締下，洪門會黨從辛亥革命的功臣又變成
「會匪」，所不同的，已經不是清朝的「會匪」，而是民國的
「會匪」了。作者指出，在中國社會半殖民地化不斷加深、游民
無產者隊伍不斷擴大的歷史條件下，洪門的社會基礎不僅沒有削
弱，反而不斷加強，民初政府的禁令也就只能成爲紙上空文，阻
止不了洪門繼續發展的暗潮。誠如作者的分析，哥老會等所謂洪

門會黨長期以來對社會所產生的負面侵蝕作用，付出了重大的社會成本，它主要在扮演歷史的破壞角色，探討哥老會等會黨，不能單從正面來看。歷史有它的延續性，哥老會從初期到晚期，其本質並未產生重大的變化，功臣與會匪，只是一體的兩面，歌頌與醜化，都是庸人自擾。

原書第十二章〈洪門會黨的組織形式〉，作者指出洪門會黨從清初到清末，成為舉世矚目的主要反清力量，其關鍵在於有一個相當嚴密的組織。但是，另一方面，洪門會黨未能形成較大的統一局面，建立統一的政權，其關鍵在於本身組織存在先天的缺陷。因此，認識洪門歷史發展的規律，必須掌握它在組織形式上的形式過程及其特點。原書對洪門會黨擁戴的君主、崇祠的先賢、莊重的盟誓、兵士的腰憑、手語隱語聯絡方式、師傅大哥都詳加論述。作者指出，由師傅傳會，大哥為首組會，是洪門基層組織的普遍模式。在肅穆的入會儀式威懾下，有嚴格的誓詞約束，有腰憑的名籍登記，有同會的互相監督，有大哥的號令指揮，有師傅的傳統教習。因此，組織是健全的，是富有戰鬥力的。這一基層組織還可以滾雪球般地擴大：由分會而總會而方面，那就可以組成上千上萬的隊伍。因此，洪門實力的不斷擴充，終於成長為反清的主力，是有它組織上的基礎的。就原書的章節安排而言，本章各節俱可移置第二章之後，作為第三章，則較有系統。作者分析會黨的組織形式，忽略社會的多元性，會黨林立，各立山頭，彼此不相統屬，並非一脈相承，缺乏整體性統一的最高指揮，以致各股力量旋起旋滅，未能建立統一的政權。探討下層社會的地方社會共同體，不能只注意到文化單源說，將雷同的社會現都歸諸傳播關係。

原書第十三章〈洪門會黨的階級基礎和組織性質〉，作者把

清代洪門的階級基礎和組織性質分四個階段分析它的變化：第一
階段，清初的洪門會黨是地主階級反滿派的鬥爭工具；第二階
段，雍乾時期洪門會黨是以地主階級反滿派為主體的反清復明組
織；第三階段，嘉道咸時期洪門會黨是以破產勞動者為主體的反
清復明組織；第四階段，同光宣時期洪門會黨是以游民無產者為
主體的反清復明組織。就原書理論架構考量，似可按此四個階段
將原書分為四編，並歸併章節，使層次分明。但是，關鍵問題在
於過分強調地主階級或破產勞動者，已涉及意識形態，並不客
觀。

　　原書第十四章〈洪門會黨的歷史作用和局限性〉，作者指出
洪門會黨在長期發展的過程中，由於客觀形勢的變化，逐漸暴露
出自身的問題，例如利用復明口號去號召能力，明裔虛位使得反
清失勢，侯王思想不合社會潮流，正是這一具有根本意義的歷史
局限性，使得洪門無法適應前進的時代腳步，辛亥革命勝利之
日，正是洪門悲劇激化之時。作者也指出洪門會黨的歷史作用有
它積極、光輝的一面，也有它消極、灰暗的一面。作者認為洪門
會黨是作為現實政權的對立物、民族鬥爭和階級鬥爭的主體出現
的。清兵入關係，通過野蠻的大屠殺和高壓的民族歧視政策來建
立新王朝，是極其不得人心的，理所當然地遭到廣大人民的反
抗。洪門會黨作為特定時代的產物，凝聚了千百萬被屠殺人民的
仇恨和復仇的願望，體現了漢族人民故國之思和頑強的反抗異族
侵略的愛國主義精神⑪。過於強調民族仇恨的情緒，並不客觀。
清朝入關後雖然滿漢畛域的問題相當嚴重，但是原書所稱「野蠻
的大屠殺和高壓的民族歧視政策」等等民族矛盾的渲染，似乎言
過其實。漢族的抗清浪潮，是否足以說明它與洪門會黨的起源存
在必然的關係。地方社會共同體，類型很多，會黨是屬於異姓結

拜的虛擬宗族，忽視社會經濟背景，而強調反清復明的外緣因素，太過於籠統。原書論述洪門會黨的消極作用時亦稱「它破壞了社會生產力的發展，妨礙了地方治安和秩序，危害了人民的生活，是洪門會黨從反清復明的政治團體蛻化變質爲流氓盜匪集團的內在因素，其社會影響是極其惡劣的。」⑫其實，各種會黨的創立宗旨及其性質，彼此不同，各不相統屬，有的是互助組織，有的是自力救濟團體，有的自衛組織，未必都具有強烈的反滿意識，或反清復明的遠大政治抱負。哥老會等會黨與盜匪掛鉤後，到處劫掠，民國建立後，其劫掠行徑，依然故我。民國政府取締洪門會黨，與清朝如出一轍。這一事實可以說明探討天地會等秘密會黨的起源，過於強調民族矛盾，並不妥當。以反清復明概括爲天地會或洪門會黨唯一的創立宗旨，畢竟是一種迷信。其實，論證清代洪門會黨史，似乎可以將會書或幫會秘笈所述故事，作爲天地會的傳說時期，另成一章。胡珠生著《清代洪門史》一書有許多獨到的見解，書中雍乾以下的會黨活動，搜集了許多珍貴的資料，論述詳盡，對清代會黨史研究作出了重要貢獻。原書校對細心，錯別字並不多見。原書第五七八頁，第三行「清世宗禛胤」，當作「清世宗胤禛」。全書共分十四章，都是探討會黨史不可忽視的問題，美中不足之處是未作結論，不符合學術著作要求。期盼再版校訂時，增補結論。原書有緒論，而無結論，未將研究心得歸納作總結，功虧一簣。

【註　釋】

① 胡珠生：《清代洪門史》（瀋陽：遼寧人民出版社，一九九六年五月），緒論，頁１。

② 《清代洪門史》，頁３。

③　《國父全書》（臺北：國防研究院，民國五十五年一月），頁
　　889。

④　《軍機處檔・月摺包》（臺北：國立故宮博物院），第 2751 箱，
　　31 包，527155 號，天地會秘書抄本。

⑤　《清代洪門史》，頁 47。

⑥　《清代洪門史》，頁 111。

⑦　《清代洪門史》，頁 116。

⑧　《清代洪門史》，頁 259。

⑨　《曾文正公全集》（臺北，文海出版社，民國六十三年），雜著，
　　卷二，頁 43。按湘軍營規撰擬年分在己，未即咸豐三九（1859），
　　胡珠生著《清代洪門史》，擊於咸豐八年，疑誤。

⑩　《清代洪門史》，頁 512。

⑪　《清代洪門史》，頁 577。

⑫　《清代洪門史》，頁 582。